中国银行业协会
CHINA BANKING ASSOCIATION

GOOD PLAN

杰出财富管理师技能竞赛
优秀方案选编

中国银行业协会◎编

中国金融出版社

责任编辑：李　融　李林子
责任校对：孙　蕊
责任印制：程　颖

图书在版编目(CIP)数据

杰出财富管理师技能竞赛优秀方案选编 / 中国银行业协会编. — 北京：中国金融出版社，2023.6

ISBN 978-7-5220-1137-0

Ⅰ.①杰…　Ⅱ.①中…　Ⅲ.①银行业务 — 投资方案 — 中国　Ⅳ.①F832.48

中国版本图书馆CIP数据核字 (2021) 第096144号

杰出财富管理师技能竞赛优秀方案选编
JIECHU CAIFU GUANLISHI JINENG JINGSAI YOUXIU FANG'AN XUANBIAN

出版
发行　**中国金融出版社**

社址　北京市丰台区益泽路2号
市场开发部　(010) 66024766，63805472，63439533 (传真)
网 上 书 店　www.cfph.cn
　　　　　　(010) 66024766，63372837 (传真)
读者服务部　(010) 66070833，62568380
邮编　100071
经销　新华书店
印刷　保利达印务有限公司
尺寸　185毫米×260毫米
印张　20
字数　316千
版次　2023年6月第1版
印次　2023年6月第1次印刷
定价　78.00元
ISBN　978-7-5220-1137-0

如出现印装错误本社负责调换　联系电话 (010) 63263947

编 委 会

主　　　编：邢　炜　梁嘉丽

副 主 编：刘　峰　张　亮

编　　　委：朱宝明　杨　洮　古　瑞　周更强
　　　　　　金淑英

点 评 专 家（按姓氏拼音排序）：
　　　　　　边肖洲　步艳红　段　兵　赖志骏
　　　　　　林　静　林佩珊　杨　刚

编写组负责人：侯　哲　陈　爽

编写协调人：刘铮铮　高　洁　董　娟

序 言

自改革开放以来，国内资产管理业务快速发展，全国高净值富裕家庭数量预计将突破 500 万户，随之带来总规模达 146 万亿元的财富管理市场蓝海。与此同时，我们也正面临百年未有之大变局，国际环境、宏观经济、客户需求都在发生深刻变化。面对当前的财富管理市场，财富管理业务的内涵和外延都将扩展并持续演绎；在财富管理行业发展的滚滚浪潮中，各家机构和从业人员均在苦练内功、加快转型升级步伐。

银行财富管理业务在得到跨越式发展的同时，也面临组织架构、国际化竞争、刚性兑付及综合服务能力等一系列挑战。《中国私人银行发展报告（2022）暨私人银行数字化转型专题研究》中的数据显示，截至 2021 年末，中资私人银行服务客户数量约为 143 万人，资产管理规模（AUM）达 19.59 万亿元人民币，2017—2021 年，行业客户数量与资产管理规模的年复合增长率分别达 14.09% 与 12.81%。然而，与快速发展的市场相比，如何提升银行财富管理业务核心竞争力，培养具备资产创设、投研、综合服务和产品营销能力的高素质从业人员队伍成为我们亟待解决的关键问题。因此，会员单位要多渠道培养财富管理业务专业人才，努力提高人才队伍的整体素质，适应财富管理市场和客户需求变化的发展。

顺应市场和行业发展的新趋势、新动向，中国银行业协会携手香港银行学会和金融时报社联合举办的杰出财富管理师技能竞赛，自 2007 年以来，已连续举办十一届，参赛银行机构约达 411 家次，参赛选手约达 8201 人次。主办方精心策划、周密部署，做了大量认真细致的工作；各会员单位高度重视，严格筛选、层层选拔，为活动的开展创造了良好的条件。同时，财富管理师的热情参与也为技能竞赛营造了比学赶帮超的浓厚氛围。技能竞赛获得业界和社会的广泛认可，已成为银行业公认的专业、权威品牌，为国内财富管理行业培育和输送了一批又一批优秀人才。

竞赛主办方始终坚持客户服务初心，聚焦财富管理师专业技能的持续提升，通过搭建竞技、选拔、共享、开放的平台，一批批优秀的财富管理师脱颖而出，并产生了丰富且多层次的经典服务案例。本案例集博采众长、汇集众智，将往届竞赛中具有代表性的优秀案例进行汇总和梳理，希望将选手们在竞赛中闪烁的智慧光芒，凝聚为推动财富管理行业稳健发展的火炬，照亮行业未来发展的道路。

春华秋实，骏业日新，中国财富管理行业将迎来重大发展窗口期，同时也面临更为复杂和严峻的挑战。未来已来，时不我待，财富管理行业从业人员应顺应历史发展趋势，把握行业发展方向，以客户为本，以专业立身，加强行业协作和跨业交流。通过不断打造专业本领过硬的财富管理师队伍，加快推进财富管理行业转型升级，为中国财富管理市场的快步前行作出更新、更大的贡献。

杰出财富管理师技能竞赛主办方

2023 年 5 月

目 录

第五届杰出财富管理师技能竞赛

优秀方案与点评

第五届杰出财富管理师技能竞赛 2013 年 3 月正式开展，共有 45 家银行机构 519 名银行从业人员参赛。评审工作主要由来自内地及香港监管机构、银行及金融机构高层管理人员及学术界的代表组成。经过初赛、复赛和决赛三轮激烈角逐，最终共计 54 位选手获得奖项。

第五届杰出财富管理师技能竞赛优秀方案

参赛者：　　　　董莹莹　　　　　送选单位：　　　　中国工商银行

参赛组别：高端客户财富管理组别（客户流动资产值一百万美元或以上）

目　录

行政摘要

一、客户基本情况

客户李先生为一家钢贸企业控股股东，现年50岁，李太太48岁，有一对孪生儿子，21岁。家庭目前有流动性资产54400000元，投资性资产48530000元，自用性资产12900000元，综合可投资资产为69148000元。家庭年收入约为516万元，家庭日常支出每年约为110万元（详见资产负债表）。

全家仅为两个儿子购买了人寿分红保险和医疗保险，每月保费1万元。养老、退休及财富传承均未做安排。

二、客户理财目标

一是家庭财产，保值增值。

二是家庭保险，退休规划。

三是境外投资，分散风险。

四是税务规划，财富传承。

五是企业传承，基业长青。

三、理财目标缺口测算

按李先生现有家庭资产测算，理财目标基本能够实现。因此，李先生资产配置的最主要目标是改善现有资产配置不合理的状况，通过专业设计，调整资产结构以及对资产进行全球配置，完善家庭保障机制，解决养老、实现企业发展、家业财富传承等问题。

四、综合解决方案

企业净利润作为家庭收入的主要来源，重点在于要持续稳定。面对目前行业危机，建议李先生聘请专业人士进行期货套期保值，锁定贸易过程中的价格风险，稳定企业利润。同时，选择性利用并购贷款、中小企业私募债、或信托等融资方式收购苏杭钢企，实现长三角战略布局，为儿子日后接班打好基础。

家庭保障不健全，难以抵御重大风险。通过全面配置养老保险、意外险、年金保险等险种，为家庭建立强大的安排保障，实现全家无忧生活。

资产全部集中在国内无法规避系统性风险，需要进行全球资产配置，选择优质的共同基金、股权等买入持有，同时，在境外为客户遴选价格被低估的投资标的，为客户申请合格境内机构投资者（QDII）通道额度，保证资金合法出境，投资结束后原路返回。

实现全面稳妥的企业、家业传承。我们为李先生在境外设立家族信托，通过信托账户可以保证家族资产按照特定目的和方式传承，同时为李先生配置多渠道、多品种投资组合，获得长期持续收益。

对于国内资产，实行全权委托资产管理。根据马科维茨最优投资组合理论，通过对不同投资品种的风险、收益率情况分析，结合客户风险偏好，科学配置资产组合。

资产进行规划后，李先生不仅可以通过企业的稳步发展，稳定家庭收入，而且提高了家庭整体抗风险能力，保证了退休后的现金流稳健。通过妥善配置，完成全球布局，实现了家庭资产的重心转移。可投资资产的年收益率也由0.59%提高至6.64%。企业发展、退休后养老、意外时有家庭保障，财富传承等目标均可以顺利实现。

规划过程

一、建立与客户之信赖关系

1. 前期准备

我行的工作人员与李先生前期已有过接触，在初步沟通阶段，我们已经对李先生的基本情况有了一定的了解，李先生亦询问过我行为客户出具方案的大致内容及相关经验。当时李先生对我行有着不错的第一印象，因此此次愿意前来进行深入的面谈。为了面谈时做到有的放矢，在提供财富规划建议时更具针对性和专业性，我们先尽可能地收集关于李先生所从事行业的情况、客户特征、财富来源、企业情况、投资偏好等信息，并且制订好谈话提纲，准备好预估的理财工具及相关资料。主要前期准备工作如下。

（1）前期我们已经了解到李先生今年50岁，15年前成立了上海某钢铁销售公司，企业过去发展一直不错，太太也在企业任职，孩子们都在国外读书，家庭的财务状况比较清晰。此次可以通过面谈了解关于李先生更全面的客户特征、财富来源、投资偏好等信息，初步设想李先生的家庭和企业可能会有投融资及理财需求，准备好相关数据和资料。

（2）通过网上收集公开信息和咨询李先生企业的员工，了解李先生企业的经营现状、行业的发展前景。因为李先生的钢铁销售公司未上市，公开资料不多，但从Wind资讯等数据平台查询钢铁行业近10年来的情况，如全国及上海地区每月钢材产量、销量、库存、价格指数等指标的波动趋势，以及各大机构对钢铁行业的深度行业分析报告与预测，以此对李先生公司的经营状况有一个初步的判断。

（3）制订谈话提纲，包括进一步了解客户情况，如资产分布、财富增长方式、投资兴趣、融资需求、理财目标等。

（4）准备好上述文件后，进行场景模拟，准备相应的话术。

（5）预约邀请李先生到我行私人银行部进行面谈。

2. 初次见面

在与李先生预约确定面谈时间后，我部开始落实参会同事时间安排、会议室预留安排等相关事项。

面谈当天，事先为李先生留好停车位，再次确认谈话提纲及相关资料是否齐全，提前10分钟前台等候。

当李先生和李太太如约来到我行私人银行中心面谈时，大体遵循谈话提纲的逻辑和脉络，由浅入深，倾听客户的过往投资经历和当前的投资需求，系统了解其资产现状、资产保障、增值目标及投资偏好等情况，以便于制定详尽贴切的理财规划报告。

通过此次会面交谈，我们进一步获知，客户李先生的钢铁销售公司过去发展一直不错，但是近年来国内外经济增速放缓、钢铁行业产能过剩问题日益严重，李先生的公司近两年的销售额呈现出逐渐下降的态势。李太太今年48岁，在丈夫的公司担任销售部经理，亦持有公司部分股份。

李先生和李太太的孪生儿子敬生和乐生，今年21岁，分别在美国及英国的知名大学就读工商管理学和化工学，两人将于2014年6月毕业。李先生计划将上海的钢铁销售公司交给儿子们管理。

在投资方面，李先生和李太太对理财规划了解不多，只是听取朋友建议，投资了商品期货和两家上市企业。商品期货合约最初投入的资金6000万元，可是受到投资市场不景气的影响，最近一年多时间内，累计亏损达到150万元，目前期货合约已经平仓，但已将早年获得的投资收益消耗殆尽。李先生和李太太共持有市值约450万元的上市企业股份，在今年大盘下行，股市不稳的大环境下，收益未知，这也让李先生更为家庭投资规划担忧。

为了进行系统的资产配置规划，在面谈过程中，我们对李先生进行了财富矩阵（见表1）、风险容忍度等问卷调查，以期从全面的风险评估中抓住每个机会来加深对客户投资经历、风险偏好、资产配置等情况的了解。

表1　客户财富矩阵

风险评估	保守型	稳健型	平稳型	成长型	进取型
财富周期	稳定期	成熟期	成长期	积累期	形成期
专业性	缺乏	有限	一般	熟悉	丰富
客户类型	专业投资人	高级管理人员	私营业主	全职太太	其他
流动性	高	偏高	中	偏低	低

李先生的风险容忍度得分为18分，即温和的投资者（15~21分）。我们设风险厌恶系数A在2~8之间（A越大越厌恶风险）。因此李先生的风险厌恶系数为

$$A=(27-18)/(27-9) \times (8-2)+2=5$$

可以判定，李先生属于有着较高风险承受能力的投资人，其风险评估维度为成长型。但是李先生表示，因为考虑到未来几年的退休生活安排，希望我行尽量为其提供稳健增长型的资产配置，以资产保值增值为最核心的理财目标，加上之前投资期货的亏损经历，不愿承担太大风险。我们对此表示认同，并就目前家庭资产存在的主要问题以及我们的资产配置方面的意见同李先生夫妇进行了充分的沟通，在投资理念和结构上达成共识。

通过此次沟通，李先生对我行的专业化服务表示非常满意，希望尽早完成规划方案，并表示愿意请我行长期为其提供理财规划服务。

3.持续跟进

面谈之后我们与李先生保持了经常性的联系，多次电话沟通，以便完善理财规划中的一些数据。此外，通过邀请李先生参加我行组织的高端客户回馈活动，李先生对我行的信任进一步加强，并将个人的资金逐步转入我行，配合即将开展

的全面资产规划安排。

二、明确客户之理财目标

经过与李先生的多次沟通，我们得到了如下信息。

私营企业公司的净利润一定程度上为李先生家庭的主要收入来源，所以李先生的家庭收入受到公司盈利表现波动的影响，家庭可支配的资金可能无法维持一个稳定的状态。李先生也意识到目前钢铁生意越来越难做，所以李先生希望尽快为自己和家人建立一个完善的家庭保障体系，通过合理的投资规划，使现金流入保证持续稳定。

在家庭保险规划方面，李先生主要担心自己和太太的健康风险及自己的意外风险。尽管两人都有社保，但是对于李先生抵御风险、稳固家庭资产的需求来讲，社保是远远不够的，必须依靠商业保险构筑一道坚固的防线，未雨绸缪，强化家庭保障，加强抗风险能力。

关于现时的投资，李先生感觉不甚理想，有分散投资风险这个想法，不想把"所有鸡蛋都集中在一个篮子"，更希望把部分投资转移至境外，分散地区集中度风险。

李先生深知当前钢铁行业产能过剩，钢铁销售公司竞争激烈，行业洗牌的时机即将到来。面对进退抉择，李先生想趁着此次行业低迷、大多数小型钢铁销售公司难以为继的时机，收购在杭州、苏州等上海周边城市的钢铁销售公司，扩张企业在长三角的战略性部署。将来由两个儿子共同管理，以上海为中心，辐射长三角，不断拓宽经营服务范围，形成网络化销售模式，降低边际成本，提高销售利润，将企业做大做强。虽然家中资产充足，但是李先生希望能借助合适的融资途径进行收购，将企业与家庭资产分离，降低风险，提高资产利用率。

关于退休规划，李先生打算等孩子们明年学成归国后，花几年时间指导孩子们接手公司业务，在10年后也就是60岁时实现退休，自己与太太安享晚年。

此外，李先生最近也考虑到内地日后存在开征"遗产税"的可能性，应及早做好税务规划工作，为日后的财富传承规划打下基础。

综上所述，李先生的理财目标主要包括以下几方面。

一是家庭财产，保值增值。希望通过中长期投资规划，在保证资金安全的基础上抵御通货膨胀，计划综合投资收益超过6%，家庭总资产稳中有增。

二是家庭保险，退休规划。购买如重大疾病险、养老保险、意外险、年金保险等险种，在退休后至少保证现有生活水平质量。

三是境外投资，分散风险。希望寻求合理的境外投资机会，如境外股权投资，分散地区集中度风险。

四是税务规划，财富传承。希望能及早做好税务规划工作，如建立家族信托等，为日后的财富传承规划打下基础。

五是企业传承，基业长青。希望收购周边城市的钢铁销售公司，扩张企业在长三角的战略性部署，因此需要适当的融资方案。

三、了解客户之财务状况

李先生夫妻两人的税后每月收入平均约为400000元。家庭每月的日常生活开销及家庭佣工费用需要50000元，娱乐消闲开支12000元。儿子们留学教育费用早已筹备完成。家里还有一辆自用的进口奔驰轿车，市值约为900000元，每月养车的费用需要20000元。生意上的应酬也是一项大开支，每月80000元左右，不过这笔开支一般会拨归公司账务处理。

李先生的公司目前有员工30人，年销售额为400000000元左右。据他们介绍，这个数额已经较顶峰时期降低不少。为保证公司的运转，公司日常的流动资金为6000000元左右，企业股权总值为50000000元左右，李先生夫妇两人共持有股权30000000元左右。

李先生早年只顾为公司业务打拼，无暇注意身体状况，他现在心脏有点问题、体重超标；李太太身体正常，但两人均没有购买任何商业保险，暂时未有养老规划。李先生早年为孩子们投保过A保险公司的人寿分红保险和医疗保险，每月保费支出合计10000元。

李先生和太太现居于上海市近郊一座别墅，市值大约为12000000元，无抵押。李先生多年前投资了3套住宅房产，分别位于苏州（市值为2500000元）、昆山市（市值为2000000元）及杭州（市值为3000000元），均为一次性付款，无抵押贷款，现在都用于出租，房租每月净收入为30000元。家里有活期存款200000元，人民币及外币定期存款共有3笔，等值约人民币3300000元，家庭现时无任何负债。

金融投资方面，李先生持有的上市企业股份的市值约为4500000元，之前还投资过商品期货合约，最初投入的资金60000000元，可是受投资市场不景气的影响，最近一年多，累计亏损1500000元，现在期货合约已经平仓，但是期货账户存有54000000元尚未做投资安排。

根据李先生提供的财务信息，其家庭资产分布如图1所示。

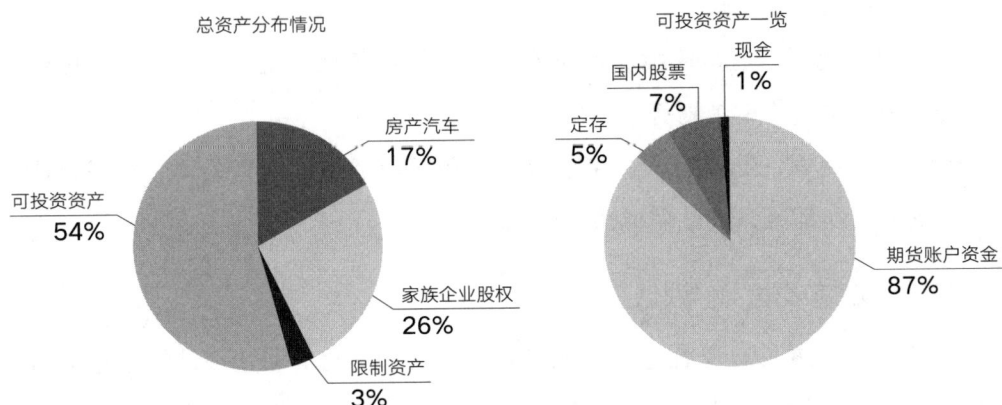

图1　李先生的家庭资产分布情况

此外，其家庭财务报表如表2所示。

表2　2012年底家庭资产负债表

资产	金额（元）	比重（%）	负债与权益	金额（元）	比重（%）
现金	200000	0.37	信用卡消费负债	150000	100
活存	200000	0.37	已购物分期付款余额	0	0
期货账户资金	54000000	99.26	其他短期负债	0	0
流动性资产	54400000	46.97	流动负债	150000	100
定存	3300000	6.80	投资用房产贷款	0	0
外币存款	0	0	金融投资贷款	0	0
教育储蓄存款	0	0	投资负债	0	0
国债	0	0	汽车贷款	0	0
债券型基金	0	0	住房公积金贷款	0	0
国内股票	4500000	9.27	自用房产贷款	0	0
股票型基金	0	0	自用负债	0	0
寿险现金价值	980000	2.02	总负债	150000	100
住房公积金账户	200000	0.41	流动净值	54250000	46.90
个人养老金账户	250000	0.52	投资用净值	48530000	41.95
企业年金账户	1800000	3.71	自用净值	12900000	11.15
信托投资	0	0	总净值	115680000	100
房产投资	7500000	15.45	投资分类	占投资比率（%）	包括项目
家族企业股权	30000000	61.82	流动性资产	112.10	现金/活存/期货账户资金
投资性资产	48530000	41.90	收益性资产	8.82	定存/债券/寿险现金价值

资产	金额（元）	比重（%）	负债与权益	金额（元）	比重（%）
自用汽车当前价值	900000	6.98	成长性资产	71.09	股票/理财产品/信托/家族产业股权
自用房产当前价值	12000000	93.02	保值性资产	15.45	房产/贵金属与艺术收藏品
其他自用资产价值	0	0	限制性资产	4.64	公积金/养老金/企业年金
自用性资产	12900000	11.14	紧急预备金（元）	552000	月支出×紧急预备金月数
总资产	115830000	100	需配置投资（元）	69148000	流动+投资−限制−家族股权−预备金

注：生意应酬费用实报实销，因此不计入家庭支出。

资产负债表分析：

（1）资产结构：李先生一家属于高资产净值家庭，资产中46.97%属于流动性资产，41.90%属于投资资产，11.14%属于自用资产。

（2）在投资性资产中，收益性资产占8.82%，成长性资产占71.09%，保值性资产占15.45%，限制性资产占4.64%，负债几乎为零，且流动性资产与投资性资产的比非常高，达1.12。

（3）配置投资=流动性资产+投资性资产-限制性资产-家族企业股权-紧急预备金，紧急预备金设定为6个月的支出额，每月支出按9.2万元计。

李先生的家庭财务比率如表3所示。

表3　家庭财务比率

家庭财务比率	定义	比率	说明
净资产偿付比例	净资产/总资产	99.87%	净资产比例非常高，几乎无负债
负债比率	总负债/总资产	0.13%	负债极少，可以加强利用财务杠杆
流动比例	流动资产/月支出	591.3	过高，可以考虑增加投资配置
支出收入比	年支出/总收入	21.4%	偏低，可以考虑增加投资配置
净储蓄率	净储蓄/总收入	67.83%	偏高，可以考虑增加投资配置

（1）净资产偿付比例：净资产偿付比例=净资产/总资产=99.87%，净资产偿付比例非常高，几乎无负债。

（2）负债比率：负债比率=总负债/总资产=0.13%，几乎无负债，可以加强利用财务杠杆。

（3）流动比例：流动比例=流动性资产/每月支出=591.3。一般该指标在3~6之间，即满足3~6个月的生活开支，李先生一家的流动比例达到了591.3，说明该家庭流动性资产非常充裕，很明显，流动比例过高会导致整体资金收益过低，鉴于李先生家庭收入稳定，可以适当减少流动性比例，以获得更高的收益。

（4）支出收入比，李先生一家的年支出只占总收入的21.4%，有充裕的空间进行资产配置，增加投资或储蓄。

（5）净储蓄率：净储蓄率=净储蓄/总收入=67.83%，李先生一家的储蓄率过高，可以考虑将一部分储蓄资金配置到投资资产或者养老金、保险等项目。

关于投资安排，李先生表示，家庭资产中的房产、汽车、家族企业股权会长期持有。因此，我们对李先生一家除去房产汽车、家族企业股权，以及限制性资产以外的可投资资产进行了分析。如图1所示，其中除了7%的国内股票外，几乎全部为流动性非常强的现金类资产，其中现金占1%，定存占5%，期货账户中的临时资金占了87%，可以随时期信转账进行投资。

假设李先生在不参与其他新增投资的情况下，我行为之做了投资规划前的人生现金流模拟（见表4），可以看出，总体而言李先生一家的资产总额非常充裕，为了抵御退休后几年内企业的波动风险或者家庭中的变故等，目前资产配置的最主要目标是进行充足的家庭保险组合，安排更合理的资产配置规划。

表4 现金流量表

李先生年龄（岁）	家庭收入（元）	房租收入（元）	生活开销（元）	娱乐休闲（元）	养车费用（元）	孩子保险（元）	孩子结婚（元）	净现金流量（元）	资产总额（元）
50									115830000
51	4800000	360000	600000	144000	240000	120000		4056000	119886000
52	4944000	370800	1118000	148320	247200	120000		3681280	123567280
53	5092320	381924	1151540	152770	254616	120000		3795318	127362598
54	5245090	393382	1186086	157353	262254	120000		3912778	131275376
55	5402442	405183	1221669	162073	270122	120000		4033761	135309138
56	5564516	417339	1258319	166935	278226	120000		4158374	139467512
57	5731451	429859	1296068	171944	286573	120000		4286725	143754237
58	5903395	442755	1334950	177102	295170	120000	4000000	418927	144173164
59	6080496	456037	1374999	182415	304025	120000	4000000	555095	144728259
60	2000000	469718	1416249	187887	313146	120000		432436	145160696

续表

李先生年龄（岁）	家庭收入（元）	房租收入（元）	生活开销（元）	娱乐休闲（元）	养车费用（元）	孩子保险（元）	孩子结婚（元）	净现金流量（元）	资产总额（元）
61	2060000	483810	806350	193524	322540			1221396	146382092
62	2121800	498324	830540	199330	332216			1258038	147640130
63	2185454	513274	855457	205310	342183			1295779	148935909
64	2251018	528672	881120	211469	352448			1334653	150270562
65	2318548	544532	907554	217813	363022			1374692	151645254
66	2388105	560868	934780	224347	373912			1415933	153061187
67	2459748	577694	962824	231078	385130			1458411	154519598
68	2533540	595025	991709	238010	396683			1502163	156021761
69	2609546	612876	1021460	245150	408584			1547228	157568989
70	2687833	631262	1052104	252505	420841			1593645	159162634
71	2768468	650200	1083667	260080	433467			1641454	160804088
72	2851522	669706	1116177	267882	446471			1690698	162494786
73	2937067	689797	1149662	275919	459865			1741419	164236205
74	3025179	710491	1184152	284196	473661			1793661	166029867
75	3115935	731806	1219676	292722	487871			1847471	167877338
76	3209413	753760	1256267	301504	502507			1902895	169780233
77	3305695	776373	1293955	310549	517582			1959982	171740216
78	3404866	799664	1332773	319866	533109			2018782	173758998
79	3507012	823654	1372757	329462	549103			2079345	175838343
80	3612222	848364	1413939	339345	565576			2141726	177980068
81	3720589	873814	1456357	349526	582543			2205977	180186046
82	3832207	900029	1500048	360012	600019			2272157	182458202
83	3947173	927030	1545050	370812	618020			2340321	184798524
84	4065588	954841	1591401	381936	636560			2410531	187209055
85	4187556	983486	1639143	393394	655657			2482847	189691902
86	4313183	1012990	1688317	405196	675327			2557332	192249234
87	4442578	1043380	1738967	417352	695587			2634052	194883286
88	4575855	1074682	1791136	429873	716454			2713074	197596360
89	4713131	1106922	1844870	442769	737948			2794466	200390827
90	4854525	1140130	1900216	456052	760086			2878300	203269127

注：1. 通货膨胀率按3.0%预测（数据来自国家统计局2003—2013年上半年平均值）。

2. 预计李先生两位儿子回国后至李先生退休前，家庭生活开销每年在现有水平的基础上增加50万元。

3. 预计李先生夫妇退休后收入减为每年200万元，两个儿子自结婚起，李先生一家的生活开销回归当前水平。

四、为客户构建理财方案

理财规划报告书

声　明

尊敬的　李先生：

非常荣幸有这个机会为您提供全方位的理财规划服务。首先请参阅以下声明：

1. 本理财规划报告书是用来帮助您明确财务需求及目标，对理财事务进行更好地决策，达到财务自由、决策自主与生活自在的人生目标。

2. 本理财规划报告书是在您提供的资料基础上，给予通常可接受的假设、合理的估计，综合考虑您的资产负债情况、理财目标、现金收支以及理财对策而制定的，推算出的结果可能与您真实情况存在有一定的误差，您提供信息的完整性、真实性将有利于我们为您更好地量身定制个人理财规划，提供更好的个人理财服务。

3. 所有的理财规划分析都基于您目前的家庭情况、财务情况、生活环境、未来目标和计划、对一些金融参数的假设、中华人民共和国目前生效的法律（含地方法规）以及目前所处的经济形势，以上内容都有可能发生变化。我们建议您定期评估您的目标和计划，特别是人生阶段发生较大变化的时候。

4. 保密条款：本理财规划报告书将由财富顾问直接交与客户，充分沟通讨论后协助客户执行规划书中的建议方案。未经客户书面许可，财富顾问与助理人员，不得透露任何有关客户的个人信息。

5. 应披露事项：

（1）推介专业人士时，该专业人士与财富顾问的关系：相互独立，如顾问契约；

（2）所推荐产品与个人投资是否有利益冲突：经确认无利益冲突状况；

（3）本理财规划报告书是在您所提供的基本资料的基础上，综合考虑您的财务状况、投资取向、理财目标及合理的经济预期而得出的，仅为您提供一般性的理财指引，不能代替其他专业分析报告。更加详尽、具体的内容（特别是风险投资方面）敬请咨询其他专业人士；

（4）鉴于基本资料的局限性，本理财规划报告书的计算结果有可能与您的真实情况存在一定的误差，您所提供的资料越全面，误差将越小；

（5）对未来的合理预期是建立在对过往数据分析的基础上，不代表未来的真实情况。

（6）本理财规划报告书所列数据均未考虑税务因素。

（7）为获得较好的理财效果，建议您定期检查、比较理财进度并适时作出调整，欢迎您随时进行咨询。

第一部分　客户基本情况

1. 客户基本情况

客户李先生现年50岁，李太太48岁；

有一对孪生儿子，21岁；

目前有流动性资产54400000元，投资性资产48530000元，自用性资产12900000元，其中可投资资产为69148000元；

经初步了解，家庭年收入约为516万元/年；

家庭收入日常支出约为110万元/年；

保险配置方面，李先生和李太太未购买任何商业保险和养老保险，仅为两个儿子购买了人寿分红保险和医疗保险，每月1万元。

退休及资产传承均未做安排。

2. 生命周期分析

从家庭生命周期来看，客户一家处于家庭成熟期，这期间家庭支出稳定，可考虑退休问题，应当以资产保值增值为首要投资目标。

3. 风险属性

在与客户面谈过程中，根据客户的风险承受能力和风险偏好得分，可以判定李先生属于有着较高风险承受能力与较低风险意愿的投资人，其风险评估的属性为成长型，但考虑到主观风险意愿，会在投资品种选择上作出适当调整。

4. 规划限制

（1）客户未能详细提供所有财务信息，且未来收入存在一定的不确定性，因此不能做到全方位理财规划。

（2）避免投资工具：避免投资风险过高的ST、中小板、创业板股票以及商品期货、股指期货等金融衍生工具，除非在中性策略对冲时使用。

（3）保费预算：计划每年保费占家庭年收入的20%（一般而言，家庭每年保费占家庭总收入的10%比较合适，鉴于李先生和李太太对未来保障比较担忧，又从未购买过任何保险，家庭资产尚且充足，因此建议提高配置）。

（4）家人保密：有关规划不需要对李太太保密。

5.宏观经济与基本假设的依据

（1）根据国家统计局每年CPI综合指数，通货膨胀率=（报告期CPI - 基期CPI）/基期CPI×100%，算得近10年通货膨胀率为2.96%，为计算方便，本案例通货膨胀率取3%。

（2）以李先生夫妇寿至90岁为计算依据。

第二部分　客户投资规划

✓ 投资预期收益率：计划综合收益高于6%，做到资产的保值增值。

✓ 投资风险属性：中等风险。

✓ 投资期限：规划40年，前期规划10年（客户希望60岁时退休，退休以后可以有稳定收入）。

✓ 理财目标：

一是家庭财产，保值增值；

二是境外投资，分散风险；

三是家庭保险，退休规划；

四是税务规划，财富传承；

五是企业传承，基业长青。

李先生的家庭投资目标规划如表5所示。

表5　家庭投资目标规划

目标名称	目标需求金额	预期实现年限
境外家族信托	3000万元	3年内
境外股权投资	1000万元	1年内
企业收购扩张	6000万元	3年内
家庭保险计划	2000万元	10年内
家庭资产投资	家庭资产的保值增值	规划后执行
儿子结婚费用	800万元	8年后

第三部分　财富配置分析

李先生的家族资产主要分为家族企业股权、房产汽车，还有流动性非常高的可投资准现金资产。家族企业股权和房产、汽车李先生表示都会长期持有，因此我们的目标就是将李先生的家庭可投资资产部分充分配置。通过国内投资机会，对家庭财产保值增值；通过境外投资，分散风险，享受收益；通过配置养老保险和医疗保险，保障家庭，安心养老；通过境外家族信托的设置，传承财富。

第一，家庭财产，保值增值。

李先生曾投资过商品期货，损失惨重。商品期货杠杆比例高，对以投机为目的的非专业人士来说，风险非常大，因此我们不建议李先生继续用家庭财产进行期货投资。但期货拥有其他投资品所不具备的套期保值功能，这对李先生的钢铁销售公司而言，恰恰非常有必要，公司可利用钢铁商品期货来进行套期保值，抵御钢材价格波动的风险，为公司获得稳定利润。而公司利润又是李先生一家的主要收入来源，公司利润的稳定可以保持家庭可支配收入维持在一个相对稳定的状态。所以我们建议李先生聘请专业人士，将期货作为其钢铁销售公司的套期保值工具，专业适度操作。

除商品期货外，李先生目前的投资以公司股权投资以及房产投资为主，投资标的较为单一，风险较大，可以考虑将资金交给优质的私募股权投资基金进行分散投资，提高综合收益，降低组合风险。

在进行投资配置之余，家庭日常所需的高流动性资金也要有所保证。目前，李先生活期存款比例较高，而活期存款利率甚微，不是一个好的选择，可以考虑将平时有较高流动需求的资金配置为货币型基金，抑或存入目前市面上一些具备灵活申赎功能的T+0型产品，兼顾流动性与收益率。

第二，境外投资，分散风险。

目前，李先生的家庭资产主要集中在境内，风险相对集中，适当的境外投资非常必要。从我们以往的投资经验来看，境内常有优质企业在境外发债，由于境外投资者对境内企业并非十分了解，在信息不对称的情况下，价格往往被低估，而对于充分了解境内公司偿付能力的境内银行而言，在境外市场为客户遴选被低估的债券实为一个优质的投资选择。受国际金融危机和欧债危机的双重影响，境外市场上有不少优质公司股权成为价值洼地，成为境外长期投资的良好标的。近期，随着西方发达国家经济企稳回升，一些境外优秀的共同基金也都有着较好的收益预期。考虑到境外资本市场发展完善，投资退出方式多元化，风险相对较小，因此我们会为李先生在上述几个方面遴选境外投资品种。

第三，家庭保险，退休规划。

目前，李先生和李太太尚未购买任何商业保险，在养老保险安排方面也未做打算，仅为两个儿子购买了人寿分红保险和医疗保险，这对于家庭整体保障而言是远远不够的。

作为家庭生活支柱，李先生首先应当为自己购买意外险。此外，为了退休后也能维持现有生活水平，李先生和李太太应当配置养老年金保险，而且也应当着重提高自身疾病方面的风险防范能力，配备合适的高端医疗保险，提高对家庭成员生命价值的保障。

对此，我们为李先生一家设计了整套高端保险计划，根据不同的年龄阶段设计不同的保障比例，解决退休养老、重大疾病和财富传承等问题。产品设计以期缴年金型保险为主，用前期每年返还的收益购买重疾险等消费型附加险。家庭整体保险具体配置如表6所示。

表6　家庭保险配置

被保险人	高端养老保险（元）	缴纳年数（年）	保额（元）	高端医疗保险（元）	缴纳年数（年）	保额（元）
李先生	1000000	5	1796816	452000	10	5000000
李太太	1000000	5	1809136	389000	10	5000000

被保险人	人寿保险（元）	缴纳年数（年）	保额（元）	高端医疗保险（元）	缴纳年数（年）	保额（元）
大儿子敬生	120000	10	4044008	80000	10	3000000
二儿子乐生	120000	10	4044008	80000	10	3000000

第四，税务规划，财富传承。

在税务规划方面，我们为李先生一家配置了年金型保险，李先生夫妇年老时可以领取充足的养老金，而且在二位身故后，保单的现金价值也同样可以传给子女。

此外，为了更全面、稳妥地实现财富传承，我们为李先生设计了公司及家族资产跨境转移方案，在境外建立家族信托。这样不仅可以保证家族资产按照特定的目的和方式传承，而且可以通过信托账户在境外实现不同渠道的投资，获取收益。更为关键的一点是，财产由委托人转入信托账户之后即不再构成委托人所拥有财产的一部分，信托将保护这些财产使其不会成为委托人未来债权人的债权请求标的，可以起到很好的抵御未来重大风险的作用。

目前，境内的家族信托刚刚起步，能做的投资非常有限，很难体现家族信托的独特优势。因此，我们建议李先生建立境外家族信托，进行境外投资，隔离信托资产，充分享受运作成熟的家族信托带来的传承保障。

具体资金出境方式可以参考图2。

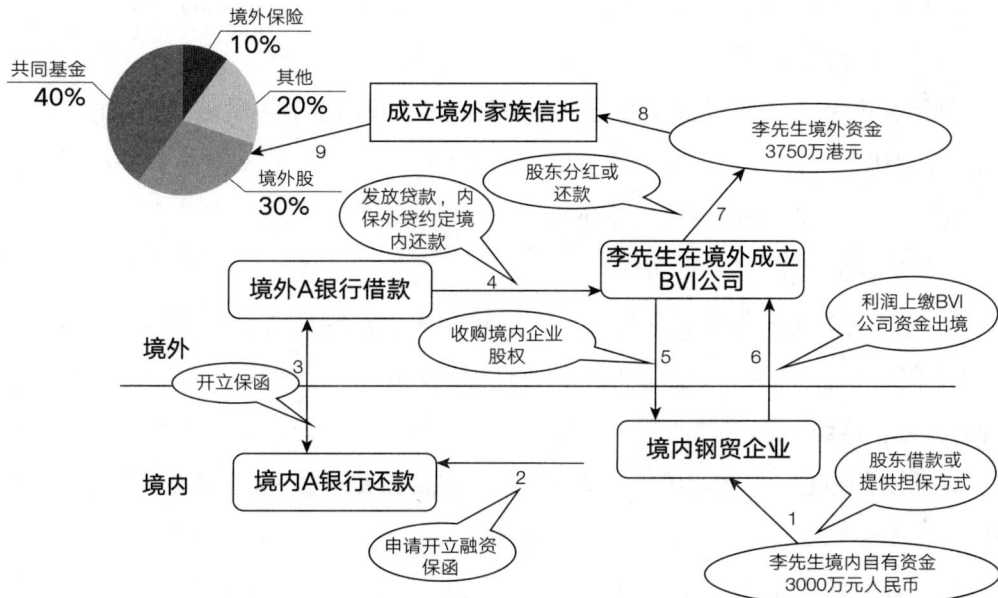

1—李先生在境外成立BVI公司，开立账户。
2—境外BVI账户通过境外银行融资收购自己境内的钢贸企业股权。
3—李先生将自有资金3000万元人民币在境内开立银行保函，用内保外贷约定境内还款的方式处理该笔交易。
4—境外BVI公司通过还款或利润分配等途径将钱汇入李先生境外私人账户，折合3750万港元。
5—李先生用3750万港元建立家族信托，投资细品种，长期投资配置共同基金、境外股权、保险等，短期投资配置点心债、港股等，预计家族信托整体年化收益率可以达6.6%。

图2 资金出境方式

第五，企业传承，基业长青。

在企业发展方面，李先生希望能够趁行业低迷，收购杭州、苏州等上海周边城市的钢铁销售公司，扩张企业在长三角的战略性部署，这势必需要后续的资金支撑，是一项长期规划，应该将家庭资产同企业资产相分离。在企业融资方面，我们建议李先生尽量通过银行申请并购贷款，成本较低。如受行业及政策影响，在银行授信放款有难度的情况下，建议通过发行中小企业私募债的方式在资本市场上直接融资。目前，我国私募债的发行方式为备案制，发行条件较为宽松，成本相对较低，抑或选择信托，通过夹层融资的方式，获得资金支持。

第四部分　理财规划可行性分析

1. 退休规划

根据李先生的退休目标：10年后退休，退休后生活到90岁。

退休总需求=年均家庭支出现值=NPV（5%，现金流）=30186852.56元

2. 儿子保险及结婚费用

每年为两个儿子交保费20万元，且预估儿子分别于9年后和10年后结婚，各需400万元费用。

保险+结婚费用现值=8374487.08元

3. 家庭保险规划

李先生及李太太未配置任何保险，除了重大疾病保险外，建议购买高端医疗保险及高端养老保险，预估每年养老保险保费200万元，连续交5年，医疗保险保费84100元，连续交10年。

保险支出现值=养老保险保费现值+医疗保险保费现值=8658953.34+649397.91=9308351.25元

4. 企业收购扩张

通过银行并购贷款或发行中小企业私募债等方式进行融资，划归公司账目处理。

5. 境外股权投资

预计通过QDII方式投资1000万元到境外市场，分别投资境外股权及共同基金等。

6. 境外家族信托

为了更好地传承财富，李先生和李太太规划设立一个境外家族信托来达到资产隔离和增值保值的目的，预计明年初以3000万元的资本成立。

7. 家庭资产投资

初步预计利用家庭可投资资产中的2000万元放在我行私人银行全权委托资产管理。

总需求现值=30186852.56+8374487.08+9308351.25+10000000+30000000+20000000

=107869690.89元

总供给现值=目前可投资资产现值+未来收入现金流现值

目前可投资资产现值为69148000元。

预计退休前，即10年内李先生每年的家庭收入为400万元，10年后30年内每年家庭收入为200万元。

未来收入现金流现值=NPV（5%，现金流）=76751456.16元

总供给现值=76751456.16+69148000=145899456.2元

理财目标缺口=总供给−总需求=145899456.2−107869690.89=38029765.31元

理财目标基本能够全部实现，因此李先生资产配置的最主要目标是进行充足的家庭保险组合，安排更合理的资产配置规划。

第五部分　财富配置规划

基于财富配置分析，我们将根据马科维兹的最优投资组合理论，按照李先生家庭目标投资资产的风险及收益率来寻求最优配置比例。

李先生可投资标的风险及收益情况如表7所示。

表7　可投资标的风险及收益情况

投资标的	预期收益率（%）	标准差（%）
无风险资产	3.0	0.0
基金组合	4.0	9.6
私募产品	8.8	24.2
家庭保险	3.0	19.0
家族信托	6.6	12.0
境外投资	10.2	26.8

根据以上数据，通过最优投资组合模型分析，我们寻找到其最优配置比例如表8所示。

表8　风险资产最优资产配置比例

投资标的	风险资产最优组合资产比例（%）
基金组合	18.04
私募产品	7.74
家庭保险	20.65
家族信托	38.72
海外投资	14.85

风险资产的最优组合资产的标准差为9.7%，预期收益率为7.0%（见图3）。

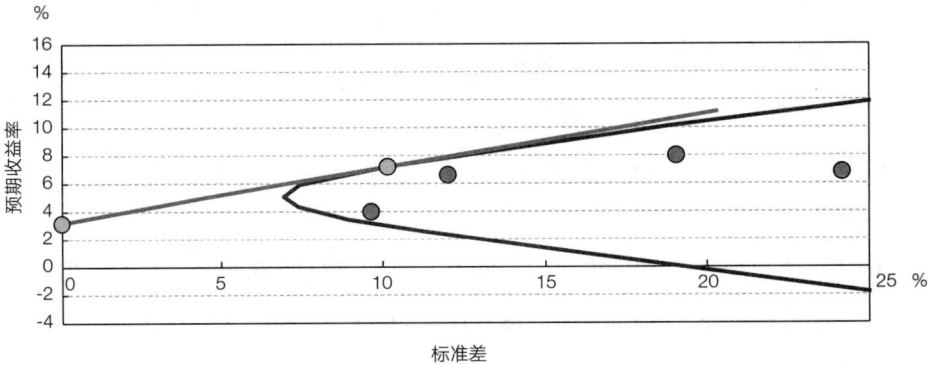

图3 最优组合资产

因为李先生的风险厌恶系数A等于5。

最优资产组合中风险资产的比例：

$$Y=[E(R_p)-R_f]/(0.01\times A\times \sigma^2)=[7.0-3.2]/(0.01\times 5\times 9.7^2)=80.77\%$$

无风险资产比例=100%–风险资产比例=100%–80.77%=19.23%

目前李先生家庭总资产达11583万元，除去限制性资产、家族企业股权、紧急预备金，剩余可投资资产达6914.8万元。

按照最优资产组合比例，李先生投资的最优配置如表9所示。

表9 李先生最优组合资产配置

投资标的	最优组合资产比例（%）	最优投资资金（元）
无风险资产	19.23	13294583
基金组合	14.57	10074995
私募产品	6.26	4325724
家庭保险	16.68	11531950
家族信托	31.28	21629023
境外投资	11.99	8291724

根据此最优资产组合比例以及市场上投资产品的现实要求，如家庭保险中，最适合李先生的保险费用折算现值约为930万元，略小于最优比例，建立家族信托最少需要3000万元，略大于最优比例。因此经调整后的投资比例如表10所示。

表10　李先生最优组合资产配置（调整后）

投资标的	实际组合资产比例（%）	实际投资资金（元）
现金/活期	0.72	500000
无风险资产	7.15	4947281
基金组合	14.57	10074995
私募产品	6.26	4325724
家庭保险	13.45	9300000
家族信托	43.39	30000000
境外投资	14.46	10000000

第六部分　理财规划总结

李先生家庭规划后与规划前资产整体收益估算如表11所示。

表11　资产整体收益对比

投资标的	收益率（%）	规划后投资比例（%）	规划后投资资金（元）	规划前投资比例（%）	规划前投资资金（元）
现金/活期	0.38	0.72	500000	78.67	54400000
无风险/定存	3	7.15	4947281	4.77	3300000
基金组合	4	14.57	10074995	0	0
私募/股票	6.80	6.26	4325724	6.51	4500000
家庭保险	3	13.45	9300000	0	0
家族信托	6.60	43.39	30000000	0	0
境外投资	10.20	14.46	10000000	0	0
年收益		6.64	4591467.46	0.59	611720

可见，经过规划后，李先生不仅购买了全面的保险组合，提高了家庭抗风险能力，稳定了退休后的现金流，而且通过妥善配置资产，合理进行投资，实现了家庭资产的重心转移。可投资资金的年收益率由0.59%提高到了6.64%，而且年收益由611720元提升至4591467元，各项目标可以顺利实现。规划后的现金流量表如表12所示。

表12 现金流量表（规划后）

李先生年龄（岁）	家庭收入（元）	房租收入（元）	家庭支出（元）	儿子保险与结婚费用（元）	家庭养老保费（元）	家庭医疗保费（元）	保险生存金（元）	家庭信托支付（元）	净现金流量（元）	资产总额（元）
50								（3000000）		115830000
51	4800000	360000	984000	400000	2000000	84100	108179	1500000	3300079	119130079
52	4944000	370800	1513520	400000	2000000	84100	108179	1500000	2925359	122055437
53	5092320	381924	1558926	400000	2000000	84100	108179	1500000	3039397	125094834
54	5245090	393382	1605693	400000	2000000	84100	108179	1500000	3156857	128251691
55	5402442	405183	1653864	400000	2000000	84100	108179	1500000	3277840	131529530
56	5564516	417339	1703480	400000		84100	108179	1500000	5402453	136931983
57	5731451	429859	1754584	400000		84100	108179	1500000	5530804	142462787
58	5903395	442755	1807222	400000		84100	108179	1500000	5663006	148125793
59	6080496	456037	1861439	4400000		84100	108179	1500000	1799173	149924966
60	2000000	469718	1917282	4400000		84100	108179	1500000	（2323485）	147601481
61	2060000	483810	1322414				108179	1500000	2829575	150431056
62	2121800	498324	1362086				108179	1500000	2866217	153297273
63	2185454	513274	1402949				108179	1500000	2903958	156201230
64	2251018	528672	1445037				108179	1500000	2942831	159144062
65	2318548	544532	1488388				252417	1500000	3127109	162271170
66	2388105	560868	1533040				252417	1500000	3168350	165439520
67	2459748	577694	1579031				252417	1500000	3210828	168650348
68	2533540	595025	1626402				252417	1500000	3254580	171904927
69	2609546	612876	1675194				252417	1500000	3299645	175204572
70	2687833	631262	1725450				252417	1500000	3346062	178550634

续表

李先生年龄（岁）	家庭收入（元）	房租收入（元）	家庭支出（元）	儿子保险与结婚费用（元）	家庭养老保费（元）	家庭医疗保费（元）	保险生存金（元）	家庭信托支付（元）	净现金流量（元）	资产总额（元）
71	2768468	650200	1777213				252417	1500000	3393871	181944505
72	2851522	669706	1830530				252417	1500000	3443115	185387619
73	2937067	689797	1885446				252417	1500000	3493836	188881455
74	3025179	710491	1942009				252417	1500000	3546078	192427533
75	3115935	731806	2000269				252417	1500000	3599888	196027421
76	3209413	753760	2060277				252417	1500000	3655312	199682733
77	3305695	776373	2122086				252417	1500000	3712399	203395132
78	3404866	799664	2185748				252417	1500000	3771198	207166331
79	3507012	823654	2251321				252417	1500000	3831762	210998093
80	3612222	848364	2318860				252417	1500000	3894142	214892235
81	3720589	873814	2388426				252417	1500000	3958394	218850629
82	3832207	900029	2460079				252417	1500000	4024573	222875202
83	3947173	927030	2533881				252417	1500000	4092738	226967940
84	4065588	954841	2609898				252417	1500000	4162948	231130888
85	4187556	983486	2688195				252417	1500000	4235264	235366151
86	4313183	1012990	2768841				252417	1500000	4309749	239675900
87	4442578	1043380	2851906				252417	1500000	4386469	244062369
88	4575855	1074682	2937463				252417	1500000	4465491	248527860
89	4713131	1106922	3025587				252417	1500000	4546883	253074743
90	4854525	1140130	3116355				252417	1500000	4630717	257705460

第七部分　风险告知

该理财方案是基于（根据目前的市场情况做出的）一些假设制订出来的，这些假设会随着国家经济形势的变化而发生变化，如物价水平升降，证券市场波动，经济增长率的变化，汇率、利率、房价走向等，都会对理财方案产生一定的影响。

市场风险：在投资具体市场时，即使在被投资标的情况良好的状况下，由于整个市场的系统性风险造成被投资对象的价格波动，使投资资产面临市值下跌的风险。

投资风险：投资金融产品或实物资产时，因被投资对象的非系统性风险未能通过投资组合加以分散，或由于其他因素造成其市场价值下滑导致投资损失，将影响投资者收益，甚至造成本金损失。

操作风险：在投资运作过程中，受知识经验、决策、判断、技能等限制，可能会影响产品的投资收益，甚至造成本金损失。

流动性风险：投资者无提前终止权，这可能导致投资者需要资金时不能随时变现，并可能使投资者丧失其他投资机会。

通胀风险：如果发生通货膨胀，则投资所获得的收益可能会被通货膨胀抵销，从而影响投资资产的保值增值，造成实际收益率低于名义收益率的情况。

利率风险：由于市场利率波动、央行基准利率调整，可能会对投资的实际收益造成影响，无法实现预期的投资收益率。

汇率风险：由于国际汇率波动，对外币资产净值和留学费用、国外旅游费用影响较大，可能造成实际支出成本的增加。

其他风险：包括但不限于由于自然灾害、战争等不可抗力因素的出现，严重影响金融市场的正常运行，从而导致投资产品收益降低，甚至发生本金损失；以及由于网络系统故障、计算机系统故障等因素出现时影响投资产品的受理、赎回、投资者投资收益的支付等的正常进行，进而影响投资资金的安全等。

在执行本方案时，应该参照理财客户经理的意见，客户经理会定期与您一起对方案进行调整，如果您单方面修改或不遵照执行，也会产生一定的风险。

本理财规划报告书所涉及理财产品的风险由您自行承担。

本理财规划报告书所列数据均未考虑宏观经济环境变化及不可抗力的影响。

您应定期检查报告的执行效果，及时与我们联系以便对方案进行调整。

如果您已知晓理财规划内容并认可，并独立谨慎作出投资决定、承担相应的投资风险，请您签名确认：＿＿＿＿＿＿＿

五、及时监控客户之理财计划

除了准确评估客户的财务需求外，对理财计划的执行与实施情况进行定期监控和评估也十分重要，以在必要时进行适当的调整，为客户提供高质量的财务建议。

根据李先生的情况，本计划约定定期检测周期为一个季度，当以下关注点发生变化时，资产配置和投资组合将会有所调整：

一是企业经营环境的改变；

二是收入/支出的改变：薪金、奖金或者其他收入有明显的增加或减少；

三是家庭成员改变：新生儿诞生或者收养，家庭成员生病或死亡等；

四是风险承受力改变：调整投资组合中不同风险投资产品的百分比。

理财客户经理在此方案执行过程中将为提供如下相关服务：

每周提供投资产品价格信息和财经短信；

每月提供综合对账服务；

每季度提供投资组合业绩汇报；

每季度提供宏观经济形势研究报告；

提供全国范围内的理财漫游服务；

邀请参加理财投资报告会、财经沙龙；

客户要求的与规划相关的其他服务；

客户经理认为需要及时沟通的事项。

下次检测时间：2013年12月30日

方案点评　　林佩珊
　　　　　　　/ 香港银行学会 /

简介

　　客户李先生为一家钢贸企业的控股股东，太太在公司担任销售部经理，并育有一对快将完成学业的儿子，由于公司业务已经上了轨道，每年能够为李先生带来可观的收入，所以李先生拥有较丰厚的财富包括4套住宅房产和接近800万元的现金与投资。此计划书在介绍个案背景时，能够清楚扼要地列举出客户的理财目标，并考虑到高端客户对家庭财产保值、财富传承和企业发展的重视和担忧，在表达上，能够以特别的手法——八字形容词——来说明每一理财目标，令人印象深刻，之后针对每一目标，简洁地说明其解决方案，使人能够对个案有较综合的理解。

与客户建立信赖关系

　　此计划书详尽地解释了与客户见面前的准备工作和面谈当天与客户沟通的内容，由于李先生是高端客户，财富管理师不但对客户的个人和资产情况有全面理解，而且收集了客户的企业和钢铁销售行业前景资料，可见财富管理师能够充分了解客户的企业前景，对理财方案的制订起重要作用，在面谈时，财富管理师进一步了解客户的公司发展、儿子学成归国后的打算、投资上的取态和风险评估，这些资料对之后构建的理财方案至关重要。

明确客户理财目标

　　此计划书系统表达了客户的理财目标，总结了从资料中和与客户面谈后所了解到的主要问题和客户关注点，清楚地阐述了客户在公司盈利表现波动对家庭收入的影响、健康风险、资产分散风险、企业发展和传承等方面关注的问题，综合得出客户的理财目标，对客户的理财目标亦能够清楚有序地说明。

了解客户财务状况

　　计划书除了表述客户的资产负债金额和比例外，亦以图表的方法分析了客户的资产和投资分布状况，之后再以财务比率作为辅助来解释客户的财政状况，在比率分析方面，除了把客户的状况与合理区间做比较外，亦能够关联客户的理财目标，例如客户的储蓄比率过高，从而提醒客户应考虑把资金配置到不同的投资组合并预留资金做退休养老及保险之用。同时，计划书以现金流量表来详细阐述客户由现在到九十岁的每年净现金流量，该表达方法不但清晰井然，而且能够看出财富管理师对客户财务状况的掌握，亦是理财目标的有力补充说明。

为客户建构理财方案

首先，此计划书在理财方案设计上，以"理财规划报告书"作为表达形式，使人能够看到财富管理师整套的理财规划服务和内容。其次，财富管理师就客户的五大理财目标逐一做了较具体的分析，细致地分析了客户现存的问题和风险，从而提出改善方案，可以充分地看出财富管理师的分析能力及其对市场和产品的熟悉，特别是有关实现财富传承方面，做了更加具体的方案并以图表的形式来表达，使人更加容易理解方案的运作。在解释对客户所作出的建议后，财富管理师对客户关注的理财目标再做具体的方案说明，并辅以现值的计算，进一步使客户了解每项理财方案的缺口和达成的方法。

在各项理财目标的财富配置方面，计划书亦清楚地按照投资组合理论、客户的风险接受程度和预期收益率，先行计算出最优的资产组合比例，然后再按照实际市场情况调整组合比例，让客户清晰地了解不同因素下财富配置方面的变化。

最后，计划书对整个财富规划进行综合，让客户明白规划前后，资金分配和收益率的区别，然后重新阐述了规划后由现在到90岁的每年净现金流量，使客户对自己将来的财富有一个较为全面、综合的理解。

及时监控客户的理财计划

此计划书除了能够清晰地阐述财富管理师为客人在未来的追踪及回顾理财计划的方面提出的服务方案外，亦点出了客户将来有可能面对的针对性转变，如企业经营环境、收入与支出及风险承受力的转变。

总结

本案例为客户拥有流动资产值一百万美元或以上的组别，财富管理师拥有丰富的高端客户财富管理经验，计划书非常全面完备，特别就资产保存与分散、家庭保障、企业发展与传承这些高端客户比较关注的问题上，不但做了详细和有针对性的分析，而且在表达上多采用图表方式，使理财规划内容更容易理解，亦可加强客户对完成理财目标的信心。

第六届杰出财富管理师技能竞赛

优秀方案与点评

　　第六届杰出财富管理师技能竞赛于 2014 年 6 月正式开展，共收到 33 家银行机构 528 名银行从业人员的参赛申请。经过初赛、复赛、决赛三轮比赛，最终 53 位选手获奖。

第六届杰出财富管理师技能竞赛优秀方案

参赛者：___王艳晖___　　送选单位：___中国农业银行___

参赛组别：高端客户财富管理组别（客户流动资产值一百万美元或以上）

目　　录

第一部分　建立客户关系

一、会客前准备

会客前，根据所了解的客户情况，财富顾问重点准备了以下资料及数据。

（一）金融网络工程发展现状及展望

目前，互联网技术已成为人们日常生活中不可或缺的重要组成部分，我国互联网用户数量和其占总人口比重不断增加，未来仍有增长空间。网络金融更是飞速发展，前景广阔。根据艾瑞咨询的数据，中国互联网金融信息服务业的总销售额由2004年的3.3亿元大增至2009年的21.8亿元，年复合增长率为45.9%。因此，金融网络工程建设和顾问咨询服务仍具有非常广阔发展空间。虽然竞争日趋激烈，但由于存在监管、品牌、技术方面的壁垒，冯先生的公司仍具有较强竞争力，因此未来仍会保持一定的利润增长空间。

（二）美国热门学校情况及美元对人民币走势

整理了美国2015USNEWS美国最佳综合性大学排名情况，并研究了美元对人民币未来几年内走势。从最近一年的走势来看，美元对人民币中间价的月线形状宛如一道运行在6.1~6.2之间的抛物线，未来走势难以预测，但美国经济复苏和美元在全球持续走强几成定势。

（三）中国房地产走势分析

有关资料显示，未来10年中国宏观经济仍将有望保持稳步发展，带动房地产市场稳步上升。城镇化已成为整个中国未来发展的必然趋势，到2030年我国城镇化率要达到70%。如此庞大的内需市场，将会给房地产的多元化发展带来新的机遇。中国房地产业虽然风险仍在，但崩盘式下跌的可能性不大。

（四）中国遗产税草案相关条款

重点了解遗产税的征收比例及免征条款。

二、与客户沟通情况

初次见面时，客户对财富顾问的态度比较冷淡，财富顾问自我介绍后，先从冯先生所从事的金融网络工程谈起，聊了互联网金融最近的发展态势，未来监管可能会采取的一些措施，翔实的数据和准确的消息使冯先生开始对谈话感兴趣，并深情地讲了公司创建之初的艰难。财富顾问又进一步提出孩子们的培养以及未来财产的安排，冯先生表示这是他目前考虑比较多的问题，希望儿子未来能到美国读大学，学习美国网络工程方面的先进技术，回国后早日接手公司业务，自己也好和夫人安享晚年。财富顾问借机了解了冯先生晚年生活规划并向其介绍了国内遗产税草案的相关条款，建议冯先生利用人寿保险或家族信托规避未来可能出现的高额遗产税。冯先生非常认可财富顾问的建议。

三、确定客户理财目标

经过与客户沟通确认，理财师整理了客户理财目标。

一是保险规划：冯先生是家庭唯一的经济支柱，构筑好冯先生抵御意外风险、健康风险以及企业经营风险的保护伞，加强家庭抗风险能力，是冯先生目前理财的当务之急。

二是投资规划：冯先生目前投资效果不太理想，投资方向比较单一，制订合理的资产配置方案，是冯先生理财的主要目标。

三是子女教育目标：准备专项资金确保儿子小兵持续享受目前的教育水平，并能提前备好留学四年大学学费及食宿费。

四是健康规划：利用现有保健资源，提早进行健康规划。

五是退休规划：筹备资金确保冯先生及爱人退休后维持目前生活质量不下降，并能每年出国旅游一次。

六是财富传承规划：将财富最大化传承给后代，并能将家族精神与家族信念传承下去。

第二部分　理财规划报告书内容

一、声明

尊敬的冯先生：

您好！非常荣幸为您以及您的家庭提供全方位的财富管理服务，首先请您参阅以下声明：

1. 本理财规划报告书是用来帮助您明确财务需求及目标，对理财事务进行更好的决策，达到财务自由、决策自主与生活自在的人生目标。

2. 本理财规划报告书是在您提供的资料基础上，基于通常可接受的假设、合理的估计以及综合考虑您的资产负债状况、理财目标、现金收支状况而制定的。

3. 本理财规划报告书作出的所有的分析都是基于您当前的家庭情况、财务状况、生活环境、未来目标和计划以及对一些金融参数的假设和当前所处的经济形势，以上内容都有可能发生变化。建议您定期评估自己的目标和计划，特别是在人生阶段发生较大变化的时候，如家庭结构转变或更换工作等。

4. 专业胜任说明：本理财师为您制作此份理财规划报告书，其经验背景介绍如下。

（1）学历背景：工商管理硕士。

（2）专业认证：中国金融理财标准委员会认证国际金融理财师（CFP）和私人银行家（CPB）。

（3）工作经验：从事理财岗位4年，银行从业15年。

（4）专长：财富传承规划、全球资产配置、全方位理财规划。

5. 保密条款：本规划报告书将由金融理财师直接交与客户，充分沟通讨论后协助客户执行规划书中的建议方案。未经客户书面许可，本公司负责的金融理财师与助理人员，不得透露任何有关客户的个人信息。

6. 应揭露事项：

（1）本规划报告书收取报酬的方式或各项报酬的来源：本理财规划书收取客户佣金人民币1000元。

（2）推介专业人士时，该专业人士与理财师的关系：相互独立，无利益冲突状况。

（3）所推荐产品与理财团队个人投资是否有利益冲突：经确认无利益冲突状况。

（4）与第三方签订书面代理或者雇用关系合同：本理财方案仅收取顾问咨询费，未与第三方签订书面代理或者雇用关系合同。

二、摘要

1. 理财规划目的：用全方位的观点衡量以现有财富如何实现投资理财、教育规划、财富传承、保险和退休养老等人生目标，最大可能地优化代际传承，实现人生价值。

2. 客户背景：冯先生，杭州一网络工程公司控股股东兼总经理，42岁，无保险，身体状况一般；太太陈女士，38岁，全职主妇，无保险，身体状况正常；儿子冯小兵，13岁，国际学校初一学生，成绩良好。

3. 资产负债状况：存款及理财产品415万元；上市公司股票市值300万元；房产3套，价值2100万元，实业资产约3200万元，共6015万元；无负债，仅有为公司担保责任限额800万元。

4. 收入支出状况：冯先生夫妇每年工资收入、金融投资收入和实业投资收入合计达1899万元，年日常支出92.4万元，完全实现了财务自由。

5. 理财目标：客户属于高净值家庭，理财规划的重点在于遗产规划、资产隔离与全球资产配置，理财目标有：投资规划、保险配置、子女教育、养老规划、资产隔离和全球资产配置，以及合理安排高端健康保健与定制旅游，以提高生活品质。

6. 理财方案主要内容：

（1）投资规划：依照风险属性合理的资产配置，建议从现有金融资产中留足6个月紧急备用金，其余金融资产按照股票70%、债券30%的比例进行配置，以夏普指数为选取标准，并提出具体投资产品建议。投资性房产建议暂时持有并观望。

（2）保险规划：分别按照生命价值法和遗属需求法为冯先生夫妇配置了终身寿险、意外险、失能险、重疾险及医疗险，构建强大家庭保护伞。

（3）子女教育规划：鼓励儿子去美国留学，并给予教育资金支持，每月固定用途储蓄金额2.58万元。

（4）退休及旅游规划：冯先生夫妇晚年资金来源充足，理财收入足以支持退休生活保障及年度旅游计划，可适当提升生活质量。

（5）健康保健规划：充分利用现有保健资源，提前进行健康规划。

（6）财富传承规划：通过遗嘱、生前赠与、遗嘱信托、保险安排等综合手段实现家族财富传承，保险安排给出为冯先生夫妇购买寿险和给儿子购买寿险两种选择，家族信托的应用不但可以保证财富的有序传承，而且能将冯先生传统重教的家风传承下去。

7. 根据冯先生家庭的情况，建议每半年评估一次，暂时预约2015年7月初为下次检测日期。届时若家庭事业有重大变化，需要重新制作理财规划报告书。

三、基本情况

冯先生一家的基本情况如表1所示。

表1 冯先生一家的基本情况

姓名	年龄	关系	职业	保险状况
冯先生	42	本人	网络工程公司总经理	无
陈女士	38	配偶	家庭主妇	无
儿子	13	子女	学生	人寿分红险和医疗险

冯先生的家庭处于成长期（满巢期），这个时期的特征是家庭成员数固定。家庭收入主要来源于冯先生，支出随着家庭成员数固定而趋于稳定，但子女上大学后学杂费用负担重。可积累的资产逐年增加，要开始控制投资风险（见图1）。

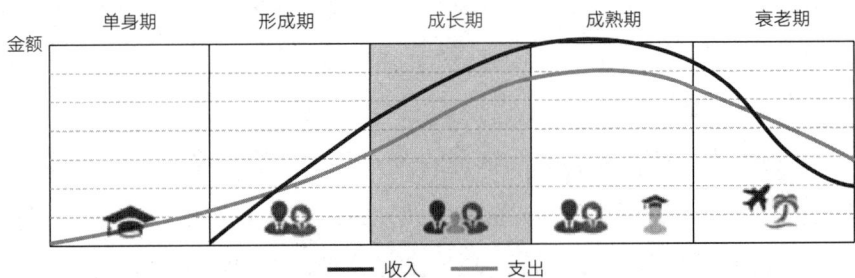

图1 家庭生命周期

四、宏观经济与基本假设

目前中国国内生产总值（GDP）增速有望保持在7.3%，通货膨胀率为3.09%。

假设情况如表2至表4所示。

表2　基本假设

资源名称	假设名称	假设数据	数据来源
本人工资薪金收入	收入增长率	12.77%	国家统计局，2009—2011年全国平均年化国民收入增长率
本人社保养老金	社平工资（年）	42493	杭州市统计局，2012年杭州市年社平工资
本人社保养老金	社平工资增长率	11.27%	杭州市统计局，2010—2012年杭州市社平工资增长率
本人社保养老金	养老金增长率	12.77%	国家统计局，2009—2011年全国平均年化国民收入增长率
配偶社保养老金	社平工资（年）	42493	杭州市统计局，2012年杭州市年社平工资
配偶社保养老金	社平工资增长率	11.27%	杭州市统计局，2010—2012年杭州市社平工资增长率
配偶社保养老金	养老金增长率	12.77%	国家统计局，2009—2011年全国平均年化国民收入增长率
实业投资	收益增长率	14.19%	1994—2013年全国平均年化国民收入增长率
房产	房价成长率	6.66%	国家统计局，2000—2013年全国平均年化房价增长率
房产	房租增长率	3.09%	国家统计局，1995—2014年全国平均年化CPI增长率

表3　目标假设

目标名称	假设名称	假设数据	数据来源
退休目标	本人预期寿命	81岁	中国人寿保险业经验生命表（2000—2003年）
	配偶预期寿命	84岁	中国人寿保险业经验生命表（2000—2003年）
	生活费增长率	3.09%	国家统计局，1995—2014年全国平均年化CPI增长率
	本人法定退休年龄	60岁	《国务院关于工人退休、退职的暂行办法》
	配偶法定退休年龄	55岁	《国务院关于工人退休、退职的暂行办法》
子女教育—初中—冯小冰	学费增长率	3.09%	国家统计局，1995—2014年全国平均年化CPI增长率
子女教育—高中—冯小冰	学费增长率	3.09%	国家统计局，1995—2014年全国平均年化CPI增长率
子女教育—本科—冯小冰	学费增长率	3.09%	国家统计局，1995—2014年全国平均年化CPI增长率
旅游目标–退休后高端旅游规划	旅游费增长率	3.09%	国家统计局，1995—2014年全国平均年化CPI增长率

表4 资本市场假设

资产类型	预期收益率	标准差	数据来源
货币	2.87%	0.6%	一年期银行存款利率，2005—2014年
债券	3.51%	0.61%	上证国债指数，2005—2014年
股票	7.48%	22.87%	沪深300，2005—2014年
其他	0	0	

五、家庭财务分析

（一）资产负债表（见表5）

表5 资产负债表

资产（元）	本人	配偶	共同	总计	比重（%）
流动性资产	3150000	0	0	3150000	5.13
现金及活存	150000	0	0	150000	0.24
货币类理财产品	3000000	0	0	3000000	4.88
投资性资产	57000000	0	0	57000000	92.76
定期存款	1000000	0	0	1000000	1.63
股票	3000000	0	0	3000000	4.88
房地产	21000000	0	0	21000000	34.17
实业投资	32000000	0	0	32000000	52.07
自用性资产	1300000	0	0	1300000	2.12
自用性汽车	1300000	0	0	1300000	2.12
总资产	61450000	0	0	61450000	100

（二）收支储蓄表（见表6、表7）

表6 收支储蓄表

年收入（元）	本人	配偶	共同	总计	比重（%）
工作收入	3600000	0	0	3600000	2.29
工资薪金收入	3600000	0	0	3600000	2.29
理财收入	15390000	0	0	15390000	97.71
房产租赁收入	240000	0	0	240000	1.53
实业投资收益	14970000	0	0	14970000	95.27
金融投资收益	180000	0	0	180000	0.92
收入合计	18990000	0	0	18990000	100

续表

年支出（元）	本人	配偶	共同	总计	比重（%）
生活支出	660000	0	0	660000	4.20
日常支出	600000	0	0	600000	3.82
食物支出	600000	0	0	600000	3.82
教育抚养支出	60000	0	0	60000	0.38
理财支出	24000	0	0	24000	0.15
商业保险保障性保费	24000	0	0	24000	0.15
其他支出	240000	0	0	240000	1.53
支出合计	924000	0	0	924000	5.88
净储蓄	本人	配偶	共同	总计	比重（%）
工作储蓄	2676000	0	0	2676000	-1.91
理财储蓄	15390000	0	0	15330000	97.56
总储蓄	18066000	0	0	18066000	94.12

注：统计时间为2014.01.06—2015.01.05。

表7　储蓄运用表

储蓄（元）	本人	配偶	共同	总计	比重（%）
固定用途储蓄	96000	0	0	96000	0.65
商业保险储蓄性保费	96000	0	0	96000	0.65
自由储蓄	18066000	0	0	18066000	99.35
总储蓄	18162000	0	0	18162000	100

注：统计时间为2014.01.06—2015.01.05。

（三）家庭财务比率分析

冯先生一家属于高资产、高收入、高储蓄的"三高"人群。财务自由度较高，可适当提高生活标准，享受生活。但家庭财务状况在以下方面尚存在进一步优化的空间。

投资方面：投资方向过于集中，仅有定期储蓄、理财产品、单一股票和房产，这不利于分散风险，也不利于理财收益最大化。

家庭资产负债率较低，可适度增加负债，通过财务杠杆增加资产存量。

家庭保障能力不足，在风险发生时，不足以给家庭带来足够的保障。

具体财务数据如表8所示。

表8 财务数据分析

健康诊断	指标	结果	分析
偿债能力	资产负债率	合理范围：≤60% 您的财务数据：0	可适度增加负债，通过财务杠杆增加资产存量
	流动比率	合理范围：>2 您目前无流动负债	您的家庭短期偿债能力较强，可以有足够的流动性资产支付消费性负债，可增加信用卡透支等流动负债，适当提高生活水平
	融资比率	合理范围：≤50% 您的财务数据：0	您家庭的无融资，在可控风险范围内，可适当通过杠杆投资增加理财收入
	财务负担率	合理范围：≤40% 您的财务数据：0	您家庭的财务负担率为0，无须担心债务风险，但合理的负债可提高家庭的生活水平，又不至造成过重的负担，建议合理增加负债
财务自由度	财务自由度	合理范围：>40% 您的财务数据：1661.69%	您目前已完全实现财务自由，只靠理财收入就可维持每年的生活
应急能力	紧急预备金倍数	合理范围：3~6 您的财务数据：40.9	您家庭的紧急预备金倍数超出正常区间，表明家庭中可能有过多的资金闲置，不利于资产增值。如家庭近期无重大支出，建议以3~6个月的生活支出额作为一个基本的现金储备，多出来的现金可购入投资性资产

续表

健康诊断	指标	结果	分析
盈余能力	储蓄率	合理范围：>25% 您的财务数据：94.12%	您家庭的盈余能力指标正常，表明您有较强的控制开支和增加净资产的能力。对于结余资金，可通过合理的投资来实现未来家庭各项财务目标
	自由储蓄率	合理范围：>10% 您的财务数据：93.51%	您家庭自由储蓄率较高，提高家庭实现自由梦想的可能性和达成理财目标机会较大
财富增值能力	生息资产比率	合理范围：>50% 您的财务数据：97.88%	您家庭的生息资产比率较高，可以为家庭带来更多的理财收入，为理财目标的实现提供重要保障
	平均投资回报率	合理范围：4%~10% 您的财务数据：25.53%	您家庭的平均投资报酬率超出合理范围上限，建议重新审视投资组合的风险
保障能力	保险覆盖率	合理范围：>10 您的财务数据：0	您家庭的保险覆盖率严重不足，在风险发生时，不足以给家庭带来足够的保障。建议在保费预算内增加保额

六、客户的理财目标与风险属性界定

（一）理财目标

1. 投资规划：冯先生目前投资效果不太理想，投资方向比较单一，制订合理的资产配置方案，是冯先生理财的主要目标。

2. 保险规划：冯先生是家庭唯一的经济支柱，构筑好冯先生抵御意外风险、健康风险以及企业经营风险的保护伞，加强家庭抗风险能力，是冯先生目前理财的当务之急。

3. 子女教育目标：准备专项资金确保儿子小兵持续享受目前的教育水平，并能提前备好留学四年的学费及食宿费。

4. 税务筹划：企业及个人所得税和未来遗产税节税安排。

5. 子女接班及退休规划：培养儿子小兵早日熟悉企业经营，筹备资金确保冯先生及爱人退休后维持目前生活质量不下降，并能每年出国旅游一次。

6. 全球资产配置及家族成员全球身份布局规划。

（二）风险属性分析

一份好的理财规划报告就是一份爱的传承，将会伴随一个家庭走过漫漫旅途，帮助每位家庭成员实现各类财务目标，成就精彩人生。为了更好地提出理财规划，我们为冯先生做了风险评估测试，并对其家庭的投资组合提供了建议，供其参考。

根据冯先生的风险属性测试结果，冯先生属于积极型投资人，风险承受能力和风险态度都比较高，敢于尝试新鲜事物，能够承受较大风险。在任何投资中，冯先生都有较高的收益目标，且对风险有清醒的认识，建议投资回报率为6.29%，标准差为15.97%。风险属性问卷见附录1。

七、理财规划方案主要内容

（一）家庭资产配置

资产配置是投资的基石。在您的投资组合中，各种投资必须是整体资产配置策略的一部分。投资组合的概念是指，当某些资产价值下降时，组合中的另外一些资产价值上升，从而抵销其损失。我们很难预测市场的短期波动，为避免高买低卖，投资者应该在各类资产中都持有一定的投资。表9、表10显示了您目前的投资组合与我们认为是最佳的投资组合（与您的风险属性相匹配）。

表9　当前资产配置

资产类型	市值（元）	占总资产比例（%）	预期报酬率（%）	标准差（%）	相关系数
货币	4150000	58.04	2.85	0.6	1
债券	0	0.00	3.51	0.62	0.54
股票	3000000	41.96	7.89	23.29	−0.52
汇总	7150000	100	4.8	9.42	

根据您的风险属性和年龄阶段，建议您扣除紧急预备金后，将目标资产按表10所示比例配置资产。

表10　目标资产配置

资产类型	市值（元）	占总资产比例（%）	预期报酬率（%）	标准差（%）	相关系数
货币	462000	6.46	2.85	0.6	1
债券	2006400	28.06	3.51	0.62	0.54
股票	4681600	65.48	7.89	23.29	−0.52
汇总	7150000	100	6.29	15.97	

建议产品配置如表11至表13所示。

表11　货币型产品

产品名称	预期年化收益	财富评级	管理期限	建议购买金额
产品A	2.8%~4%	★★★★☆	无固定期限	462000元

表12　债券型理财产品

产品名称	预期年化收益	财富评级	管理期限	建议购买金额
产品B	5.50%	★★★★☆	无固定期限	50.64万元
产品C	5.80%	★★★★☆	732天	50万元
产品D	5.10%	★★★★☆	35天	100万元

表13　股票型产品

股票名称	股票代码	所属行业	市场类型	价格	市盈率	建议购买金额
股票A	000650	医药制造	主板	8.16元/股	37.29	155万元
股票B	600028	基础化学	主板	6.22元/股	11.67	158.16万元
股票C	SZ002490	C7机械设备	深圳中小板	8.8元/股	38.73	155万元

在实际投资中，我们会发现，虽然假定的投资回报率为6.29%，但由于标准差为15.97%，表明每年的回报率会上下波动，因此投资组合累积的金额也会跟着变化。表14展示了在1000种模拟情景下，投资性资产未来20年每年的最大值、中间值和最小值，该表仅向您提示未来的风险情况，并不代表未来投资业绩。

表14   模拟情景下投资组合情况

年份	当前投资组合			目标投资组合		
	最小值	中间值	最大值	最小值	中间值	最大值
2015	7150000	7150000	7150000	7150000	7150000	7150000
2016	4562035	7307546	9777333	3228997	7441589	10621235
2017	4445479	7428270	11363708	2754553	7501690	14113266
2018	4214686	7479968	12983193	3098497	7668466	17901644
2019	3608253	7618931	13963064	2691304	7705518	18253927
2020	2960490	7668510	14864300	1732711	7853680	23959837
2021	2863117	7688146	15702026	1499044	8151096	23104154
2022	2938381	7805949	19026872	912808	8176461	27630414
2023	2817815	7894386	20538982	1089674	8360250	30299025
2024	2380661	7963168	20525721	1301477	8616447	30521946
2025	2572567	8154402	20122839	1098027	8693119	41425111
2026	2566756	8270007	23888212	1232201	8964442	40346412
2027	2748186	8276496	23850673	1309029	8969904	53199813
2028	2772354	8357856	28126863	1465187	9077169	46821758
2029	2758376	8521700	26862165	1405244	9425792	52065350
2030	2517272	8579524	30332178	1356087	9274326	53651082
2031	2759095	8797829	30969527	1323904	9520657	74196825
2032	2305602	8907520	28787949	1218168	9658138	83026447
2033	2369514	8953122	32439127	1102583	9993417	70335123
2034	2013672	9091166	36690392	823208	10268659	79670612

冯先生的两处投资性房产建议继续持有并观望，一旦房地产市场发生预警，我们会及时通知您并调整投资方案。

（二）保险规划

规划前，冯先生一家只为孩子投保了每月保费为10000元的分红型和保障型保险，其中人寿分红保险每月保费支出为8000元，医疗保险每月保费支出为2000元。作为主要家庭收入来源的冯先生没有任何保险保障，整个家庭面临以下几个方面风险：一是收入中断的风险。冯先生是整个家庭的主要支柱，如果发生意外或失去劳动能力就会造成家庭收入的中断，从而影响妻子与儿子的未来生活。二是冯先生个人担保。为企业融资提供个人800万元的担保，存在企业无力还款时承担连带责任造成家庭财产流失的风险。综合考虑各风险点，同时考虑冯先生夫妻没有任何社会养老保险的情况，做如下保险规划。

1. 冯先生

保险规划重点：终身寿险、意外险、失能险、重大疾病保险及医疗保险。按照生命价值法核算寿险保额，按照遗属需求法核算意外险保额，为防止失能、重疾及医疗带来的费用支出，加保重大疾病险与医疗险（见表15）。

表15　保险规划

规划前后对比	意外险	终身寿险	失能险	重大疾病险	医疗险
规划前保额（元）	0	0	0	0	0
规划后保额（元）	9000000	2000000	9000000	300000	300000

产品配置方案如表16所示。

表16　产品配置方案

险种	产品	保额（元）	保费（元）	受益人	缴费方式	期限（年）
意外险	保险A	9000000	13500	陈女士、儿子	年缴	1
终身寿险	保险B	2000000	60000	儿子	年缴	终身
失能险	保险C	9000000	385000	陈女士、儿子	年缴	3
重大疾病险	保险D	300000	4680	冯云	年缴	1
医疗险	保险E	300000	50000	冯云	年缴	1

2. 冯太太

冯太太是家庭主妇，因此保险规划的重点在于养老、医疗、重大疾病保险，冯太太身体健康，比较年轻，寿险保费比冯先生低，因此从财富传承角度考虑，建议为冯太太配置更高额的终身寿险（见表17）。

表17　保险规划

规划前后对比	年金保险	重大疾病险	医疗险	终身寿险
规划前保额（元）	0	0	0	0
规划后保额（元）	3000000	300000	300000	2500000

产品配置方案如表18所示。

表18 产品配置方案

险种	产品	保额（元）	保费（元）	缴费方式	期限（年）
年金保险	保险F	3000000	528000	年缴	10
重大疾病险	保险D	300000	4680	年缴	1
医疗险	保险E	300000	50000	年缴	1
终身寿险	保险B	2500000	55000	年缴	终身

3. 个人担保

冯先生若对800万元责任限额担保比较担心，建议逐年增大寿险保额，为家庭资产与企业资产建立一道防火墙，也可以为后代传承尽可能多的资产。若有可能，建议公司尽快规划贷款或联系银行更换担保人。

（三）子女教育规划

按照冯先生对儿子的教育规划，冯小兵在杭州知名的初中、高中完成国内教育，费用已计入冯先生家庭日常支出。假如5年后小兵去美国读大学，4年学费终值为185.5万元，按照投资规划的报酬率计算，冯先生仅需每月从储蓄中划出2.58万元用于固定用途储蓄，即可达成目标。

（四）退休及旅游规划

按照规划，将来儿子冯小兵学成归来后要接手企业，届时冯先生可以与太太安心过退休生活。通过全生涯仿真表对两位的晚年生活进行了模拟测算，按照中国人寿保险业经验生命表，假设冯先生预期寿命81岁，冯太太预期寿命84岁，按照3.09%的生活费用增长率，两人维持每年60万元的生活水平完全可实现。冯先生与太太晚年应该充分享受生活，建议安排高端定旅游，每年费用两人共需约20万元。冯先生55岁以后每年20万元的旅游支出可通过理财收入来实现，具体资金流出情况参照附录生涯仿真表。

（五）健康保险规划

建议冯先生提早进行健康规划，我公司可为冯先生提供健康管理服务，主要包括常规性体检及高端保健。

1. 常规性体检。冯先生早已是私人银行客户，每年可享受公司为私人银行客户及其家人提供的免费医疗体检，体检机构可就近在杭州安排。

2. 高端保健。冯先生及太太可购买专门针对高净值客户的健康保健服务，内容包括远程诊疗、电话咨询、饮食运动安排等，两人每年支出共计约10万元。

（六）全球资产配置及家庭成员身份安排

冯先生有想法将部分资产转移至境外，分散地区集中度风险。经过认真分析考虑，向冯先生提出以下建议：

建议冯太太随冯先生申请加拿大投资移民，随后冯先生可视情况随时放弃该身份，冯太太长期保留。理由有六：一是5年后儿子小兵可能去美国读书，冯太太移民加拿大后可免签往返美国，陪伴孩子更方便；二是与美国相比，加拿大永久居民身份可随时放弃，而美国国籍放弃后仍需缴纳10年税款；三是冯太太收入较少，取得加拿大永久居留权后不会增加过多税务负担；四是冯先生身体不好，而加拿大食品更安全、环境更宜人，生活更悠闲，是冯先生冯太太养老的最佳地点；五是不排除儿子将来在国外发展的可能，提前布置好家庭成员身份，有利于给儿子更多选择机会；六是加拿大移民条件为80万加元投资加拿大政府，5年后无息返还，该投资可为冯先生实现全球资产布局，满足风险分散的需求。

（七）财富传承规划

按照全真生涯仿真表测算，冯先生届时资产可达5841万元，须提前做好财富传承规划，以实现财富最大化传承和合理规避遗产税。

目前财富传承的方式主要包括法定继承、遗产税开征前提前赠与、设立遗嘱、高额保险、家族信托等。

1. 股票继承

（1）采用律师见证自书遗嘱的方式，写明所持公司股票由儿子继承，儿子如果想独立创业或从事其他职业，可以将公司股份出售，补充个人创业资金；如果儿子有意继承父亲产业，则可用其现金资产收购更多公司股票，参与公司管理。

（2）儿子进行婚前财产公证，保证继承财产对整个家族的延续性。

2. 固定资产传承

建议冯先生在目前我国还未开征遗产税的情况下，逐步将固定资产中的部分房产在子女婚嫁之前，以转赠方式过户于子女，避免未来可能开征的巨额遗产税。

3. 遗嘱信托安排

遗嘱信托是委托人通过立遗嘱的方式，就自己死后的财产所设立的信托，是遗嘱人在生前设立，在死后才发生效力的信托。冯先生设立遗嘱信托，可以实现以下功效：一是可以在一定程度上避免委托人、受益人债务纠纷等不确定因素对财产安全的影响，实现财产的有效隔离，同时可在合同中注明信托资产是对儿女单方赠与，避免儿女婚变引起家族资产流失；二是为受益人的生活、教育、婚嫁、医疗、创业等提供保障，避免继承人因生活奢靡或不善理财败光家产，打破"富不过三代"的朱门宿命；三是遗嘱信托具有合法节税的功能，避免今后我国开征遗产税和赠与税后所面临的高额税收；四是通过委托专人进行资产打理，实现财富保值增值。

儿子信托架构：

委托人：冯先生；

受托人：某信托公司；

受益人：儿子冯小兵。

信托财产及规模：本信托财产为委托人合法所有资产。信托财产总计交付5000万元。

信托期限：财富传承信托期限为50年，自信托生效日起算。本信托为不可撤销信托。

受益人的信托利益支付：

（1）从信托成立第5年起受托人于每笔非现金类投资全部回收后30个工作日内将该笔投资的收益扣除相关费用后一次性支付受益人收款账户，投资本金留存信托专户由受托人进行投资。

（2）从信托成立次年起，受托人于每年×月×日（受益人生日）（非工作日顺延）内向受益人支付信托利益30万元整作为受益人的生日金。

（3）信托运行期间，受益人年满30周岁后，可向受托人申请领取首次创业金，受托人于收到受益人申请后30个工作日内向受益人支付信托利益不超过500万元整作为受益人的首次创业金，该信托利益支付次数上限为两次。

（4）信托运行期间，若受益人首次结婚，受托人于收到受益人提供的结婚证等合法证明材料后30个工作日内向受益人支付信托利益200万元整作为受益人的婚嫁金。

（5）信托运行期间，受益人每育有1名子女，受托人于收到受益人提供的合法出生证明材料后30个工作日内，向受益人支付信托利益100万元整作为育儿金。

（6）信托运行期间，若受益人出现疾病等特殊紧急事件时，可向受托人申请应急金，由委托人（在世）审核，受托人于收到委托人（在世时）的书面同意后30个工作日内向受益人支付信托利益50万元整作为受益人的应急金。该项信托利益支付上限为3次。

（7）为避免受益人结婚后发生离婚情况时，信托财产被受益人丈夫分割一半，在信托合同中明确约定信托利益的支付属于委托人对受益人的单方赠与行为。

（8）在信托终止时，受托人将信托财产余额100%一次性支付至受益人的收款账户。

（9）若受益人在信托运行期间身故，信托受益人自动更改为原受益人子女，若受益人无子女，则信托资产一次性交付中华慈善总会。

4. 保险传承规划

方案一：建议冯先生投保1626万元，李太太投保1325万元购买终身寿险，保额均为2000万元。如果未来开征遗产税，保险给付是受益人财产，可避免列入投保人遗产征收高额遗产税。

方案二：由于冯先生夫妇保费较高，建议冯先生为其儿子购买分红型万能寿险一份，保额合计4000万元，一是保障儿子目前生活、教育支出；二是保单现金价值可随时抵押变现，应对不时之需；三是以备将来开征遗产税时可以提供税金现金流；四是儿子百年后有身故赔付金赔付给孙辈，实现"一张保单保三代，家族财富永相传"。

5. 法定继承

对于冯先生未提前规划的其他财产和未来会产生的其他收入，按照法定财产继承在继承人中进行分配。

八、风险告知

本理财方案是基于目前市场情况的假设提出的，未来宏观经济的变化会对理财方案产生影响，包括长期通货膨胀率的变化、长期债券收益率的变化、经济增长率的波动、股票市场的政策因素、汇率形成机制的完善、国家的房地产调控等。

对于家庭收入的影响因素，主要考虑宏观经济增长率、行业利润率、家庭成员的自身情况等。

生活支出方面除了要考虑通货膨胀率因素外，还要考虑消费结构的变化趋势。随着社会整体生活水平的提高，教育、医疗、保健的消费比例会有所加大，基本支出就会随之增加。

中国的个人所得税征收办法正面临着改革，预计将来会对高收入阶层加大征收比例，这也会直接影响冯先生的家庭净收入。

在执行本方案的过程中，希望冯先生能遵循理财师的意见，理财师会定期与您对方案进行调整。如擅自修改方案也会产生风险。

九、定期检讨的安排

本方案是基于双方的信任，经过多次的沟通、修改后达成的，尽可能地实现您家庭的生活目标，并实现对家庭财务的长期规划。方案正式实施后，需要您的配合，根据理财方案做资产分配等各方面的调整，及时反馈信息，我们也将至少每季度定期与您进行沟通并对此理财方案的实施情况做定期的复核。

当贵家庭出现任何微观上的改变，请立即、主动将这种改变告知您的财富顾问，例如若发生以下情况：

※ 家庭成员的增加或减少；

※ 未来的收入水平发生增加或减少；

※ 家庭组成发生变化，如离婚；

※ 未来的生活费用增加或减少；

※ 家庭的财务目标与计划发生改变；

※ 会影响理财计划的实现和实施的其他变化。

十、附录

1. 风险属性问卷

2. 生涯仿真表

附录1：风险属性问卷

风险属性问卷

日期：2014年12月20日

这是您的风险属性问卷，问卷的结果用来帮助您选择您的目标投资组合。

1. 本金损失容忍度：＿＿＿ 0%

2. 收入状况：■稳定高收入 □稳定中等收入 □不稳定中高收入 □中低收入 □无收入

3. 家庭负担：□未婚 □双薪无子女 □双薪有子女 □单薪有子女 ■单薪养三代

4. 置产状况：■投资不动产 □自宅无房贷 □自宅房贷小于50% □房贷大于50% □无自宅

5. 投资经验：□10年以上 ■6～10年 □2～5年 □1年以内 □无

6. 投资知识：□投资领域专业证书 □财经专业文凭 □自修有心得 ■懂一些 □无

7. 首要考虑因素：□赚短线差价 □长期现金收益 □现金收益 □抗通膨保值 ■保本保息

8. 认赔动作：□提前设定停损点 □发生损失后抛出 □卖掉一部分 ■持有等待价格反弹 □补仓

9. 赔钱心理：■照常过日子 □影响情绪小 □影响情绪大 □无法承受，难以成眠

10. 最重要特性：□成长性 □收益兼成长 □收益性 □流动性 ■安全性

11. 避免投资工具：□无 ■衍生品 □股票 □外汇 □不动产

附录2：全真生涯仿真表

年份	本人工作收入（元）	本人日常支出（元）	本人实业投资收入（元）	子女教育-冯小兵（18岁）（元）	子女教育-初中-冯小兵（元）	子女教育-高中-冯小兵（元）	本人退休后生活费支出（元）	配偶退休后生活费支出（元）	旅游目标-定制旅游（元）	自由梦想-高端医疗（元）	本人保费净流量（元）	净现金流（元）	理财准备（RF=2.87%）（元）	理财准备（ROI=5.9%）（元）
2015	0	0	0	0	0	0	0	0	0	0	0	6676000	6676000	6676000
2016	4059720	-247272	9646771	0	-12920	0	0	-242648	0	-120000	-240000	12843651	19711253	19913402
2017	4578146	-254764	11015648	0	-13311	0	0	-309090	0	-123636	-240000	14652992	34929958	35740887
2018	5162776	-262484	12578768	0	0	-28151	0	-318455	0	-127382	-240000	16765071	52697519	54613956
2019	5822062	-270437	14363696	0	0	-29004	0	-328105	0	-131242	-240000	19186970	73396908	77022056
2020	6565539	-278631	16401904	0	0	-29883	0	-338046	0	-135218	-240000	21945664	97449063	103510482
2021	7403959	-287074	18729334	-1857541	0	0	0	-348289	0	-139316	-240000	23261073	123506925	132876603
2022	8349444	-295772	21387027	0	0	0	0	-358842	0	-143537	-240000	28698320	155749893	169411985
2023	9415668	-304734	24421846	0	0	0	0	-369715	0	-147886	-240000	32775179	192995094	212179083
2024	10618049	-313967	27887306	0	0	0	0	-380917	0	-152367	-240000	37418103	235952157	262111509
2025	11973974	-323481	31844515	0	0	0	0	-392459	0	-156984	-240000	42705565	285429549	320276411
2026	13503050	-333282	36363251	0	0	0	0	-404351	0	-161740	-240000	48726929	342348305	387893242
2027	15227390	-343381	41523197	0	0	0	0	-416603	0	-166641	-240000	55583962	407757664	466355148
2028	17171928	-353785	47415338	0	0	0	0	-429226	0	-171690	-240000	63392565	482852874	557253339
2029	19364783	-364505	54143575	0	0	0	0	-442231	-294821	-176892	-240000	71989908	568700660	662110050
2030	21837665	-375549	61826548	0	0	0	0	-455631	-303754	-182252	-240000	82107027	667129396	783268328
2031	24626335	-386928	70599735	0	0	0	0	-469436	-312958	-187775	-240000	93628974	779904984	923094467

续表

年份	本人工作收入(元)	本人日常支出(元)	本人实业投资收入(元)	子女教育-冯小兵(18岁)(元)	子女教育-初中-冯小兵(元)	子女教育-高中-冯小兵(元)	本人退休后生活费支出(元)	配偶退休后生活费支出(元)	旅游目标-定制旅游(元)	自由梦想-高端医疗(元)	本人保费净流量(元)	净现金流(元)	理财准备(RF=2.87%)(元)	理财准备(ROI=5.9%)(元)
2032	27771118	-398652	80617838	0	0	0	0	-483660	-322440	-193464	-240000	106750739	909038996	1084289318
2033	5219582	-68455	92057509	0	0	0	-415263	-498315	-332210	-199326	-240000	95523521	1030651936	1243764223
2034	0	0	105120469	0	0	0	-513414	-513414	-342276	-205366	-240000	103305999	1163537646	1420427437
2035	0	0	120037064	0	0	0	-528971	-528971	-352647	-211588	-240000	118174887	1315106064	1622379134
2036	0	0	137070323	0	0	0	-544998	-544998	-363332	-217999	-236361	135162634	1488012242	1853229689
2037	0	0	156520602	0	0	0	-561512	-561512	-374341	-224605	-231681	154566951	1685285144	2117100128
2038	0	0	178730876	0	0	0	-578526	-578526	-385684	-231410	-231681	176725049	1910377877	2418691742
2039	0	0	204092787	0	0	0	-596055	-596055	-397370	-238422	-231681	202033204	2167238926	2763379385
2040	0	0	233053553	0	0	0	-614115	-614115	-409410	-245646	-231681	230938585	2460377268	3157302086
2041	0	0	266123853	0	0	0	-632723	-632723	-421815	-253089	-231681	263951820	2794941916	3607471583
2042	0	0	303886827	0	0	0	-651895	-651895	-434596	-260758	-231681	301656002	3176812751	4121896260
2043	0	0	347008368	0	0	0	-671647	-671647	-447765	-268659	0	344948650	3612935928	4709954351
2044	0	0	396248856	0	0	0	-691998	-691998	-461332	-276799	0	394126728	4110753917	5381874187
2045	0	0	452476568	0	0	0	-712966	-712966	-475310	-285186	0	450290140	4679022695	6149587267
2046	0	0	516682993	0	0	0	-734568	-734568	-489712	-293827	0	514430317	5327740963	7026720241
2047	0	0	590000310	0	0	0	-756826	-756826	-504551	-302730	0	587679377	6068326506	8028835578
2048	0	0	673721354	0	0	0	-779758	-779758	-519838	-311903	0	671330097	6913817574	9173706398

续表

年份	本人工作收入（元）	本人日常支出（元）	本人实业投资收入（元）	子女教育-冯小兵（18岁）（元）	子女教育初中-冯小兵（元）	子女教育高中-冯小兵（元）	本人退休后生活费支出（元）	配偶退休后生活费支出（元）	旅游目标-定制旅游（元）	自由梦想-高端医疗（元）	本人保费净流量（元）	净现金流（元）	理财准备（RF=2.87%）（元）	理财准备（ROI=5.9%）（元）
2049	0	0	769322414	0	0	0	-803384	-803384	0	-321354	0	767394292	7879638430	10482165893
2050	0	0	878489265	0	0	0	-827727	-827727	0	-331091	0	876502720	8982286773	11976906757
2051	0	0	1003146891	0	0	0	-852807	-852807	0	-341123	0	1001100154	10241178558	13684404872
2052	0	0	1145493435	0	0	0	-878647	-878647	0	-351459	0	1143384682	11678485064	15634895754
2053	0	0	1308038953	0	0	0	-905270	-905270	0	-362108	0	1305866305	13319523891	17862908211
2054	0	0	1493649681	0	0	0	-932700	-932700	0	-373080	0	1491411202	15193205428	20407873739
2055	0	0	0	0	0	0	0	-960961	0	0	0	-960961	15628289464	21610569171
2056	0	0	0	0	0	0	0	-990078	0	0	0	-990078	16075831294	22884170463
2057	0	0	0	0	0	0	0	-1020077	0	0	0	-1020077	16536187575	24232858760
2058	0	0	0	0	0	0	0	-1050985	0	0	0	-1050985	17009725173	25661061785
2059	0	0	0	0	0	0	0	-1082830	0	0	0	-1082830	17496821455	27173468379
2060	0	0	0	0	0	0	0	-1115640	0	0	0	-1115640	17997864591	28775043904
2061	0	0	0	0	0	0	0	-1149444	0	0	0	-1149444	18513253861	30471046549
										净现值（2.87%）：5037333725			
										净现值（5.90%）：2182983736			

· ·

案例点评　段　兵
／农银理财／

　　整体来看，财富管理师运用自己丰富的理财规划知识和经验，提出了一个结构清晰、层次鲜明、数据翔实的理财方案。方案基于对客户财务状况、投资经验、风险偏好的全面掌握以及客户未来家庭财富管理的个性化需求，依据对宏观经济的合理预期假设，以独立客观的态度为客户提供财富管理整体规划，具有较强的合规性、专业性和可行性，较好地解决了客户的理财痛点，但在行业风险分散度方面仍有一定改进空间。该方案具体优点如下。

　　一是体现较强合规意识。方案设置"保密条款"以保护客户隐私，确认推荐的产品与理财团队个人投资无利益冲突，并告知经济形势、家庭情况、财务状况、生活环境、未来目标、对金融参数的假设可能发生变化等理财规划风险，未出现"承诺保本"等违规情况，合规性强。

　　二是客观地运用理财知识解决客户痛点。该方案通过财务比率分析清晰得出客户理财痛点，通过蒙特卡洛分析模拟出预期投资收益，以全真生涯仿真表现客户未来财务状况，定量测算与定性分析相结合，独立、客观地为客户提供境内外各类型金融产品的专业筛选、资产配置、投资组合管理及家族成员全球身份布局的整体规划，综合运用丰富的理财知识解决客户痛点。

　　三是具有较高可行性。方案综合考虑宏观经济、法律法规、金融产品等客观因素，详细分析了客户基本信息，考虑全面、可靠性强。与此同时，方案长远规划了客户不同人生阶段隐含的财务需要，提出家庭财产保值增值、财富稳步传承的合理建议，并且给出实现目标的具体措施，便于客户理解、选择，可行性强。

　　但方案仍有一定改进空间，如客户家庭收入严重依赖互联网行业，进行理财规划时，可提示客户重点投资互联网之外的行业以分散风险。

07

第七届杰出财富管理师技能竞赛

优秀方案与点评

第七届杰出财富管理师技能竞赛自 2015 年 7 月启动，包括大型商业银行、股份制银行、城商行、农商行、农信社和外资银行在内的 36 家机构 594 名银行从业人员参赛。由内地及香港监管机构、银行高层管理人员、学界专家组成的评审组，坚持公平、公正、公开的原则，经过三轮角逐，甲、乙、丙三个组别共产生第一名 3 人，第二名 3 人，第三名 9 人，第四名 26 人、第五名 16 人，共 57 位选手获奖。

第七届杰出财富管理师技能竞赛优秀方案

参赛者：　　过奕璇　　　　　送选单位：　　　中信银行　　　

参赛组别：高端客户财富管理组别（客户流动资产值一百万美元或以上）

目　录

摘　要

（一）客户基本资料（见表1）

表1　客户基本资料

成员	年龄	居住地	备注
俞先生	50岁	上海	建筑工程公司股东
文女士	42岁	上海	全职太太
女儿	18岁	上海	就读于国际学校

（二）客户财务状况

资产：我行金融资产1000万元，其中包括活期存款20万元，人民币定存200万元，银行理财300万元，国债300万元等。证券投资组合250万元。固定资产包括上海的别墅价值1200万元，上海的公寓价值300万元，北京的商业办公房价值400万元。

负债：无。

收入：俞先生税后年收入300万元，房租收入每月4万元。

支出：每月生活支出5万元，每月娱乐支出2万元，每月女儿教育费用1.5万元。每月养车费用1万元，每月保费支出1万元。

（三）理财目标（见表2）

表2　理财目标

目标名称	所需条件	备注
60岁退休保障	维持现有水平×70%	预计10年后
女儿留学	200万元	2016年起
财富传承安排	多种工具共同完成	尽快执行
家庭资产保值增值	跨境理财，多元化投资	2016年起
资产风险隔离	使用法律工具	尽快执行
企业持续经营	挂牌新三板	尽快执行
家庭保障计划	适当的保险保障	2016年起

（四）理财目标分析与建议

俞先生家境优越，但对生活品质要求颇高，每月现金支出较大，需要保证家庭足够的现金流。

俞先生退休后生活质量的保证来源于合理比例的投资。建议调整当前资产池内品种，提升资产增值率，同时进行多元化投资，增加收入来源。

改变现有房产状态，降低固定资产比例，出售一套上海地区的公寓房。

通过信托及保险方案达到家族资产风险隔离、规避潜在债务风险、财富传承的目的。

建议客户着手准备自有企业新三板上市。

俞先生和俞太太均没有投买商业保险，建议其增加保险品种，构成含有重疾险、终身寿险的基本保障体系，从而为整个家庭和将来养老提供保障。

俞先生的女儿将在高中毕业后去美国留学，需要在明年有一笔200万元的留学费用。

一、建立与客户的信赖关系

（一）前期资料的搜集

经朋友推荐，我们有幸认识了客户俞先生。经过与客户的几次非正式电话联系，以及通过其他信息渠道，我们初步了解了客户背景、资产总值与投资兴趣等基本信息，为与客户的直接沟通打下良好的基础。为进一步了解客户的理财需求，理财经理主要做了如下的信息收集、整理工作。

1. 客户基本信息

俞先生（50岁）与文女士（42岁）已婚并育有一女（18岁），其女目前在上海就读，并计划在明年赴美国接受高等教育。俞先生身体状况一般，俞太太身体状况正常。

2. 客户资产状况

俞先生及其家人拥有多套高档住宅，一套位于上海郊区为高档别墅，市价在1200万元左右，一套位于北京为商业办公房，市价在400万元左右，还有一套位于上海徐汇区为公寓住房，市价在300万元左右。除此之外，俞先生在我行的金融资产约为1000万元。

（二）市场信息的准备

1. 订立谈话提纲

在与客户面谈前，我们充分掌握当前宏观经济热点信息，结合客户本身可能的需求有针对性地订立谈话提纲，力求在第一次面谈时即能给客户留下专业、谨慎的良好形象并取得对方的信任。

2. 准备相关资料

针对俞先生的个体情况，我们详细准备了包括但不限于上海和北京房产资讯、企业挂牌要求、外汇信息、跨境理财、海外留学与移民、保险产品、银行理财产品、保险及家族信托、长寿成本等书面资料，充分涵盖了主流投资渠道以及市场投资热点。相关信息数据采集情况如表3所示。

表3　相关信息

信息	内容	信息来源
北京和上海房屋出租价格	5000~6000元/月	网上租房信息
外汇数据	人民币汇率波动的幅度增加，美元在未来将进入升值通道；11月底中国外汇储备余额降至3.43万亿美元，为2013年1月末以来最低。在岸人民币兑美元报6.5628（更新数据）	资讯网站
医疗成本	境内私人医生服务：3万元/年；境外高端疗养服务：40万元/人	医疗合作机构
美国留学费用	生活费6800~13600元/月 学费25000~45000美元/年	留学网站
新三板挂牌上市条件	非上市企业申请股份在代办系统挂牌条件及新三本上市条件	全国股转系统相关细则

（三）与客户面谈

在完成前述客户资料及市场信息收集后，我们与俞先生进行了初次的面谈沟通。我们以俞先生所从事的建筑行业为切入点引发俞先生的谈话兴趣，继而将话题转到了其公司前景及未来个人打算。结合2015年延续结构性通缩迹象以及人民银行降息、人民币贬值等问题，我们就俞先生的资产状况向其提出了建议：俞先生目前的资产结构相对分散，既有流动性较强的现金，又有定期存款、银行理财、证券投资、国债等。我们认为俞先生的资产池已经相对丰富，但在汇率市场波动的情况下，可以相应增加一些跨境产品的配置，比如海外美元基金投资，通过"沪港通"渠道丰富投资组合池以进一步提高俞先生资产的整体收益。最后我们也告知俞先生，高回报意味着高风险，但是高风险并不意味着高回报，对此，俞先生表示了认可。

经过近两个小时亲切而细致的沟通，俞先生表示愿意全面配合我们做好其个性化的理财规划，从而为我们对其提供全方位的理财服务打下坚实的基础。

二、明确客户理财目标

（一）沟通理财目标

之前的初次见面我们给俞先生留下了深刻的印象，为之后的交流奠定了良好的基础。经过积极的联络，我们邀请俞先生来到我行财富管理中心，通过更为直观的产品、业务以及服务介绍，其在接下来的沟通过程中向我们提供了充分、详细的个人财富数据，包括家庭收支、财产、负债、存款、股票等，让我们更加全面地获取客户的信息，进而了解并梳理了俞先生对个人财富管理的未来目标。

俞先生计划在60岁退休，距离现在还有10年。俞先生希望在其退休后的30年能与妻子安享晚年，保证其生活、休闲的开销，每月花销大约保证相当于现在水平的70%。目前，俞先生每年从企业得到的税后收入为300万元，企业无固定分红。但是在2015年后，俞先生认为可以对个人的资产组合池进行调整。

基于女儿的留学计划以及未来汇率走势，我们建议俞先生增加跨境理财配置，以达到全球资产配置的目标。

鉴于俞先生个人潜在债务风险及未来资产传承的需求，我们将为俞先生分析保险以及家族信托对家庭短期和长期影响。

在企业长期稳定经营的前提下，我们建议俞先生着手准备自有企业新三板挂牌。

家庭风险保障方面，除了女儿已有人寿分红险和医疗保险外，俞氏夫妇无任何商业保险，俞先生担心自己有潜在的疾病危险，我们将通过保险组合为家人提供充分的经济保障。

自有企业和家庭资产传承方面，俞先生希望女儿全面接手自有企业。当然也存在很多不确定的风险，需要运用各类工具协助完成目标。

（二）制定具体理财目标

在了解完俞先生的理财目标之后，我们帮其进行了一些分析和测算，出具理财规划方案，以更好地协助其实现家庭理财目标。

三、了解客户财务状况

俞先生一家属于富豪阶层，但考虑到随着时间的流逝，资产的缩水量可能会日益加大，因而调整家庭的资产组合是一件迫在眉睫的大事。

（一）客户详细基本情况

1. 客户家庭成员情况（见表4）

表4 家庭成员情况

成员	年龄	居住地	备注
俞先生	50岁	上海	建筑工程公司股东
文女士	42岁	上海	全职太太
女儿	18岁	上海	就读于国际学校

2. 家庭资产负债情况（见表5）

表5 资产负债情况

金融/流动资产（万元）		占总资产比重（%）	备注
活期存款及其等价物	20	0.65	
其中：人民币	20	0.65	
投资资产	1050	33.87	
其中：定期存款	200	6.45	
银行理财产品	300	9.68	
国债	300	9.68	
证券投资	250	8.06	最初投入500万元现值250万元
金融/流动资产合计	1070	34.52	

25

固定资产（万元）		占总资产比重（%）	备注
自住房产	1200	38.71	上海别墅，无贷款
投资房产一	300	9.68	上海公寓，无贷款
投资房产二	400	12.90	北京办公房，无贷款
汽车	130	4.19	1辆
固定资产合计	2030	65.48	
总资产	3100	100.00	
负债	0	0	
净资产	3100		

3. 家庭收支情况（2015年）

2015年家庭月度收支情况（见表6）：

表6　月度收支情况

每月收入（万元）		支出（万元）	
俞先生收入	25	生活支出	5
文女士收入	0	娱乐支出	2
租金收入	4	子女教育支出	1.5
		车辆支出	1
		保费支出	1
		父母供养支出	0
收入合计	29	支出合计	10.5
每月结余	18.5		

2015年的年度收支情况（见表7）：

表7　年度收支情况

收入（万元）		支出（万元）	
俞先生收入	300	生活支出	60
文女士收入	0	娱乐支出	24
租金收入	48	车辆支出	12
		子女教育支出	18
		保费支出	12
		父母供养支出	0
收入合计	348	支出合计	126
年储蓄额	222	年储蓄率	63.79%

4. 家庭保险情况（见表8）

表8　家庭保险情况

家庭成员	险种类型	说明
俞先生	无	
文女士	无	
女儿	人寿分红及医疗险	保单现金价值15万元

5. 客户投资经验情况

俞先生投资经验匮乏，对证券投资了解不多，2015年以来在权益类市场亏损严重，购买的金融产品偏保守，证券投资金额占家庭总投资额仅为8%左右。客户风险承受能力中等。

6. 或有责任

俞先生以个人名义为银行抵押融资提供信用担保，或有责任限额为500万元。

（二）财务分析

1. 家庭财务指标（见表9、图1）

表9　财务指标情况

指标	数值	理想经验值	计算过程	建议
资产负债率	0	20%～60%	总负债/总资产×100%	可适度增加利用财务杠杆
流动性比率	1.9	3～8	流动性资产/每月支出	比率偏低，应调整
净资产投资率	33.87%	大于50%	投资资产/净资产×100%	比率偏低，应相应提高
消费比率	36.2%	小于60%	消费支出/收入总额×100%	较合适
储蓄率	63.79%	大于20%	净储蓄/收入总额×100%	较高，可提高投资率
财务自由度	0	100%	理财收入/消费支出	偏低，可提高投资率

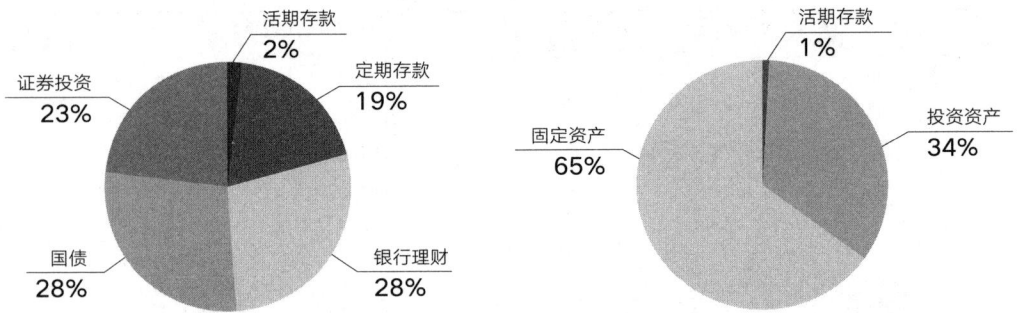

图1　资产构成情况

2. 指标解读

（1）俞先生家庭资产负债率比正常值低，表明俞先生未能充分利用财务杠杆提高资金利用率，建议可以适度负债来提高资产收益。

（2）流动性比率接近合理范围，建议稍做调整。

（3）净资产投资率偏低，资产收益偏低，制约总体家庭资产的增值水平。

（4）消费比率低于正常水平，从而使储蓄率偏高，可以调整储蓄资金的投资方向，使家庭资产更好地抵御通胀。

（5）家庭理财收入偏低，投资类产品表现不尽如人意，有待进一步变更投资品种，提高收益。

（6）家庭总资产中固定资产占比较重，达到了65%，随着宏观调控的持续发力，风险较为集中，并且影响了资产的变现能力。

（7）客户保险方面的投入缺乏，对于抗风险而言远远不够，尚未建成完善的家庭保障体系。

3. 子女教育基金安排

俞先生的女儿明年上大学需要大额学费开支，预计大学4年费用大约为200万元人民币。俞先生想在女儿留学当年就准备好4年的费用，并考虑4年间投资所得。

4. 财务缺口

俞先生一家的财务缺口主要来自医疗费用、退休安排等方面，我们将通过数据分析为俞先生分析出财务缺口的大小，从而选择合适的财务安排来填补缺口。俞先生现主要赤字为养老金赤字。

$$养老金赤字=养老金总需求-养老总供给（均在退休时点）$$

通过期末年金的方式计算得出的缺口金额为14701071.6元（具体详见退休规划章节）。

（三）客户风险能力测试

1. 风险承受能力测评表（见表10）

表10 风险承受能力测评

分数	10分	8分	6分	4分	2分	客户得分
年龄	总分50分，25岁以下者50分，每多一岁少1分，75岁以上者0分					25
就业状况	公教人员	上班族	佣金收入者	自营事业者	失业	4
家庭负担	未婚	双薪无子女	双薪有子女	单薪有子女	单薪养三代	4
置产状况	投资不动产	自宅无房贷	房贷<50%	房贷>50%	无自宅	10
投资经验	10年以上	6~10年	2~5年	1年以内	无	4
投资知识	有专业证照	财经专业毕业	自修有心得	懂一些	一片空白	4
总分	51					

2.风险承受态度测评表（见表11）

表11 风险承受态度测评

分数	10分	8分	6分	4分	2分	客户得分
忍受亏损	不能容忍任何损失0分，每增加1%加2分，可容忍>25%得50分					30
首要考虑	赚短现差价	长期利得	年现金收益	抗通膨保值	保本保息	4
过去投资绩效	只赚不赔	赚多赔少	损益两平	赚少赔多	只赔不赚	2
赔钱心理状态	学习经验	照常过日子	影响情绪小	影响情绪大	难以成眠	6
目前主要投资	期货	股票	房地产	债券	存款	6
未来避免工具	无	期货	股票	房地产	债券	8
总分	56					

测评结果：俞先生属于中等风险承受能力、中等风险承受态度，属于偏保守型投资者，能够承担一定范围内的风险，投资组合中可以涵盖适当比例的风险资产，资产市值会面临一定的波动，但需要将风险控制在市场平均风险范围之内。此类投资者可参考表12进行资产配置，高风险资产配置上限为30%，预期年均收益率为6.4%。

表12 资产配置参考

项目	比例（%）	预期年收益率（%）		
		较差预期	正常预期	较好预期
低风险资产	20	0	3	5
中风险资产	50	−5	5	10
高风险资产	30	−50	11	50
计算结果	100	−17.5	6.4	21

四、为客户构建理财方案

尊敬的俞先生：

首先感谢您向中国××银行××分行××财富中心进行咨询并进行理财规划。本策划方案将用来帮助您明确财务需求及目标，进而希望能更好地帮助您对投资理财进行决策。

重要提示：

本建议是在您提供的资料基础上，综合考虑您的资产状况、理财目标以及理财对策而制订的，推算出的结果可能与您真实情况存有一定误差。作为我们尊敬的客户，所有信息都由您自愿提供，我们将为您严格保密。

风险提示：

本报告中，投资工具的收益率以理论收益率为参照进行计算，并不代表您未来的真实或确定的收益。在收益时，可能会由于政策风险、技术风险等使投资工具的收益存在较大的波动。

本理财报告涉及的投资产品包括股票、基金、信托等高风险投资，不同于国债或银行存款，具有投资风险。在实际执行中，也许会因为利率、证券市场波动等因素的变化导致您收益的减少，甚至是本金的损失，我行不为此承担责任，因此请您慎重考虑、谨慎投资。

免责声明：

对本理财建议中涉及的金融产品，提供产品的金融机构享有对这些产品的最终解释权。本理财报告不保证分析过程中所采用金融产品的收益。我行的理财建议为参考性质的，不代表我行对实现理财目标的保证。我们的职责是准确评估您的财务需求，并在此基础上为您提供高质量的财务建议和长期的服务。本规划书的建议不可视为任何投资产品的销售或购买要约。

本报告仅供参考，不作为任何法律文件。

您如果有任何疑问，欢迎您随时向您的理财顾问或者××银行××分行××财富中心咨询。

专业胜任说明：

理财顾问：××，毕业于××大学，具有中国银行从业人员资格（CCBP）、国际金融理财师资格（CFP），担任中国××银行金融理财师17年。

（一）宏观经济状况及理财假设

为了便于作出更有效的理财规划，本报告基于下列的假设和约定。

1. 预期通货膨胀率：2%

按1980年至今的CPI指数平均水平测算得出，以此作为本理财规划中通货膨胀率的假定值。

2. 收入增长率：5%

俞先生所在的企业发展稳定，我们假定以5%作为收入增长率。

3. 投资报酬率：

低投资风险类投资产品预期收益率设定为3%。

中等投资风险投资产品预期年化收益设定为5%。

高投资风险类产品，如股票、股票型私募基金等，预期收益设定为11%。

4. 费用增长率：2%

从目前消费增长水平来看，收入增长率假设为2%。

（二）家庭理财目标

俞先生家庭资产丰厚，但是理财意识有待于进一步提高。客户目标明确、思路清晰，我们需要将客户的资产配置稍做调整，即可达到客户所期望的最终目标（见表13）。

表13　客户理财目标

目标名称	所需条件	备注
家庭保障计划	适当的保险保障需66.6万元	尽快执行
家庭资产保值增值	多元化投资，金额约1303.4万元	2016年起执行
女儿教育金	200万元	2016年起执行
财富传承规划	多种工具共同完成	尽快执行
60岁退休保障	现有开支×70%	预计10年后
企业新三板挂牌	专业机构协助	尽快执行

（三）理财规划建议

1. 家庭风险保障规划

问题所在：如何做到整个家庭风险保障。

问题分析：

从风险保障角度来说，俞先生是家庭的唯一经济支柱，风险保障规划应以俞先生方面优先安排。此外，在俞先生身体健康状况一般的情况下，人身意外保障与重大疾病保障须并重，重大疾病保障可为俞先生提供短期的紧急援助，以及长期的优质医疗服务。俞太太的保障方面，须为她投保医疗健康与重大疾病保险产品，按现有的医疗水平为其预估重大疾病险的保额。

家庭风险分析如表14所示：

表14　家庭风险分析

风险点	重要程度	分析说明
寿险风险	高	俞先生在发生生命风险时，家庭重要收入来源会发生中断，使高额的家庭支出难以维持，所以需要重点考虑俞先生的寿险保障，可通过保险公司的分红稳健增值财富
养老风险	高	家庭老年生活资金需求较大，虽然拥有社保，但提供的水平较低，同时企业分红收入从长期来看具有较大的不确定性，为了保障老年的生活质量，建议购买养老保险，并结合储蓄降低风险
意外风险	中	俞先生所面临的意外风险为中等水平，有可能的话配置相应的意外险保障
疾病风险	高	日常医疗支出由社保和自己承担，不会造成财务压力，但家庭成员发生重大疾病时，要想得到较好的诊疗则需要大量的资金，届时会产生较大的财务压力，但因为已过最佳购买疾病险年龄，超出医保范围部分需要自担，故应注意保持部分资产的流动性
财产风险	高	目前的两套房产加上自用的别墅价格不菲，是主要的家庭财产，需要重点考虑其毁损风险

寿险保额测算如表15所示：

表15　寿险保额测算

	生命价值法	说明
俞先生	END Mode PMT（290000-105000），R=5%，g=2%，N=（10×12），FV=0，CPT PV=598.9万元（寿险保障额度）	退休年龄为60岁 通胀率为2%、收入增长率为5%

此外，由于俞先生家庭拥有的固定资产数量巨大，一旦出险，固定资产变现即可满足生活开支。但如果固定资产的变现遭遇困难，则短期资金需求相对紧张，因而还是建议俞先生购买适当保险，弥补因收入减少对家庭的影响。

对于独女的保障而言，虽然已有人寿分红保险和医疗保险，但她即将于明年前往异国求学，应办理一份涵盖医疗和意外伤害的留学保险。

从个人潜在债务风险角度来说，俞先生以个人名义为公司的银行抵押融资提供信用担保，责任限额为500万元。此项担保带来的后果就是，一旦企业面临清算，俞先生的个人资产将受到牵连。

理财建议：

家庭保障： 为俞先生新增分红寿险，重大疾病险（见表16）。

表16　保险保障方案

被保险人：俞英年					
险种名称	保额（万元）	保险期	缴费期	保费（元/年）	利益
××终身寿险（分红型）	600	至被保险人终身	10年	480000	年度保单红利以增加保额的方式使保障不断增大，同时保单价值也在不断升高，稳健增值。充分利用保额分红的"复利效应"
××重大疾病险	100	至被保险人终身	10年	88000	48类重疾保险，癌症特别关爱金，累积身价账户
年缴保费合计：568000元					

被保险人：文晓雪					
险种名称	保额（万元）	保险期	缴费期	保费（元/年）	利益
××重大疾病险	80	至被保险人终身	10年	48000	48类重疾保险，癌症特别关爱金，累积身价账户
年缴保费合计：48000元					

保险标的：房产					
险种名称	保额（万元）	保险期	缴费期	保费（元/年）	利益
财产保险综合险	1000	一年	一年	20000	房屋：1000万元/年
年缴保费合计：20000元					

被保险人：俞傲冬					
险种名称	保额（万元）	保险期	缴费期	保费（元/年）	利益
××境外留学保险	60	12个月	年缴	30000	提供境外留学期间的各项意外保障和高额医疗及救援服务
年缴保费合计：30000元					

对于俞先生一家而言，保险保障方案并非一劳永逸，夫妻二人以及女儿对人寿及疾病的保障要求，将随着生活负担与身体状况而改变，为确保得到充分的风险保障，须定期检查自己的保险需要。

个人潜在债务风险解决方案：俞先生可能会面对的或有债务偿还责任。责任限额为500万元，这会对俞先生名下的资产组合构成或有威胁。我们建议可以通过投买保险来规避部分或有债务责任风险，将部分存款或金融资产转为以寿险保单投资方式持有，隔离潜在风险。同时，推荐俞先生投买纯人寿保险，这样既能提供纯保障保费又相对便宜。

相关风险提示：

在此提示俞先生存在或有信贷风险，建议尽快完成保险投保，并对企业经营情况即时监控。

2. 资产配置规划

存在问题：固定资产比例过高，投资配置收益情况不理想。

问题分析：

客户投资品种比较简单，低风险资产投资收益率偏低，权益类资产收益不尽如人意。现可用于投资配置的金额为1370−66.6=1303.4万元。

理财建议：

◆设置紧急备用金

一般家庭紧急备用金为家庭月开支的3~6倍，就俞先生一家而言，家庭收入基于私营企业的净利润，而企业的盈利表现又存在一定的波动性，且俞先生是家庭的唯一经济来源。因此，俞先生一家的紧急备用金预留应更充裕，紧急备用金的倍数为6倍左右。因此需要保留6×10.5=63万元。紧急备用金也可以采用活期存款加货币基金的形式，从而提高资产收益率。

◆处置房产，降低固定资产比率

俞先生现有的三套房产全部都在一线城市，且无负债，虽然它们可以为俞先生带来稳定的租金收入，但我们仍然建议俞先生先处置一套位于上海徐汇区的公寓房。主要基于以下几点原因：一是俞先生家庭资产的投资组合以房产为主，占65%，比例过高；二是该房产租售比仅为1∶500，即可理解为需要500个月才能收回购房成本，房产投资价值相对变小；2015年中国的房地产市场加速分化，由于中国持续20年的人口红利趋于结束，中国住宅投资占GDP比例在2014年见顶回落。我们建议将售出房产获得的300万元资金投入金融资产组合，以达成俞先生的其他理财目标。

◆增加跨境理财产品投资及债券类相关产品

2015年，人民币兑美元汇率贬值已超过4%，美联储启动升息。此外，俞先生的女儿也将留学美国，需要使用美元资产。考虑汇率风险，因而我们建议俞先生增加海外资产配置，特别是美元资产。

◆流动资产较多时，可以参与国债逆回购操作

国债逆回购本质上属于短期贷款，风险小、操作简便，特别建议俞先生在月末或者季度末参与逆回购操作，见缝插针地寻求更好的收益。

根据前期风险测试结果，俞先生属于偏保守型投资者，我们将依据参考标准为俞先生进行资产配置，并根据俞先生个人情况做适当调整，预期年均收益率为6.4%（见表17）。

表17　资产配置建议

投资工具	配置金额（万元）	配置比例（%）	建议产品1	建议产品2	说明
货币类资产	63	4.8	通知存款	货币基金	月支出6倍的急用金加货币配置
银行理财	261	20	一年期理财	国债	注意长短期限搭配
中风险资产	390	30	债券基金	量化对冲基金	分散投资
均衡类资产	261	20	指数基金	海外基金	美元资产目的投资
权益类资产	328.4	25.2	私募基金	专户产品	注意分散风险

由于客户现有的组合收益一般，建议客户进行调整。

一是保留部分银行理财以及国债产品份额。由于利差明显收窄，银行理财预期收益率必然走低，但是产品风险等级中低，符合客户的风险承受能力。建议客户可将原持有份额降低为总资产的20%。

二是基于产能过剩、债务杠杆高、人口老龄化及经济发展模式的转型决定经济增速下滑的长期性，以及人民币汇率高估导致资金外流等因素，我们认为债券市场未来1～3年利率下行趋势不变，中国债券市场的长期牛市格局确定。因而我们建议客户增加配置债券型基金产品，且金额占总资产的30%。为规避信用债下行风险，我们为客户推荐投资范围仅为以国债期货、分级基金优先级及新股申购

为主要投向的混合基金。量化对冲基金投资策略灵活、与主要市场指数相关性低（<30%）、追求绝对收益，具备资产配置价值（见表18）。

表18　三大系列的量化对冲产品2015年以来及近期的表现

运作主体	2015年以来收益			特色	代表产品
	研究数量	近1个月	近3个月	2015年以来		
公募系	8只	—	6.33%	13.35%	在大幅调整市，由于持有大量股指期货空头合约，这些基金实现了大盘风险的对冲，并利用选股优势获取阿尔法收益	事实绝对收益策略、海富通阿尔法对冲基金
私募系	63只	0.47%	9.17%	22.15%	业绩分化大优选专业知名管理人，应该结合中短期业绩表现，优先运作经验丰富、实力雄厚的大型私募管理的产品	中鼎创富量化对冲一期、凡德对冲1号
券商资管系	16只	1.59%	6.48%	17.61%	市场中性策略资管产品，投研操作能力较强	中信证券旗下中信量化对冲1号和5号

数据来源：好买基金。

注：收益为研究数量产品平均收益。

选择量化对冲基金时，我们建议投资人除了关注业绩回报、管理人外，还需要考虑绝对收益率、最大回撤、夏普比率（见表19）。

表19　量化对冲基金选择

选择指标	评价标准
投资收益	主要看绝对收益，对量化对冲基金的投资收益进行长短期、不同市场下的比较
最大回撤	选定周期内任一个历史点往后，基金净值自最高点回落至最低点的幅度，即亏损的最大幅度。该指标越小越好
夏普比率	夏普比率越高，代表着投资者在承担相同风险的情况下，获得的收益越高即投资性价比越高

三是由于美元指数有非常强的7年强、10年弱周期性，从2012年开始，美元指数将步入持续7年左右的强周期。因此建议客户增加海外基金配置。此外就目前的市场走势和政策形势来看，现在股市点位可能成为一个中长期底部区域。因此，我们建议客户下一阶段配置指数基金，其中交易型开放式指数基金（ETF）因为流

动性好、交易费用低廉，成为我们向客户推荐的首选（见表20）。

表20　指数基金业绩表现

名　称	近一年业绩表现（%）	近3个月业绩表现（%）	简　介
产品A	52.26	26.23	以大盘股指数为标的，波段幅度相对较小，指数处于低位时，安全性较高
产品B	41.85	15.22	2015年上半年跌幅最大的指数基金，但是是过去3年中收益最好的基金之一。风险已集中释放，可逢低介入
产品C	6.98	7.07	2013年9月1日完成建仓，至2015年12月底，在各类别合格境内机构投资者中，具有最高的年化收益和最高的信息比率（IR）

此外，俞先生还可以通过"沪港通"，实行跨境投资，投资境外股票、房产信托基金（REITs）、ETF等，让资产配置更为多元化。

四是A股市场振幅增大，在市场行情不稳定的情况下，建议客户最好还是将资金交给专业机构来操作。从整体层面来看，私募证券投资基金长期在为投资者带来较高回报的同时，在一定程度上较好地控制了市场风险的影响（见表21）。

表21　2007—2014年来私募基金指数与沪深300、中证500指数表现情况

指标	CSI 300	CSI 500	CHFRC综合指数
复合收益率	7.10%	15.11%	11.57%
平均收益率	12.84%	21.24%	12.14%
波动率	34.55%	37.70%	15.29%
最大回撤	70.75%	69.27%	32.64%
夏普比率	0.28	0.48	0.60
索提诺比率	0.43	0.75	0.99

相关风险提示：

在资产配置方面，市场风险、投资风险及操作风险兼有，具体表现为未来权益市场可能持续信心缺乏及宏观政策、资金流动性因素的影响等。

3. 子女规划

存在问题： 女儿的留学基金筹集。

问题分析：

俞先生女儿将于明年高中毕业后去美国留学，预计4年大学学费及食宿费用为200万元。虽然客户希望教育资金一步到位，但实际的学费并非集中支出，可以通过合理统筹安排，提高资金使用效益。

理财建议：

现阶段俞先生可以先动用现有的理财资金为女儿准备首次学费支出50万元。其余150万元资金可以教育金的方式预留，并按照之前资产配置部分的建议予以配置以提高收益率。鉴于近期人民币兑美元的中间价连续下跌，创2011年4月以来新低。外汇汇率风险仍不可忽视，故我们建议俞先生及时购汇。

相关风险提示：

更加便利和更大的跨境资金活动意味着人民币汇率双向波动扩大，在此提示汇率风险的存在，建议客户进行分批购汇，降低风险。

4. 财富传承规划

存在问题：

俞先生考虑将企业在未来转交女儿。但是未来的一切变数皆有可能，女儿是否有接班意向、女儿未来的婚姻问题都会影响资产传承。

问题分析：

俞先生的企业为建筑工程公司，管理此类公司既要有人脉，又要有处理各类事务的能力。随着市场环境的发展，此类公司想要进一步拓展业务也是越来越难。再者企业进行上下游相关行业转型，也存在传统行业产能过剩、新兴行业存在技术壁垒的困难。因此若干年后，女儿能否顺利接班，实属未知。

俞先生作为一家之主及企业创一代，希望能把家庭资产和企业资产完整交与女儿，然而各种风险无时不在，包括子女事业持续的风险、婚姻风险、沾染不良习气的风险，俞先生自身意外、疾病等不测风险，企业经营风险，乃至于中国未来可能开征的房地产税、遗产税、赠与税等。婚前财产协议并不能防范继承风险，父母赠与也仅能有限度地进行财产隔离。传承中可能用到的方式包括人寿保险、信托、遗嘱以及其他。

针对财富传承工具选择方面，俞先生须提前考虑以下两个方面：

一是资产流动性风险：申请遗产承办手续复杂，即便已经设立遗嘱，在国内，银行存款需要公证处提供相应的继承公证文书方可实行继承。富裕客户更需要面对遗产税收的潜在风险。

二是不易分割的资产：当俞先生把财产列出，便可发现有些资产难以分割，比如家族企业。一旦女儿意向与父亲期望不同，俞先生企业未来的状况就不能心遂人愿。

理财建议：

首先，建议俞先生启动自有企业挂牌。俞先生的建筑工程公司年营业额为5亿元左右，在该行业中规模偏小，但从上市条件来说，俞先生的企业符合新三板挂牌条件，因而建议企业申请新三板挂牌。挂牌新三板上市的优势包括拓展企业融资渠道、完善公司资产构成、提高公司股份流动性，以及有利于提高公司上市可能性。俞先生企业今后的发展因新三板挂牌而有多种途径，若女儿顺利接班，企业发展情况良好，可进一步考虑上板进行首次公开募股（IPO）；如未来企业发展一般，也可以考虑被其他上市公司并购。同时，在挂牌新三板过程中，还可以考虑引入战略投资者，一方面便于公司未来挂牌后进行做市交易，另一方面还可以引入部分资金用于公司发展。此外，在引入战略投资者过程中，俞先生还可以出让方式变现部分公司股权，用于补充家庭流动资金。一旦日后女儿未能如愿接班，俞先生也可以将公司股权出售或合并，交由其他专业管理团队管理。

其次，建议俞先生使用人寿保险以及家族信托完成体系化的传承安排。人寿保险规划遗产的优点在于，提高遗产的流动性。在大部分情况下，人寿保险的索赔不用经过遗产承办手续，只要根据条款，受益人即可获得赔偿金以应付生活上的需要。此外，保险的杠杆性能增加财富。由于传统寿险的赔偿额一般大于保费，因而受益人不仅可以获得原有财富，还可以获得额外赔偿金。

家族信托作为一种制度安排具有以下四大核心功能：对家族资产进行隔离保护，实现灵活私密的分配传承安排，对多类别资产进行统筹、专业管理以及进行税务筹划与慈善安排。家族信托的优势与功能已经获得国内外各类高净值人士的认可，并被广泛运用。《中华人民共和国信托法》也为境内家族信托的设立提供了法律依据。家族信托的优势在于个性化条款设置以及更彻底的资产隔离，以俞先生本人为委托人所设立的单一信托能为俞先生直接实现传承目标。不过，家族信托的设立起点较高，一般至少需要1000万元。俞先生如果考虑设立，则需要另行安排资产配置。

5.退休规划

理财目标：安享晚年，保证生活质量。

分析：

余寿：至90岁（退休后30年）。

养老需求分析（见表22）：

表22　养老需求分析

项目	退休时点		备注
年生活支出	107.5万元	$10.5 \times 70\% \times 1.02^{10} \times 12$	现有开支水平月花销×70%。通货膨胀率=2%，10年后退休
每月缺口	3.35万元/月	$10.5 \times 70\% - 4$	租金收入可以抵充部分需求
养老缺口	1470万元	期末年金计算	退休后年度投资回报率=2%，余寿30年

若投资房产日后的租金增长率能与通胀率持平，则退休时期的生活费缺口应为3.35万元/月。

鉴于俞太太为全职太太，故将两人退休后30年的生活支出合并计算，并忽略两人的养老金估算。

则退休前须准备的缺口金额（PV）：

END Mode，PMT=33500×$(1+2\%)^{10}$=40836.31；N=30×12；I/Y=2%-2%=0；FV=0；CPT PV=14701072元。

为了追补上述退休准备金的缺口，建议俞先生在退休前10年间采用定投方式，购买股债混合基金或者ETF，假设年度投资回报率为6.4%，每月须额外投入：

PV=0；N=10×12；I/Y=6.4%/12；FV=14701072；CPT PMT=87502.96元

理财建议：

建议客户采用定期定额投资进行退休金准备的原因在于无论市场上涨或者下跌，中长期投资的成本会平均化，风险也相应减少，回撤率降低。其原理在于一是定期买入，在价格波动时能将成本拉低到波峰波谷之间的平均价；二是由于定额买入，在价格下跌时买入的标的数量将增加，从而将成本拉低到平均价格之下。

当然，我们更推荐客户进行智能定投，即利用定投盈利原理，将两部分盈利因子作用放大。一是在低价位的时候超额买入，将平均成本拉到尽可能低；二是价格超过成本价之后不再买入,将成本锁定在最低点。

由于前期已建议客户将上海公寓出售,因而如客户采纳此建议,退休时生活费缺口将更大。假设租金增长率能与通胀率持平,俞先生的投资房产租金配合每年约108万元的自由储蓄基金,按照6.4%的投资回报率即可完成养老规划。

相关风险提示:

市场风险与投资风险表现为房租价格涨幅与投资回报率低于预期。

6.敏感度分析

在理财规划的实际执行过程中,原先设定的通货膨胀率、年均投资报酬率、房价走向和汇率的波动都将影响规划执行的效果,在此我们为客户进行充分分析,以便后续跟踪。

(1)通货膨胀率对规划的敏感性分析(见表23)

表23　通货膨胀率敏感性分析

通货膨胀率	解决方案1:提高投资报酬率	解决方案2:调整退休年龄
2.5%	6.8%	62岁
3%	7.2%	65岁
4%	7.8%	67岁
5%	8.1%	69岁

当年均通货膨胀率达5%时,就需要提高投资报酬率至8.1%,或者推迟退休年龄至69岁,建议当通货膨胀率接近5%时及时修订规划方案。

(2)投资报酬率对规划的敏感性分析(见表24)

表24　投资报酬率敏感性分析

投资报酬率	解决:调整退休年龄
7%	58岁
6%	63岁
5%	65岁
3%	67岁

当年均投资报酬率有所下降时,就需要延长退休年限,建议在投资报酬率下降至3%时,及时修订规划方案。

(四)风险揭示与相关利益冲突披露

该理财方案是基于根据目前的市场情况作出的一些假设制定出来的,这些假设会随着国家经济形势的变化而发生变化，比如：物价水平不断升降，证券市场上下波动，经济增长率的变化，汇率、利率、房价走向等，这些都会对理财方案产生一定的影响。

生活支出除了受物价水平的影响外，还要考虑未来生活品质的提高、医疗保健、大件消费等方面的支出，这些支出的需求将会不断增加，并影响其他目标的实现。

本理财方案内所涉及的产品风险由客户自行承担。

本理财方案中，涉及基金、保险、理财产品的投资，本机构代理上述金融产品的销售或承担托管工作，本机构将因代理销售和托管业务从该产品发行人获取相应手续费。

除此之外，本机构和个人不会从客户提供理财规划咨询顾问服务中获得任何其他收益。

郑重承诺，本项理财规划服务绝无出于本机构利益考虑而诱导客户进行不必要投资行为和错误销售的情况。

五、及时监控客户的理财计划

（一）监控机制

一是建立长期联络机制，定时跟踪。在理财计划正式实施后，我们将对理财状况提供后续监控服务，每月以电话方式为俞先生提供咨询意见，每季度会结合国家宏观经济政策和国际金融环境与俞先生面谈一次，并提供最新的金融、地产等相关更新资料，保证理财计划的有效实施。

二是突发事件，及时联络。当客户资产的市场表现出现重大变化时，我们就变化的具体情况以及相关预测向俞先生及时通报，并结合实际情况，调整投资策略，以配合俞先生的财务目标。当经济环境、权益市场、利率市场、汇率市场发生巨大变化时，我们将及时与客户联络，并通报其与客户投资组合建议的变化关系。当俞先生人生阶段发生了可能影响财务计划执行效果的重大事项时，应及时与我们通报相关情况，以便监控服务的正常运行。

三是建议客户长期坚持按理财方案执行，保证投资目标一贯性，不做轻易改变。

（二）服务机制

我们将在方案执行过程中，全程为俞先生提供如下服务：

◆每周提供投资产品价格信息和财经短信；

◆每月提供综合对账服务；

◆每季度提供投资组合业绩汇报；

◆每季度提供宏观经济形势研究报告；

◆邀请参加理财投资报告会、财经沙龙；

◆客户要求的与规划相关的其他服务；

◆理财师认为需要及时沟通的事项。

结束语

凡事预则立，不预则废。我们希望这份理财策划能让俞先生更轻松地享受生活，同时也希望能得到俞先生的积极反馈，以便我们更好地改进工作，从而使我们能时刻把握俞先生的需求，适时调整理财策略。在此，我们祝俞先生及其家人拥有幸福美好的未来。

方案点评

步艳红
/ 中邮理财 /

本方案中的家庭处在完成财富积累的成熟期，即将步入老年期，所以面临的最大问题是财富保值增值、退休规划和财富传承。拥有17年丰富经验的财富管理师紧紧围绕着这几个目标为客户做了理财规划，专业精准。其中，家庭保障计划和财富传承规划内容最为全面细致。俞先生是家庭收入最重要的来源，自然寿险和重疾险为其家庭风险保障构筑了安全垫，家庭其余成员的健康保险也应该考虑在内。财富传承规划时，财富管理师从客户女儿是否有接班意向以及企业所处行业所面临的风险等维度做了分析，并给出企业挂牌和使用人寿保险及家族信托工具做传承安排等建议。此外，该财富管理师在同客户初次面谈时便就当前市场环境与趋势做了分析，为后续为客户做资产组合调整方案打下基础，具备了一名优秀财富管理师的专业硬技能和软实力。

如需要精进的话，提出以下几点建议：一是资产配置规划部分建议置于各理财目标之后单列，并将资产组合配置规划与俞先生一家的理财目标结合呈现，会使整个方案更为清晰，既能达到家庭理财目标，又使资产配置符合家庭风险承受能力；二是退休规划缺口用什么样的方式来实现略为模糊，建议完善。

第八届杰出财富管理师技能竞赛

优秀方案与点评

第八届杰出财富管理师技能竞赛自 2016 年 11 月启动，共收到 35 家银行机构 577 名银行从业人员的参赛申请，由相关监管机构、银行及学界专家共同组成评审组，经过初赛、复赛和决赛三轮激烈比拼，最终共有 61 人脱颖而出，斩获荣誉。

第八届杰出财富管理师技能竞赛优秀方案一

参赛者：_____孙　莉_____　　送选单位：_____中国建设银行_____

参赛组别：高端客户财富管理组别（客户流动资产值一百万美元或以上）

目　录

第一部分　与客户建立信赖关系

一、客户背景资料

王先生，50岁，某节能环保公司董事长，业务经营稳定。妻子方女士，40岁，全职太太，爱好摄影。王先生早年离异，育有一子，儿子跟随前妻生活，目前儿子24岁，在国外留学，3年后毕业将获得博士学位。王先生与现任妻子方女士育有一女，目前10岁，就读于一所国际学校。王先生的母亲尚健在，今年75岁，身体状况良好，母亲的赡养主要由王先生负责。

资产情况：客户金融资产在1500万元左右，目前在我行的资产为600万元，其中活期、定期存款各100万元，理财产品100万元，信托产品200万元，实物黄金100万元。客户对投资较感兴趣，在股市、债市、比特币中投资了几百万元，大部分资金购买了房产。

公司情况：一家节能环保公司，但近年来面临市场竞争激烈、人力成本上升、上下游企业垫款等挑战，利润逐年下滑，目前经营虽可维持，但要进一步拓展难度很大。

二、所需财务及市场信息

1. 投资资产中房产投资比重较大，会比较关注国内未来房价走势，房地产投资的调控政策和房产税等最新制度。

（1）国内主要城市房产成交量和房价信息表。

（2）《不动产登记暂行条例》出台和未来房产税征收的相关信息对房价影响。

（3）中国进入老龄化社会，需求减少对房价影响。

2. 客户儿子在美国读博士，未来女儿也打算去美国留学，十分关注美元汇率。

人民币对美元2015年贬值4.67%，2016年贬值近7%，主要原因在于金融市场波动、美国加息推升美元以及人民币贬值自身引发的资本外流。2017年，特朗普政府表现出的不确定性和中国加强资本流动管制都有助于人民币汇率企稳，但考虑到美联储未来可能会继续加息，即使中国经济企稳，人民币可能不会延续前两年大幅贬值趋势，但未来几年小幅贬值的可能性较大。

3. 客户投资比特币收益颇丰，现在对此兴趣正浓，从以下几方面提示风险：

（1）政策性风险，中国是全球比特币交易的第一大市场，份额达90%。人民银行在2017年春节前后，对其进行了数次整顿，以致交易量大幅萎缩，价格波动加剧。

（2）价格波动风险，价格曾出现过多次闪崩行情，抗打压能力非常弱。

（3）国内外交易平台安全性存在某些漏洞，发生过多起资金被盗事件。

4. 客户年龄为50岁，有两段婚姻，均育有儿女，需提前做好未来财富的安排。企业方面，利润下滑，发展前景不确定性，应适当做好家庭与企业资产的隔离，准备资料如下：

资产传承、保全的金融工具——家族信托业务、保险产品。

5. 客户热衷于慈善事业，准备有关捐赠税收优惠材料：

（1）企业捐赠所得税税收优惠政策。

（2）个人捐赠所得税税收优惠政策。

三、通过会谈与客户建立信任关系

（一）初步与客户建立关系

通过我行组织的摄影采风活动，初次认识了王先生的夫人方女士，经几次交流，更深入地了解了客户的家庭情况，在王先生母亲的寿诞上我邀请王先生出席我行组织的关于"企业股权治理和风险隔离"的高端论坛，他欣然答应。

（二）推进与客户的关系

王先生如约出席活动，我安排了王先生与主讲嘉宾单独交流。在交流中，我了解到客户的公司经营状况，得知客户对外有两项担保，责任限额为1000万元，这令其非常担忧，诸多的不确定性让王先生对此次论坛中谈到的家庭和企业资产隔离与保全非常感兴趣。我通过自己做过的几个代表性案例向客户深入讲解了资产隔离与保全的重要性和具体的实施方案，谈到可以借助的工具时，客户提出买过不少保险，但不清楚其作用，我借机提出为客户做一下保单检视，客户非常感动。

（三）与客户建立信任关系

考虑到私密性，约好周二独自到客户公司进行保单检视报告说明。

理财经理：（观察到政府颁发给客户的多个慈善证书）王总，您不仅企业办得好，还热心公益事业，我一直敬佩像您这样有责任心的企业家。

客户：哪里哪里，过奖了！只是联合了几个企业捐助了几个边远山区的小学。

理财经理：您真是太有爱心了！这是为您做的保单检视报告，请您过目。

客户：我在保险公司买的保险，你们都能提供这么周到的服务，现在银行的服务真是与时俱进啊！

理财经理：王总，我行私人银行成立于2011年，至今已为300多位成功人士提供综合的金融和非金融服务，保单检视服务只是其中之一。我们会根据客户家庭、企业情况量身定制综合服务方案，在资产保值、升值的基础上，全面覆盖客户退休养老、子女教育、风险保障、投资移民、海外置业、财富保全隔离以及传承等各方面需求。这是我们的服务手册，上面有详细的介绍。

客户：是吗？我有时间要好好了解一下。

接下来我详细说明了每种保险产品的保险权益和期限、交费时间和金额，并根据产品特点，说明每笔保险收益金可作为的专项资金（子女教育金、养老金等），重点提示了客户的保障资产的缺口，详细建议如表1所示。

表1　保险诊断建议

保险诊断	两笔寿险，被保险人为夫妻二人，1. 60岁以后两人每月共领取1万元，可作为养老补充金，但参考您现在家庭支出，养老金仍存在缺口，建议通过年金保险提前储备养老金。2. 保险保额200万元，受益人为女儿，终身寿险有较好财富保全和避税的功能，可作为财富传承的工具之一，现有保额与您的身价不匹配，可以适当增加终身寿险。3. 建议夫妻二人互为投保人和被保险人，这样可以享有保费豁免的权利
	两笔寿险，以儿女为被保险人，在30岁以后每月返还1万元，可以作为子女未来生活费用的补充，但在儿女关键人生阶段的大额支出（如女儿留学费用和儿子的创业金等）没有考虑，存在资金缺口
	没有保障性保障，例如意外保险、定期寿险、重疾保险等，王先生作为家庭的主要经济来源，意外保险可在发生意外时，保障没有经济来源的家庭成员的正常生活，这也是家庭责任的体现

客户对上述建议非常认可，表示对保险有了新的认识，并同意我为他出具详细的规划方案。通过保单检视服务，我更详细地了解了客户信息，同时赢得了客户的信任，为后期制定综合理财规划打下良好的基础。

第二部分　明确客户的理财目标

一、了解客户家庭的未来计划

理财经理：王总，接下来我会为您制定综合财富规划，我需要了解您对未来的想法，能谈谈您对家庭和子女有什么打算吗？

客户：去年朋友发生些状况，我才认真地想了想以后的打算。我打算再干十年就退休，到时在高档养老社区买个别墅居住权，那里的医疗、护理设施配套都不错，一年40万元左右，你嫂子喜欢摄影，退休后陪她国内外转转。我年轻时就喜欢茶艺，到时在社区附近开一家茶馆，现在来看也就投个200万元，现在的茶楼每月收入没有低于2万元的。操劳了一辈子，退休了要好好享受生活。

理财经理：请问您觉得退休后生活费用达到现在生活的什么水平比较满意？

客户：至少要80%吧，现在医疗条件好了，最少准备到90岁吧！

理财经理：照现在的通货膨胀率来看，还是比较合理的。您和方姐有没有缴纳社会养老金呢？

客户：我已交满15年，现在停交了，你嫂子才交了10年，我打算再交五年。按最低标准交的。

理财经理：我接触的很多企业家都是这么做的，其实退休金可以通过多种方式来储备。从您二位现有的社保和保险来看，与您所希望的退休生活支出还有资金缺口，还需要您提前准备。那儿女这边您是怎么考虑的呢？

客户：儿子还有三年就毕业了，在国外学习的是环境工程，与公司业务十分对口，我想让儿子毕业后回国接手公司，如果他想留在美国创业，我就给他500万元来创业。希望女儿18岁到美国读大学，和她哥哥一样读完博士。她在艺术方面很有天分，回国后为她准备200万元发展她艺术事业，其实我最担心女儿。

理财经理：王总，我非常赞同您的想法！您女儿现在年龄尚小，从小生活条件比较优越，最关键是女儿与您的年龄相差较大，当她在成家、立业的关键人生阶段时，您已古稀之年，应该提前为她做好各个阶段的安排。

客户：我也是这么考虑的，这方面你经验丰富，好好费心给规划一下？

理财经理：请您放心！我之前做过不少这方面的规划，女儿30岁后每年可领取12万元保险金，这与您的要求还有差距，我会为您女儿做一个周全的方案，到时再与您进一步商讨。那么王总，您关于家庭方面还有其他的考虑吗？

客户：我母亲75岁了，那天寿宴上你也看到了身体还很硬朗，目前和我一起生活，我打算现在拿出100万元用作老人10年后的养老和医疗。老人和孩子都安排好了，我们就没有后顾之忧了。

理财经理：您为全家人想得太周到了！现在国内高资产人士都对遗产税比较关注，不知您对此有什么看法？

客户：我认为未来国家征收遗产税的可能性很大。

理财经理：那您对未来财产的安排有考虑吗？

客户：辛苦这么多年，无非就是想让儿女过得好些，财产早晚是孩子的。这几年，企业面临各方面压力，利润逐年下滑，负债率也高了，去年还给朋友担保了两个项目，心里更不踏实了。也想过现在分一些，可一想到家里的关系，担心分不好有纷争，我和你嫂子是第二段婚姻，如果公司交给儿子，我想为她们母女多留点钱，可是怎么留是个头疼的事。

理财经理：我非常理解您的顾虑，孩子都未独立，现在就把大量资产分给孩子，不利于他们自身的成长，其实可以通过家族信托和终身险来灵活安排，这样不仅可以保证家族财富永续传承，还可以有效规避债务、税务的风险。

客户：一旦我担保的项目出事，信托和保险可以避免牵连吗？

理财经理：建立家族信托和购买终身保险，对之前的纠纷、债务避险效用存在不确定性，对之后发生的在存续期间才能有效保全，所以资产保全要做到未雨绸缪。

客户：我打算百年后我的公司股权全部留给儿子，名下房产留给女儿。除此之外，还想给他们留些钱，儿子4000万元，女儿3000万元。

理财经理：您目前公司的净资产大概多少？房产和商铺现在估值大概多少？

客户：公司资产5000多万元吧，四处住宅和两处商铺现在市价在4500万元吧。

理财经理：初步估算，如果未来一旦开征遗产税，留给子女的现金资产基本可以覆盖应缴的遗产税。我会根据您的要求，选择合适的工具达成您的心愿。

二、了解客户企业的未来规划

理财经理：王总，上次关于企业股份的材料您看过了吗？

客户：看过了，其中的一些案例对我启发很大，看来专业的事情还要交给专业的人来做。

理财经理：您有决定吗？这会影响您整个的资产规划呢。

客户：如果儿子毕业回来接手公司，我就想分些股份给孩子们。儿子接管公司，股份自然要多于女儿，但如何分配有利于家庭和睦和公司发展呢？

理财经理：我明白您的想法，我会尽快与陈律师讨论您股权分配结构的问题。

客户：好，我还有个心愿，就是希望成立一个捐赠基金，每年投入50万元支持高校的节能环保科研项目，但不知应如何运作，公司和个人捐赠哪一种更节税？

理财经理：关于捐赠基金，前期我们已为客户运作过一个捐赠基金，有两种运作模式，一种自己成立捐赠基金，申请手续相对复杂，管理基金需要一定的人力和物力，关于税收方面，因为我省出台的《对非营利公益社会团体和基金进行捐赠税前扣除资格确认工作的通知》规定，优惠仅限于省级以上的社会组织，所以这种方式享受不到捐赠额税前扣除优惠。另一种是与某校联合成立捐赠基金，现在多数高校都设立了捐赠基金，可以享受部分捐赠额免税的优惠。

客户：你的第二种建议不错，其实我公司现在的技术就是一所大学的研发专利，但由于经费紧张，该校项目研发进程受影响，我成立基金也是想支持他们研发，未来的科研项目我也有优先使用权。

理财经理：原来是这样，关于公司捐赠和个人捐赠哪一种更节税的问题，我会分析相关政策后在报告中详细说明。

客户：好的！一下提了这么多想法，让你费心了。

三、理财目标确认

理财经理：这是我应该做的。我根据您之前提及的内容总结了以下几点理财需求，您看看是否齐全，还有无补充？

（1）儿子自主创业金：3年后博士毕业给儿子500万元作为创业金；

（2）女儿留学计划：8年后到美国读大学至博士毕业，目前学费为24万元/年，9年；

（3）女儿生活保障计划：8年后从留学开始，每年24万元（现价），终身；

（4）女儿艺术事业基金：17年后准备200万元；

（5）养老规划：10年后退休，生活费用为夫妻现在日常开支水平的80%，30年；

（6）投资茶馆计划：10年后退休，投资200万元（现值）开一家茶馆；

（7）母亲养老医疗基金：现在准备100万元，10年后启用；

（8）科研资助计划：明年起每年捐赠50万元支持高校节能环保科研项目，终身；

（9）风险保障基金：长周期、全方位的保障计划；

（10）财富传承计划：留给儿子4000万元，女儿3000万元以供子女生活和抚养下一代；

（11）生前股权分配计划：如何按合理比例分配股权给儿女。

第三部分　了解和分析客户财务状况

一、了解客户的资产情况、投资经验及风险偏好

客户经理：好的，感谢您与我分享您的想法，为了方案更加符合您的预期，达成率更高，我希望与您进一步交流一下您家庭的财务情况。除了在我行的资

产，您的其他资产分布情况如何呢？

客户：我学的数据管理，一直对投资很感兴趣，早几年在股市红火时投了500万元，起初还赚过几笔，但未能逃过股市暴跌，现在只有300万元了。在交易所买了些债券收益还比较稳定，目前大概200万元。去年经朋友介绍，还做了100万元的期货投资，一年下来不赚不赔吧。收益颇丰的是比特币投资，两年多时间100万元已升值至400万元。

理财经理：行外资产市值1000万元，投资多元化，但有80%投资于高风险产品，从您的年龄和家庭阶段来看，投资过于激进，抗风险能力弱，近两年资本市场波动加剧、资金面紧张，建议您适当调低高风险产品的比例，做好风险控制。特别提醒一下，您持有的比特币是一种虚拟货币，虽然前期收益不错，但丰厚的收益背后总伴随着难以预知的风险。今年比特币出现过多次闪崩行情，风险难以控制，建议减少投资金额。

客户：这几年投资了这么多品种花了不少精力，算下来也没挣多少钱，其实我也早有把资金从这些高风险产品中撤出来的想法，怎么调整想听听您的建议？

理财经理：王总，这是风险属性问卷，请您填写一下，我们会根据您的得分，再综合考虑您的年龄和家庭阶段，给出一个合理投资组合比例供您参考。

客户：到时我看一下，你对人民币汇率怎么看？

理财经理：其实从2014年开始我们建议客户配置美元资产，当时金融市场波动、美国加息以及国内资本外流等一系列因素导致人民币贬值，2015年人民币兑美元贬值4.67%，2016年贬值近7%。今年因中国加强资本流动管制和特朗普政府的不确定性，人民币汇率有所企稳，但考虑到美联储未来几年可能会继续加息，人民币未来几年小幅度贬值的可能性较大。我们建议适当配置美元资产。

客户：是啊，我目前的投资全集中在国内，孩子又在美国读书，一直想在国外配置些资产，避免美元升值影响。

理财经理：我非常赞同您的想法，世界上90%以上的高资产人士会配置本国货币以外的第二货币，以有效避免汇率风险，分散投资于国外市场。两个建议：一是在国内购买合格境内机构投资者产品，投资到美元标的的国外市场。二是在开立境外账户，直接投资境外产品。但受外汇局结售汇限制，每人每年5万美元限额。有关美元资产配置会纳入您的方案。除了金融资产外，您还有其他资产吗？

客户：在本市以自有资金购买了不少房产，目前有两套房用于自住，一套是位于市郊的一所别墅，交通方便，市值约1000万元。另外一套位于市区，市值约800万元，房产在妻子名下。另外还有两套房产用于出租，市价分别为800万元和700万元，两套商铺对外出租，市价各600万元，其中一套在妻子名下。

理财经理：您投资性房产现市值为2700万元，房产投资占比达72.43%，流动性较弱，近年来不动产登记、房地产税试点等一系列有关房地产投资的政策频频出台，房价有所下降，特别是像咱这样的二三线城市，下调幅度更大。从长远来看，中国进入老龄化社会，未来房产需求减少，也会影响房价。再加上我市流动性人口少，房价增长明显弱于同地级城市，而且商铺的租金收入率也不高，所以建议您减少我市投资性房产的数量，未来可以考虑在海外置房，作为海外资产配置的补充。

客户：过去几年不少朋友在国外买了房，你这个建议我可以考虑一下。

二、了解客户收入支出情况、流动性和收益率要求

理财经理：这是要慎重考虑一下，那您的家庭收入方面呢？

客户：收入主要是公司的工资和奖金，每月30万元吧，我还在一家建筑公司入股500万元，每年分红20万元，每年房产出租收入72万元，理财收益每年在30万元左右吧。

理财经理：收入非常可观，家里开支应该不是小数目吧？

客户：每月日常开销大概8万元。你嫂子喜欢摄影，一年花费24万元左右。女儿的学费、兴趣班等费用为2万元。我还负担儿子的留学费用每年24万元，还有3年。车挂在公司名下无日常费用。每年交保费18万元，还有10年时间。

理财经理：从收入情况看，工作收入占74.6%，只有25.4%的收入来源于投资，这与72.43%的金融资产占比不相称，投资收益偏低。收支比例较为合理，3年后儿子毕业会减少学费支出，储蓄率更理想。保险支出仅为5.81%，对于您这样的高收入家庭来说偏低。那您对资金的流动性有什么要求吗？整体收益在什么水平您比较满意？

客户：平时我都会在活期上放100万元左右，支付日常费用足够，100多万元放短期，怕企业流转不开。现在利率下行，物价却一直在涨，收益率想维持在5%以上。

理财经理：王总您考虑事情真是客观又全面！您说的我都记下了，请放心，我们会严格遵守保密原则。我整理资料后，将在5个工作日内为您出具一份详尽的理财方案。您看下周二还是下周三有空？到时向您详细阐述您的理财方案报告。

客户：我周末要出差，按行程周三应该能回来，先定周三吧。

第四部分　客户理财方案

声明

尊敬的王先生：

您好！首先恭喜您带领团队历经多年经营，结得创富员工、造福一方的累累硕果；同时也感谢您为当地百姓树立了能担当、善经营的成功企业家形象。获得财富的同时，想必您也在考虑财富的再投资、分配及如何实现财富的传承。××银行以集团和团队优势为多位高净值客户提供家族财富保值增值、保全和传承服务，期盼我们也能助您家庭财富代代相传、家业常青！

本理财规划报告书是在您提供的资料基础上，基于通常可接受的假设、合理的估计，考虑您的资产负债状况、现金收支状况和理财目标而制定的具有共性需求和个性化需求的综合理财方案。推算出的结果可能与您真实情况有一定的误差，您提供信息的完整性、真实性将有利于我们为您更好地量身定制个人理财方案。

本理财规划报告书所作出的所有的分析都是基于您当前的家庭情况、财务状况、未来目标和计划以及对一些金融参数的假设和当前所处的经济形势，以上内容都有可能发生变化。建议您定期评估自己的目标和计划，特别是在人生阶段发生较大变化的时候，请随时与我们联系。

本理财报告中涉及的金融产品，提供产品的金融机构享有对这些产品的最终解释权。同时，除了确定收益率的金融产品（如存款）外，本理财报告不保证分析过程中所采用金融产品的收益。您如果有任何疑问，欢迎您随时向我们咨询。

保密条款：本规划报告书将由金融理财师直接交与客户，充分沟通讨论后，协助客户执行规划书中的建议方案。未经客户书面许可，本公司负责的金融理财师及其助理人员，不得透露任何有关客户的个人信息。

一、基本情况介绍

王先生基本家庭情况如表2所示。

表2 基本情况

姓名	年龄	性别	角色	职业	退休年龄
王先生	50	男	本人	企业老总	60
方女士	40	女	配偶	全职太太	50
儿子	24	男	儿子	学生	—
女儿	10	女	女儿	学生	—

您的家庭处于成长期，这个时期家庭收入稳中上升，随着子女开始学业，家庭支出也增加了，生活支出、教育支出成为家庭的主要支出，对处于这一时期的家庭有如下建议：

教育金要及早准备，教育金除了具有数额较大，且呈逐年递增的特点外，还有几个突出的特点，如属于刚性支出、没有时间和金额的"缓冲"、在既定的时间内一定会被使用。由于这些特点，首先，要及早准备；其次，要从宽准备；最后，要充分考虑教育金积累的安全性和稳健性。一般来说，距子女的教育目标实现时间较长，可以选择风险越高的投资工具；反之，则应该更多选择风险低的投资工具。

投资理财要稳中有进。由于家庭收入增加、支出相对稳定，家庭积累逐渐增加，可投资净资产逐年增长，但您的家庭处于成长期的后期，应注意控制投资风险。在准备好教育金的基础上，可以着手通过投资来准备退休后的养老金。

保险规划要先大人后孩子。王先生作为家庭的经济支柱，往往比孩子更需要保障，因为只有父母健康，才能够保证家庭有持续的收入，孩子才能够正常生活和成长，险种以意外险和健康医疗险为主，王先生一家在这方面存在缺口。

二、客户风险属性分析

评估结论如下：您的风险承受能力的测评分数为59，您的风险容忍态度为58（见表3、表4）。对您的风险属性进行评估，您的测评综合分数为59，您属于进取型投资者，希望有较高的收益率可以承受一定的投资波动，但不愿意承受较大的风险，建议投资报酬率区间6%～10%，根据上述特性提供合适的投资组合比例。

表3 风险承受能力评分表

项目	10分	8分	6分	4分	2分	得分
年龄50	总分50分，25岁以下者25分，每多1岁少1分，75岁以上者0分					25
年收入状况	50万元以上	20万~50万元	10万~20万元	5万~10万元	5万元以下	10
家庭负担	未婚	双薪无子女	双薪有子女	单薪有子女	单薪养三代	4
置产状况	投资不动产	自宅无房贷	房贷<50%	房贷>50%	无自宅	10
投资经验	10年以上	6~10年	2~5年	1年以内	无	6
投资知识	非常了解	熟悉了解	比较了解	略有了解	不了解	4
总分						59

表4 风险承受态度评分表

项目	10分	8分	6分	4分	2分	得分
忍受亏损10%	不能容忍任何损失0分，每增加1%加2分，可容忍>25%得50分					20
预期报酬率	25%以上	10%~25%	5%~10%	3%~5%	3%以下	6
认赔动作	预设停损点	事后全停损	卖掉一部分	补仓等反弹	持有待回升	2
忍受亏损时间	5年以上	2~5年	1~2年	1个月~1年	1个月以下	6
考虑因素	短线价差	长期利得	分红收益	对抗通胀	保本保息	6
避免工具	无	衍生品	股票	债券	理财产品	8
总分						58

三、理财目标确定（见表5）

表5 理财目标

理财目标	目标描述	理想值（现值）
儿子自主创业金	3年后留给儿子创业金	500万元（终值）
女儿留学计划	8年后到美国读大学至博士，9年	24万元/年（现值）
女儿生活保障计划	8年后用于女儿生活支出	24万元/年（现值）
女儿艺术事业基金	17年后用于艺术方面发展	200万元（终值）
养老、旅游、医疗计划	10年后退休，30年，夫人40年	77万元/年养老金（终值）
投资茶馆计划	10年后开一家茶馆	200万元（现值）
母亲养老医疗基金	10年后用于母亲晚年生活	100万元（现值）
科研资助计划	用于高校研发节能环保项目，终身	50万元/年
财富传承计划	身后财富安排	儿子4000万元，女儿3000万元
风险保障计划	家庭风险保障能力不足，建议增加保额	
生前股权分配计划	合理分配股权至儿女	

四、基本条件假设（见表6）

表6 基本条件假设

假设条件	数据	假设条件	数据
通货膨胀率（费用增长率）	2%	活期存款利率	0.3%
收入增长率	2%	1年期定期大款利率	1.35%
教育费用增长率	5%	人民币理财产品收益率	3.85%
租金收入增长率	2%	信托产品收益率	7%
退休前报酬率	6%	保险产品收益率	5%
退休后报酬率	4%	股票基金收益率	8%
退休生活费是原先家庭生活开支的80%		债券基金收益率	5%

数据来源：Wind资讯数据终端。

五、家庭财务报表分析

（一）家庭资产负债表（见表7）

表7 资产负债表

资产	目前市值（元）	比重（%）	负债与权益	金额（元）	比重（%）
现金	0	0	信用卡循环信用	0	0
活存	1000000	1.45	其他消费负债	0	0
流动性资产	1000000	1.45	消费负债	0	0
定期存款	1000000	1.45	投资用房产贷款	0	0
理财产品	1000000	1.45	经营投资贷款	0	0
信托产品	2000000	2.90	投资负债	0	0
债券	2000000	2.90	汽车贷款	0	0
国内股票	3000000	4.35	自用房产贷款	0	0
期货	1000000	1.45	自用负债	0	0
比特币	4000000	5.80	总负债	0	0
黄金	1000000	1.45	流动净值	1000000	1.45
寿险现金价值	2800000	4.06	投资用净值	49920000	72.43
住房公积金账户	0	0	自用净值	18000000	26.12
个人养老金账户	120000	0.17	总净值	68920000	100
房产投资	27000000	39.18	投资分类	占投资比率（%）	包括项目
经营投资	5000000	7.25	流动性资产	1.96	现金/活存/货币市场基金
投资性资产	49920000	72.43	收益性资产	11.78	定存/债券
自用汽车当前价值	0	0	成长性资产	25.53	股票/实业投资
自用房产当前价值	18000000	26.12	保值性资产	54.99	房产/贵金属与艺术收藏
其他自用资产价值	0	0	既得权益	5.73	公积金/养老金/医保

资产	目前市值（元）	比重（%）	负债与权益		金额（元）	比重（%）
			投资分类	占投资比率（%）	包括项目	
自用性资产	18000000	26.12	紧急预备金（元）	365000	月支出×紧急预备金月数	
总资产	68920000	100	需配置投资（元）	18435000	不包括既得权益资产	
			参数设置	紧急预备金月数：3		

您的家庭无负债，如图1、图2所示，投资性资产占72%，家庭储蓄能力好，资金投资于多种产品，其中房地产投资占54%，流动性略有不足，高风险产品占26%。整体来说，控风险能力不强，建议适当减少房地产和高风险产品比例。

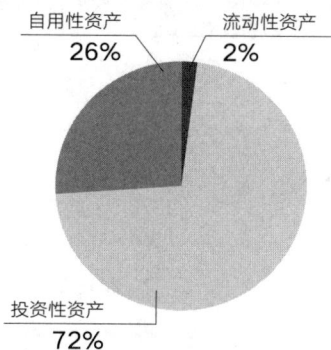

图1 资产结构

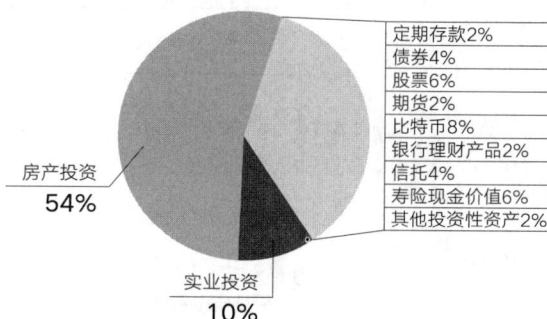

图2 投资性资产结构

（二）家庭收支储蓄表分析

您的家庭整体收入水平高，工作收入占比高，理财收入偏低，从图3可以清晰看出，随着退休后工作收入减少，如果投资收入不能补充，可能会出现入不敷出的情况，建议通过有效投资组合提高理财收入。

您的家庭支出结构中理财支出较低，像您这样的高收入高支出家庭，如果未来工作收入中断，会影响未来生活质量，建设提高保障性保费支出（见表8）。

表8 家庭收支储蓄表

家庭所得项目	本人	配偶	家庭收入	占收入的比重（%）	家庭支出项目	家庭合计	占支出的比重（%）
工作收入	3600000	0	3600000	74.69	生活支出	1460000	94.19
其中：工资薪资所得	3600000	0	3600000	74.69	家庭生活支出	960000	61.94
其他工作收入	0	0	0	0	子女教育支出	260000	16.77

续表

家庭所得项目	本人	配偶	家庭收入	占收入的比重（%）	家庭支出项目	家庭合计	占支出的比重（%）
家庭工作储蓄	—	—	2140000	—	爱好支出	240000	15.48
理财收入	980000	240000	1220000	25.31	理财支出	90000	5.81
其中：利息收入	300000	0	300000	6.22	其中：车贷利息	0	0
利息股息红利所得	200000	0	200000	4.15	公积金贷款利息	0	0
财产租赁所得	480000	240000	720000	14.94	自用房贷利息	0	0
偶然所得	0	0	0	0	投资房贷利息	0	0
其他理财收入	0	0	0	0	保障性保费	90000	5.81
家庭理财储蓄	—	—	1130000	—	其他利息	0	0
收入合计	4580000	240000	4820000	100	支出合计	1550000	100
家庭净储蓄	—	—	3270000	—			

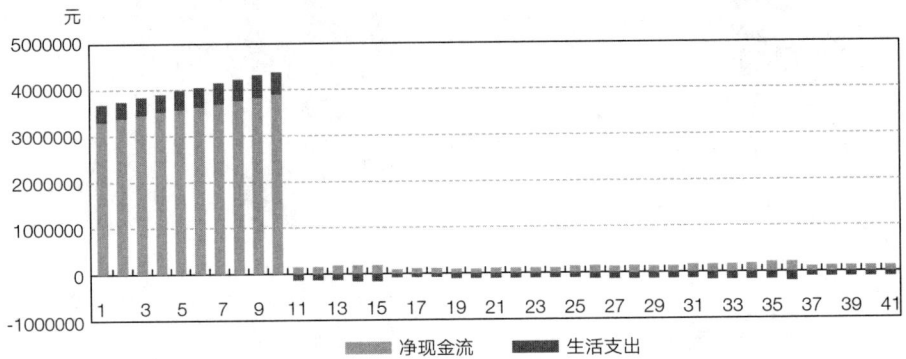

图3 退休前收支变化

（三）家庭财务比率分析（见表9）

表9 家庭财务比率

指标类别	家庭财务比率	数据	合理范围	分析
偿债能力	资产负债率	0	<60%	资产负债率在安全范围内，储蓄率较高，可以适当增加负债，利用财务杠杆增加资产存量
	流动比率	∞	>200%	您家庭短期偿债能力强，可以有充足流动性资产支付消费性负债
	融资比率	0	<50%	在合理范围内，在控制风险前提下，可适当通过杠杆投资增加理财收入
	财务负担率	0	<40%	财务负担率低，由于家庭收入较高，未来可适当选择投资性负债，提高财务杠杆
应急能力	紧急预备金月数	7.74	3~6倍	高于合理区间，如果近期无大额支出计划，建议适当调低活期或货币类资产比重，提高投资资产比重

指标类别	家庭财务比率	数据	合理范围	分析
储蓄能力	工作储蓄率	60.75%	>20%	在合理区间内，说明获得收入能力较强，达到理财目标机会较大
	净储蓄率	72.52%	>25%	您的家庭盈余指标正常，可通过合理的投资来实现未来家庭各项财务目标
	自由储蓄率	68.79%	>10%	理想，可透过合理的投资指标来达到理财目标
财务自由度	财务自由度	123.87%	50%~100%	已实现财务自由，可以选择提前退休
财富增值能力	生息资产比率	73.88%	>50%	较高，可通过合理的投资来实现未来家庭各项财务目标
	平均投资报酬率	3.77%	通胀率+2%以上	偏低，调整投资组合，提高投资报酬率
保障能力	保险覆盖率	0.14	大于10倍	您的家庭保险覆盖率不足，当风险发生时，不足以给家庭带来很好的保障，建议在保费预算中增加保额
	保费负担率	2.5%	5%~15%	您的家庭保障指标低于合理区间，说明您的家庭未获得足够的保险保障，建议在保险预算中适当加保，以应对家庭可能面临的风险

结论：

1. 总体情况而言，多数财务指标较为合理，您的家庭无任何负债，综合偿债能力较强，短期偿债能力强，财务杠杆运用程度低，财务负担轻，建议可适当增加负债来提高财务杠杆，从而提高理财收入。

2. 家庭主要收入与企业收入具有较高相关性，公司负债率高企，再加之王先生对外有两项担保，建议通过家族信托建立家庭与企业风险隔离机制。

3. 应急准备金高于合理区间，建议在留足应急资金的前提下，将多余的流动资产转化为投资性资产，提高理财收入。

4. 生息资产比率高，但平均投资报酬率却偏低，整个投资性房产的收益率仅为2.6%，偏低并且变现性差，影响了整体收益率，建议减少投资性房产比例。家庭理财收入相对较少，平均投资回报率有待提高。

5. 保险方面，家庭风险保障能力不足，在风险发生时，不足以给家庭带来很好的保障，保费负担率低，建议在保费预算中增加保额，以保证家庭未来有更好的保障。

（四）客户财富管理分析

从表10、图4中可以看出，您在财富增值方面做得较好，但在财富保障以及传承方面，后期要重点关注和布局，以保证您的财富隔离风险，代代相传。

表10　财富管理情况

维度	维度得分	指标名称	指标值	维度评价
财富增值	86.86	投资性资产占比	86.86	优秀
		流动比率	74.07	
财富风险	42.13	风险资产比率	41.67	合格
		财务杠杆率	0.00	
		保费比率	31.92	
财富保障	39.58	保额比率	33.33	欠佳
		外汇资产占比	0	
		实物金比率	100	
财富传承	5.33	终身寿险保额比率	10.67	关注
		家族信托比率	0	

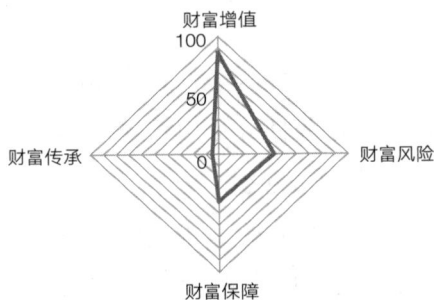

图4　财富价值链雷达图

六、客户理财方案

（一）儿子创业金计划

3年后儿子准备创业金500万元，通货膨胀率为2%，退休前投资报酬率为6%。

3年后创业金的总现值为445.52万元，只要投资组合达到6%的收益在每年不增加专项储蓄的情况下，可以实现目标（见表11）。

表11 创业金计划

资金用途	年支出现值	年数	公式	创业金总现价
创业金	500万元	3年	0PMT, 3N, {[（1+6%）/（1+2%）]−1}I, 500FV, END, ?PV	PV=445.52万元

（二）女儿留学计划

计划女儿8年后到美国读大学至博士毕业，9年时间，假设学费增长率为5%，年金保险投资报酬率为5%，退休后投资报酬率为4%。

8年后每年学费：FV1=35.45万元，8N，0PMT，5%I，−24PV，BGN

10年后每年学费：FV1=39.09万元，10N，0PMT，5%I，−24PV，BGN

结论：8年后女儿留学总现值为196.31万元，只要投资收益率在王总退休前达到6%，退休后达4%，在每年不增加专项储蓄的情况下，可实现目标（见表12）。

表12 留学计划

阶段	年支出现值	年数	公式	学费支出现价	学费总现价
前两年费用（退休前）	35.45万元	2年	−35.45PMT, 2N, 6I, 0FV, BEG, ?PV	PV=68.89万元	PV=196.31万元（−312.89FV, 8N, 6I, 0PMT）
后七年费用（退休后）	39.09万元	7年	−39.09PMT, 7N, 4I, 0FV, BEG, ?PV1 PV2（0PMT, 2N, 6I, 258.34FV）	PV2=244万元	

（三）女儿保障计划

8年后开始，每年准备24万元（现值）作为女儿以后的生活保障金，终身。

规划工具选择：生活保障资金，周期长，从资金未来稳定性方面考虑，建议选择期交年金保险来规划。王总作为投保人和死亡收益金的收益人，女儿作为被保险人和生前收益金的收益人，避免家财外流。

资金准备方式：建议每年定额投入，连续10年。

费用计算：假设费用增长率为2%，年金保险投资报酬率为5%，女儿终寿90岁。

女儿已有终身险，30岁后领取12万元/年。

方案一：假设女儿30岁结婚生子，此资金可以作为女儿子女的教育金，不纳入女儿保障金，8年后生活费现值FV8=28.12万元，（8N，0PMT，2%I，24PV）（见表13）。

表13　保障计划方案一

资金用途	当年支出现值	年数	公式	生活费总现价
生活费	28.12万元	72	-28.12PMT，72N，{[(1+5%)/(1+2%)]-1}I，0FV，BEG，?PV	PV=862.34万元
每年准备金额			PMT=65.30万元（0PV，10N，5I，-862.34FV，BEG）	

方案二：女儿保障金包括已有保险收益金，计算如下（见表14）：

18岁支出现值FV8=28.12万元，（8N，0PMT，2%I，24PV，BEG）

30岁支出现值FV20=35.66万元，（20N，0PMT，2%I，24PV，BEG）

表14　保障计划方案二

阶段	当年支出现值	年数	公式	生活费总现价
18~30岁	28.12万元	12	-28.12PMT，12N，{[(1+5%)/(1+2%)]-1}I，0FV，BEG，?PV	PV=289.17万元
31~90岁	（35.66-12）万元	60	PV=682.80(-23.66PMT，60N，{[(1+5%)/(1+2%)]-1}I，0FV，BEG）PV1=380.20（12N，0PMT，5I，682.80FV，BEG）	PV=380.20万元
每年准备金额			PMT=50.68万元（0PV，10N，5I，-（289.17+380.20）FV，BEG）	

可以通过年金保险，每年投入65.30万元或50.68万元，连续投入10年，年金保险投资报酬率达到5%，两种方案均可实现目标。

（四）女儿艺术事业基金

17年后为女儿准备200万元专项资金，用于其艺术方面发展。假设费用增长率为2%，退休前投资报酬率为6%，退休后投资报酬率为4%。

结论：17年后女儿艺术事业基金总现值为119万元，只要投资收益在王总退休前达到6%，退休后达4%，在每年不增加专项储蓄的情况下，可以实现目标（见表15）。

表15 艺术事业基金计划

资金用途	年支出现值	年数	公式	资金总现价
艺术基金	200万元	7年（退休后）	0PMT，7N，{[(1+4%)/(1+2%)]−1}I，200FV，END，?PV	PV1=174.59万元
	174.59万元	10年（退休前）	0PMT，10N，{(1+6%)/(1+2%)]−1}I，174.59FV，END，?PV	PV2=119万元

（五）投资茶馆计划

王先生希望退休后开一家茶馆，考虑年龄因素假设经营10年，假设费用增长率为2%，退休前投资报酬率为6%，退休后投资报酬率为4%。

结论：通过计算，投资组合收益达到 6%，FV2大于FV1，10年后王先生开设茶馆的目标可以实现（见表16）。

表16 投资茶馆计划

资金用途	当年支出现值	年数	公式	投资金总现价
投资茶馆	10年后开茶馆支出现值	10	10N，0PMT，2%I，200PV，END?FV1	FV1=243.79万元
	资金10年后现值	10	10N，0PMT，{(1+6%)/(1+2%)]−1I，200PV，END?FV2	FV2=293.77万元

（六）退休金计划和旅游、医疗金

1. 退休金：王先生打算10年后退休，准备30年专项费用，退休生活支出为现在开支水平的80%，考虑到方女士在王先生退休时的年龄为50岁，建议准备40年专项费用。

规划工具选择：退休金为刚性需求且要持续稳定，建议通过终身年金方式筹备。夫妻二人分别为被保险人，互为收益人。

资金准备方式：考虑到10年准备周期和时间成本，建议每年定额投入。

费用计算：假设通货膨胀率为2%，退休后投资报酬率为4%。

退休前一年开支现值：FV=93.86万元（10N，0PMT，2%I，−96×80%PV，BEG），如表17所示。

表17　退休金计划

	退休金支出现值 （扣减保险收益金 12万元/年）	余寿	退休时养老金现值	费用现值合计
王先生	93.86/2-6=40.93万元	30年	PV=939.81万元 -40.93PMT，30N，{[(1+4%)/ (1+2%)]-1}I，0FV，BEG	2089.46万元= （939.81+1149.65） 万元
方女士	93.86/2-6=40.93万元	40年	PV=1149.65万元 -40.93PMT，40N，{[(1+4%)/ (1+2%)]-1}I，0FV，BEG	
通过年金保险每年准备金额			PMT（2017）=158.21万元， 0PV，10N，5I，-2089.46FV，BEG	

2. 旅游、健康金：由于王总经营茶馆持续时间和经营收入存在不确定性，不建议将此收入考虑到养老金中，建议作为夫妻二人到国内外旅游和健康护理基金。

十年后茶馆年收入：FV=29.25万元（10N，0PMT，2%I，-24PV，END）。

结论：通过终身年金保险，每年投入资金158.21万元，连续投入10年，投资收益率不低于5%的前提下，即可实现退休金计划目标。

（七）母亲养老医疗基金

计划现在准备100万元资金，10年后作为母亲晚年的养老和医疗费用。假设通货膨胀率为2%，退休前投资报酬率为6%。

10年后只要投资组合收益达到6%，FV2大FV1，此项目标可以实现（见表18）。

表18　养老计划

资金用途	当年支出现值	年数	公式	生活费总现价
母亲养老	10年后母亲养老金终值 100万元投资10年后总 资产	10	0PMT，10N，2I，-100PV，BGN，?FV1	FV1=121.90万元
		10	0PMT，10N，{[(1+6%)/(1+2%)]-1}I， -100PV，BGN，?FV2	FV2=146.89万元

（八）科研资助计划

从第二年开始，每年捐赠50万元，用于高校研发节能环保科研项目，终身。

捐赠基金运作建议：考虑到捐赠额税前扣除优惠和节省人力和物力费用等因素，建议客户与高校合作，设立研发节能环保科专项基金。

捐赠金额计算：退休前捐赠直接从王总工资中扣减；退休后捐赠现值（见表19）：

表19　科研资助计划

资金用途	当年支出现值	年数	公式	生活费总现价
资助计划	退休时捐赠现值	30	30N，–50PMT，4I，0FV，END ?PV1	PV1=889.18万元
	捐赠金当前现值	10	10N，0PMT，6I，889.18FV，END，?PV2	PV2=496.13万元

捐赠总现值为496.13万元，只要投资组合收益在王总退休前达到6%，退休后达到4%，在每年不增加专项储蓄的情况下，可以实现目标。

税务筹划建议：

（1）通过企业捐赠：企业发生的公益性捐赠支出，在年度利润总额12%以内的部分，准予在计算应纳税所得额时扣除。现执行的一般企业所得税税率为25%，客户去年净利润总额为1000万元，可享有120万元以内捐赠金额免税。

通过企业捐赠可以减少纳税金额为：500000×25%=125000元。

（2）通过个人捐赠：在符合条件的情况下，纳税个人捐赠额未超过纳税人申报的应纳税所得额30%的部分，可以从其应纳税所得额中扣除。根据王先生每月平均工资奖金30万元，适合个人所得税率为45%，客户缴付养老和医疗保险费为2500元。

每年捐赠可免税的金额：30×30%×12=108万元，大于50万元可以全部扣除，

不捐赠每月纳税金额：（300000–2500–3500）×45%–13505=118795元，

捐赠后的纳税金额：（300000–2500–3500–500000/12）×45%–13505=100045元，

通过个人捐赠可以减少纳税金额：（118795–100045）×12=225000元。

由此可知，个人捐赠更节税，建议通过个人捐赠。

（九）财富传承计划

留给儿子及下代4000万元，女儿及下代3000万元。考虑到资产保全隔离，建议通过家族信托来安排，根据王总的风险承受能力和所处家庭周期，在家族信托中的资金按稳健型投资组合，报酬率为5%，PV=994.31万元（0PMT，40N，5%I，–7000FV，END）。

建立终身不可撤销家族信托，委托人为王总，收益人为儿子和女儿。初期投入资金1000万元，根据企业运行情况，后期逐步追加资金。

有效隔离未来企业经营风险和债务，对未来遗产税征收提前规划。只要信托

内资金收益率达到5%，就可实现财富传承的目标。

（十）风险保障规划（见表20）

表20　保险规划

人身险规划	先生	太太	保险状况	先生	太太
保费预算占收入比率（%）	15	80	姓名	王总	方女士
保费预算金额（元）	552000	32000	当前年龄（岁）	50	40
当前家庭年消费支出（元）	1440000	1440000	预计退休年龄（岁）	60	50
出险后支出调整率（%）	70	70	预计终老年龄（岁）	90	90
遗属年税后工作收入（元）	40000	3680000	已保终身寿险保额（元）	1200000	800000
遗属生活费缺口现值（元）	8525671	（23533669）	已保定期寿险保额（元）	0	0
遗属退休金缺口现值（元）	7483983	6350683	已投保两全险保额（元）	0	0
紧急预备金（元）	387500	387500	已投保意外险保额（元）	0	0
当前负债额（元）	0	0	已投保医疗险保额（元）	0	0
子女教育金现值（元）	2950000	2950000	已投保大病险保额（元）	0	0
丧葬费最终支出现值（元）	500000	500000	已投保年金险保额（元）	0	0
现金需求（元）	887500	887500	两全险几年后领回（元）	0	0
拟留遗产现值（元）	0	0	年金险几年后开始领	0	0
可变现生息资产（元）	48006400	48006400	遗属生活费用增长率（%）	2	2
资产变现折扣率（%）	70	70	保险金的投资报酬率（%）	5	5
家庭保额总需求（元）	887500	887500	缴至退休定期险费率（%）	0.70	0.30
应加保定期寿险保额（元）	0	87500	意外伤害险费率（%）	0.15	0.15
应投保意外险保额（元）	1775000	1775000	重大疾病险费率（%）	2.93	1.37
应加保意外险保额（元）	1775000	1775000	住院医疗险费率（%）	4	3.20
拟投保住院医疗险额（元）	500000	500000	终身寿险保险费率（%）	6.37	5.32
应加保住院医疗险额（元）	500000	500000	当前年缴保费（元）	180000	0
应投保重大疾病险保额（元）	1000000	1000000	可增保费预算（元）	372000	32000
应加保重大疾病险保额（元）	1000000	954380	目前寿险的现金价值（元）	500000	500000
可投保终身寿险保额（元）	5024137	0			

1. 保险需求测算

生命价值法：王总10年后退休，工作收入360万元，日常支出48（96/2）万元，净收入312万元，实际报酬率为6%。

应有保额：PV=2434万元（实际报酬率，离退休年数，净收入）。

应需保额：2434–180=2254万元。

遗嘱需求法：根据遗嘱需求法，王总家庭应有保额=PV（实际报酬率，遗嘱生活保障年数，遗嘱年生活费缺口）+子女教育金净值+丧葬费用支出净值–家庭生息资产=1161万元。

2. 合理保费和保额

考虑到王先生个人收入较高，生命价值法估算保额过高，推算出保费预算高于保费收入比15%，综合考虑家庭收支比和变现资产金额较大，遗嘱需求法估算的所需保额较为合理，为1161万元，每年增加保费预算40.4万元。

（十一）生前股权分配计划

打算把部分股权赠与给儿女，公司现在的持股情况为王先生持股70%，另外两位股东各持有15%，未来儿子接手公司，股份分配要有利于家庭和睦，公司长久发展。王总所经营的公司为股份公司，而且在公司章程中约定按股东所持股份行使表决权，超过50%就可以形成有效决议，因而有以下建议：

第一，股权重新分配后王总是仍最大的股东，30%的股份赠与给儿女，其中儿子持有20%，女儿持有10%，赠与后王总持有40%，家族持股比例高于50%，对公司有实际控制权，儿子为第二大股东，有利于未来管理公司，虽然女儿仅持有10%的股份，但已为女儿准备了专项基金作为未来生活的障金。

第二，建议王总拿出名下5%的股份作为股权激励，建立股权激励有助于吸引和留住人才，有利于公司长远发展，最终王总持有35%的股份。

七、产品配置

1. 投资产品配置（见表21）

表21　投资产品配置

规划工具	现有产品和未来现金流	现投资额（万元）	调整建议	建议金额（万元）	占比（%）	期限	收益率	资金用途	建议产品1
流动性产品	活期存款	100	货币基金	50	50	—	3	紧急预备金	产品A
			外币活存	50	50	—	1.50	儿子学费	产品B
	合计	100	合计	100	100				—
投资组合	定期存款	100	定期存款	100	5	1年	1.35	母亲养老	—
	理财产品	100	理财产品	200	11	1年	3.85	养育	—
	信托产品	200	信托产品	450	24	3年	7	儿子创业金	产品C
	债券	200							
	股票	300	QDII产品	300	16	1年	7	美元资产配置，女	产品D 产品E
	期货	100	定增专户	100	5	1年	7	儿留学费	产品F
	比特币	400	对冲专户	100	5	1年	7	女儿艺术基金	产品G 产品H
	卖出两处投资性房产	500	债券型基金	400	21	3年	5	退休后捐赠基金	产品I 产品J
			股票型基金	250	13	—	10		产品K
	合计	1900	合计	1900	100		6.34		—
家族信托	卖出两处投资性房产	1000	家族信托	1000	91	—	5	财富保全与传承	—
避险工具	实物黄金	100	实物黄金	100	9	—	—	避险	—
	合计	1900	合计	1100	100				—
当年家庭收入安排生产	工资收入	360	日常开支	122	—	10年	—	退休前捐赠基金	—
	理财收入	30	捐赠金	50	—	10年	—	每年保险金支出	—
	红利收入	20	保障保险	58.4	—	10年	—	女儿生活保障金	—
	租赁收入	48	终身年金保险	65	—	10年	5	女儿生活保障金	—
				158.21	—	10年	5	退休金	
	合计	458	合计	453.61	—				—

2. 保险产品组合（见表22）

表22　保险产品组合

功能	应加保险种	保险产品	被保险人	保额（元）	费期	保费（元）	受益人	权益
保障保险	意外险	保险A	王先生	1775000	1	2663	王先生	交通、一般意外
	住院医疗险	保险B	王先生	500000	1	20000	王先生	住院津贴
	重大疾病险	保险C	王先生	1000000	1	29300	王先生	35种重疾
	终身寿险	保险D	王先生	5024137	10	320038	方女士	遗属生活金
	定期寿险	保险E	方女士	87500	10	263	王先生	全残、死亡给付
	意外险	保险F	方女士	1775000	1	2663	方女士	交通、一般意外
	住院医疗险	保险G	方女士	500000	1	16000	方女士	住院津贴
	重大疾病险	保险H	方女士	954380	10	13075	方女士	35种重疾
储蓄保险	终身年金保险	保险I	女儿	—	10	65000	王先生	女儿保障金
	终身年金保险	保险J	王先生/方女士	—	10	158000	—	夫妻退休金

王先生和方女士互为投保人和被保人，一旦投保人出现意外，可享有保单的保费豁免权利，保证女儿学费和配偶的养老费不受意外影响。

八、可行性评估

（一）现金流量分析

从表23中可以看出，各年现金流均大于零，说明根据理财方案，各理财目标所需资金能够满足，方案可行。但可自由支配额度较小，如果未来教育等支出增加，可能导致入不敷出，建议适当减少日常支出或变现投资房产。

表23　家庭模拟现金流量表　　单位：万元

年龄	工资性收入	理财产品收入	红利收入	租赁收入	收入合计	基本生活支出	教育支出	保障保费支出	年金保费支出	捐赠支出	支出合计	当年现金流
50.00	360.00	30.00	20.00	48.00	458.00	-120.00	-2.00	-58.40	-223.26	-50.00	-453.66	4.34
51.00	367.20	30.60	20.40	48.96	467.16	-122.40	-2.10	-58.40	-223.26	-50.00	-456.16	11.00
52.00	374.54	31.21	20.81	49.94	476.50	-124.85	-2.21	-58.40	-223.26	-50.00	-458.71	17.79
53.00	382.03	31.84	21.22	50.94	486.03	-127.34	-2.32	-58.40	-223.26	-50.00	-461.32	24.71
54.00	389.68	32.47	21.65	51.96	495.75	-129.89	-2.43	-58.40	-223.26	-50.00	-463.98	31.77
55.00	397.47	33.12	22.08	53.00	505.67	-132.49	-2.55	-58.40	-223.26	-50.00	-466.70	38.97
56.00	405.42	33.78	22.52	54.06	515.78	-135.14	-2.68	-58.40	-223.26	-50.00	-469.48	46.30
57.00	413.53	34.46	22.97	55.14	526.10	-137.84	-2.81	-58.40	-223.26	-50.00	-472.32	53.78
58.00	421.80	35.15	23.43	56.24	536.62	-140.60	0	-58.40	-223.26	-50.00	-472.26	64.36
59.00	430.23	35.85	23.90	57.36	547.35	-143.41	0	-58.40	-223.26	-50.00	-475.07	72.28

（二）资产负债分析

从表24可知，所有理财目标和总现值为2436.9万元，而准备的投资组合和家族信托金额为2900万元，现有组合预期收益率为6.34%，只要投资组合收益率和家族信托整个收益率分别达到6%和5%，上述目标均可以达成。

表24　理财目标达成情况

理财目标	费用现值（万元）	投资性资产	金额（万元）
儿子自主创业金	445	定期存款	100
女儿留学计划	196	理财和信托产品	650
女儿艺术事业基金	119	QDII产品	300
投资茶馆计划	200	专户产品	200
母亲养老医疗基金	100	债券型基金	400
科研资助计划（退休后）	766.56	股票型基金	250
财富传承计划	994.31	家族信托	1000
合计	2436.9	合计	2900

（三）敏感性分析

方案中所涉及的经济数据是前期情况的合理估值，如果未来通货膨胀率和学费增长率等出现大幅度的增长，可能会影响目标的达成率。经测算当通货膨胀率和学费增长率分别上涨至5%和9%以上，多个年份资产余额为负。

九、理财方案总结

调整后客户从财富增值、财富风险、财富保障和财富传承四方面均在合格标准之上，财富安排合理（见表25、图5）。

表25　调整后财富管理情况

维度名称	维度得分	维度评价
财富增值	86.86	优秀
财富风险	59.63	合格
财富保障	59.58	合格
财富传承	68.80	良好

针对家庭的特点，我们在确保您家庭生活质量不下降，退休后有充足生活保障的理财原则下，通过制定上述理财规划，为您规避了家庭面临的风险，适当调

整投资性资产比例，增加投资收益，规划了您的各项未来目标，实现财富的顺利传承。就目前各类条件下，本方案可以实现您的所有目标。

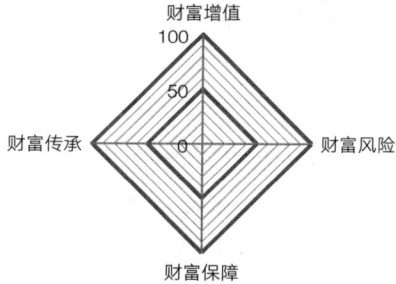

图5　调整后高端客户财富价值链雷达图

第五部分　客户理财方案后续管理

一、风险告知和定期检视

本理财方案是基于目前市场作出的假设制定出的，这些假设会随着国家经济形势变化而变化。生活支出除受物价影响外，还要考虑生活品质提高、疾病和其他突发事件的影响。

学费增长率超预期或孩子继续接受更高学历教育，会对方案产生一定影响。

在执行本方案时，应遵循理财师的意见，理财师会通过科学的模型追踪宏观经济数据变化对方案产生的影响，定期监控您的财务数据，定期与您沟通，并根据需要适时对方案进行调整。当您的财务状况、投资目标、家庭情况等发生重大变化时，请您及时与我们联系。

建议您一年定期检视一次，下次检视时间为2018年3月底。

二、理财资讯服务

我们会定期提供您所关注的最新市场资讯，通过邮箱发送季度投资报告，每年会面说明年终资产检视情况。如您需更多的资讯服务，请随时联系您的理财经理。

三、个性化服务

我们为您提供了健康关爱、便捷出行、法律咨询、定制旅游等专享的非金融服务，为您的品质生活保驾护航。

方案点评　边肖洲
/ 华夏银行财富管理与私人银行部 /

　　客户为公司高管，且投资经历非常丰富，投资范围除股市、债市外，还包括比特币等新兴投资领域，理财经理非常好地把握了客户投资心理，从宏观到微观，从市场到具体产品的分析，深入浅出，在专业方面得到客户的认可。

第八届杰出财富管理师技能竞赛优秀方案二

参赛者：　　　　朱志扬　　　　　送选单位：　　　　中国银行

参赛组别：一般财富管理组别（具备两年以下之财富管理工作经验）

目　录

一、声明

尊敬的杨先生：

非常荣幸有这个机会为您提供全方位的理财规划服务。

首先请参阅以下声明：

本理财规划报告是用来帮助您明确财务需求和目标，帮助您对理财事务进行更好地决策，以达到财务自由、决策自主与生活自在的人生目标。

本报告是在您提供的资料的基础上，基于通常可接受的假设、合理的估计，综合考虑您的资产负债状况、现金收支状况以及未来的目标和计划而制定的。

本报告所作出的分析都是基于您当前的家庭状况、财务状况、生活环境、未来目标和计划以及对一些金融参数的假设和当前所处的经济形势。由于环境与社会的不断变化，我们的人生也一直在前行，相应的财务状况与目标也可能有所调整。建议您定期评估自己的目标和计划，特别是在人生阶段发生较大变化时，如家庭结构转变或更换工作等。

保密条款：本报告将由金融理财师直接交与客户，充分沟通讨论后协助客户执行规划书中的建议文案。未经客户书面许可，不得透露任何有关客户的个人信息。

应披露事项：

（1）本规划报告暂不收取规划费用，但在协助客户执行理财计划时，根据与第三方签订的书面代理合同，本行可以得到代理佣金。

（2）所推荐产品与理财师个人投资，经确认无利益冲突状况。

免责声明：本行理财师在推荐投资产品时，是基于当时客户的流动性、收益性需求及风险承受能力，综合考虑当时的经济环境作出合理的配置，本行不做保本或固定收益承诺，客户应了解投资产品的风险由客户自行承担。

二、摘要

财务诊断：杨先生家庭属于中等资产、中高收入、无负债家庭，资产稳健性高、收入稳定，财务自由度偏低，家庭投资回报率有较大的提升空间。

综合评定风险属性中等偏下，合理的长期平均报酬率在6%左右。

经济环境：未来平均经济增长率预估为6%，通货膨胀率预估为2%。

目标可行性：二套房、保险保障、子女养育、退休目标皆可实现。

投资规划：其中资产配置计划为配置36.36%的理财产品，9.09%的货币型基金，54.54%的债券基金；基金定投计划为每年拿出38051元用于基金定投储备退休金。

杨先生家庭商业保险不足，建议购买寿险及提高疾病险保额，增强家庭抗风险能力。

建议投资方面规划每季度检视调整一次，全方面规划每半年检视调整一次。

三、基本状况介绍

1. 客户基本信息

杨先生，30岁，计算机专业，硕士学历，毕业后在某通信公司担任项目经理，从事技术研发，工作5年。基本工资为2万元，年终奖为全年工资的0.5倍，根据工作表现，两年后可提升一级，工资上涨25%，奖金系数增至0.6倍。此后，年收入按3%的速度增长。萧女士，27岁，中文专业，硕士学历，毕业后一直在某房地产公司从事室内设计，工作3年。萧女士基本工资为0.8万元，奖金为全年工资的0.5倍，公众号运营月收入为0.3万元。萧女士有意转行创业，预期创业前3年收入分别为10万元、20万元、35万元，此后每年增长5%。今年两人刚结婚，均为独生子女，计划5年内购置二套房，5年后再要小孩，双方父母5年后退休，都有退休金，暂时不需要二人负担养老。父母对于创业支持20万元，购房支持30万元。

2. 收入支出与资产负债状况

杨先生名下有一处自用房产价值200万元，月供1万元，贷款还有10年还清。汽车一辆市价15万元。杨先生所在公司股权1万股，两年后可行权，目前税后价值20万元，每年增值10%。目前持有两家上市公司股票市值15万元，银行理财产品20万元，余额宝余额5万元，债券型基金净值10万元，活期存款5万元。

杨先生家庭当前年收入54万元，由于两人经常在餐厅用餐，日常生活开支每年10万元。美容、健身、娱乐等费用每年4万元，但是年卡套餐经常消费不完。喜欢旅游但是缺乏计划，旅游每年支出10万元，看望父母、人情往来等每年2万元。杨先生夫妇并没有购买任何商业保险，更没有考虑过退休规划。

3. 理财规划的目的

一是优化消费模式；二是重新审视现有投资组合；三是创业计划；四是子女教育计划；五是退休规划；六是保险规划；七是二套房购置计划。

4. 家庭生命周期

生命周期：家庭形成期。

时间：结婚到子女出生为止。

收入及支出特点：收入逐渐增加，支出也不断增加。

储蓄特点：家庭主要消费期，但是逐渐开始有所储蓄。

资产与负债特点：可积累资产逐年增加。

财务规划目标：为养育子女做准备，积累一定的资产，加强投资合理性，增加资金的收益率。

杨先生的家庭目前处于形成期（筑巢期），形成期的特征是以消费为主，是家庭的主要消费期，经济收入增加而且生活稳定，家庭已经有一定的财力和基本生活用品。为提高生活质量往往需要较大的家庭建设支出，如购买一些高档的用品。此期间若再购房，则处于为缴付房贷本息、降低负债余额的阶段。除了自用住宅的净资产外，也逐年累积投资净资产。

5. 规划限制

避免投资期货、认股权证等高风险产品。

四、宏观经济分析与基本数据假设

（一）宏观经济分析

2016年，A股市场的熔断引发诸多热议，房地产的炒作升温调控政策逐步出台。2017年，中国经济可能延续"L"形的走势发展，通货膨胀率上升，存在滞胀的可能。央行提供市场流动性的资金基准成本以7天回购利率为代表。自2015年6月起，这个利率一直保持稳定，以平缓股票市场系统性去杠杆期间的波动。随后，资金从股市流出，进入债市，从而迎来了一场轰轰烈烈的债券牛市。由于融资成本稳定，交易者开始加杠杆买债券以赚取更大的利差，2016年11月，债券风险加剧，建议在2017年回避债券相关的品种，可以考虑执行保本策略的债券型基金。

展望2017年，国内经济继续处于长周期的底部，供给侧结构性改革的深入推进有助于压缩下跌空间，去产能改善供需关系，工业部门走出通缩，企业盈利持续改善，2017年，我们将看到美元走强，通胀上升，人民币走弱。在实体经济疲弱的环境中，高收益资产稀缺，在低利率、经济低迷、优质资产价格不便宜的全球背景下，A股的价格还是相对较低的，具有一定的投资价值。

1. 外汇走势分析

美联储加息如期兑现，美元指数创下2012年以来历史新高，美元已经进入了加息周期，随后的加息预期可以保持。而在2016年，人民币汇率大幅贬值。2017年，虽然居民每年5万元购汇额度恢复，但居民购汇监管加强。所以，短期内美元对人民币汇率会以维持稳定持续震荡为主，在下一次加息之前，国际形势暂且稳定，美元汇率不会有较大的变动，在条件允许的情况下，可以逢低适当配置部分美元资产。同时，由于未来人民币汇率的不确定性，可以适当配置以非人民币定价的大宗商品，用于对冲可能发生的人民币贬值。

2. 股票市场分析

2016年，整个A股市场在经历年初的熔断后，沪指一路下行到2638点附近，就在市场低至冰点时，开启一轮慢牛，上证指数2016年振幅达25.13%，整体风险偏好水平低，亲睐家电、食品等低估值高股息的板块。从2016年的行情来看，依旧以震荡为主基调。在监管层维稳的趋势下，指数出现系统性风险，再次出现熔断的概率较小，但是由于外汇管控，美元加息导致原有资金流出，外部资金谨慎进入，市场整体上将以存量资金的博弈为主。而在2017年下半年，国企改革将是市场大概率追逐的板块，目前对于中医药国家化的谈论越加激烈，在争议中会有投资机会。在2017年第一季度，政府政策将会较为密集出台，所以第一季度还是有相应政策的股票行情。2017年，A股行情将以主线投资为主，以高送转、次新股等炒作为主的标的予以规避。一方面配置以国企改革为主基调的蓝筹股，另一方面，配置以中医药为主的低估值、高股息的医药概念。未来监管会越来越严厉，针对金融行业的整顿治理也会进一步加强。展望2017年下半年的行情，我们认为在7～8月，适时可以进行进一步投资，投资标的可主要集中于国企改革以及基本面良好、有业绩支撑的蓝筹股。

3. 债券市场分析

2016年债券市场可谓是冰火两重天，债牛的结束看似偶然实则必然。随着"萝卜章"等故事的发酵，市场在资金面出现紧张的情况下，可能还会有类似的事情发生，截至2016年底，同业存单的规模相较于年初近乎翻倍，其中很大一部分以同业理财的形式进入券商等金融机构，再通过加杠杆的方式进入债券市场。2015年的股灾，去杠杆的阵痛记忆犹新，那么一旦债市去杠杆，会产生怎么样的反应，已有前车之鉴。所以，2017年建议减少债券型产品的投资，可以考虑适当配置保本策略的中长期债券型投资，通过保本策略以及时间换空间的方式，布局中长期投资，进行适当的资产配置。总的来说，2017年股票市场的投资机会将大于债券市场。

（二）基本假设

本规划是基于以下宏观经济和相关基本假设作出的，当以下假设发生变化，会影响您目标实现的可能性（见表1）。

表1　基本假设

假设名称	假设数据
通货膨胀率	2%
大学教育费用增长率	5%
房价增长率	15%
公积金贷款基准利率	3.25%
二套房房贷款利率	5.39%
活期存款利率	0.30%
定期存款利率	1.35%
人民币理财产品报酬率	3.85%
夫妻预计多久退休	30年
夫妻享受退休生活年数	30年
货币基金收益率	2.80%
债券型基金收益率	8.2%
股票型基金收益率	13%
退休前投资报酬率	6%
退休后投资报酬率	4%

五、家庭财务报表编制与财务诊断

（一）家庭资产负债表（见表2）

表2　家庭资产负债表

资产	金额（万元）	负债净值	金额（万元）
流动资产	75	流动负债	0
现金与活期	5		
货币基金	5		
债券基金	10		
公司股权	20		
股票	15		
理财	20	信用卡	0
自用资产	215	自用负债	120
自用性房产	200	住房贷款	120
投资性房产			
自用性车辆	15	车贷	0
总资产	290	总负债	120

（二）现金流量表（见表3）

表3　家庭现金流量表

家庭年收入	金额（万元）	家庭年支出	金额（万元）
工资收入	54	日常生活支出	10
房租收入	0	旅游支出	10
理财收入	3.73	学习支出	0
其他收入	0	交通支出	1.2
		其他支出	6
收入总额	57.73	支出总额	27.2

（三）家庭财务诊断（见表4）

表4　家庭财务诊断

家庭财务比率	定义	比率	合理范围
流动比率	流动资产/流动负债	75/0	2～10倍
资产负债率	总负债/总资产	41.37%	20%～60%
紧急预备金倍数	流动资产/月支出	4.41	3～6倍
财务自由度	年理财收入/年支出	13.71%	20%～100%
财务负担率	年本息支出/年收入	20.78%	20%～40%
平均投资报酬率	年理财收入/生息资产	4.97%	3%～10%
储蓄率	储蓄/总收入	52.88%	20%～60%
保费负担率	年保费/年工作收入	0	5%～15%

通过表4，可得出以下结论：

第一，杨先生家庭财务状况为中等资产、中高收入、中高负债。由于负债主要是第一套房的房贷，月供1万元，目前公积金账户余额为15万元，故负债率逐年降低，风险可控。

第二，以活期存款5万元加上余额宝余额5万元总计10万元作为紧急预备金，而每月生活支出2.27万元，可以坚持4个多月的开销，由于杨先生工作稳定，月收入稳定，所以可以适当减少紧急预备金。

第三，由于2017年投资股票赚少赔多，比较容易导致理财收入为浮亏，这将使财务自由度及平均投资收益率为负，下一步理财规划的重点为重新审视投资组合，以控制投资风险。

第四，杨先生家庭的储蓄率为52.88%，属于高储蓄率的家庭，这给予理财规划较大空间，然而若养育孩子及购买第二套住房，此局面或将变化。

第五，杨先生具有稳定职业，具备社保，但是缺少额外的保障。家庭如果遇到意外或者健康问题，生活品质会受到较大影响，故需要增加保险配置。

六、客户的理财目标与风险属性界定

客户的风险属性：根据对您的风险属性进行测试，您属于稳健型投资人，建议投资回报率为6%。

图1 投资商类型

在任何投资中，在风险较小的情况下获得一定的收益是您主要的投资目的。您通常愿意使本金面临一定的风险，但在做投资决定时，会仔细地对将要面临的风险进行认真的分析。您对风险总是客观存在的道理有清楚的认识。总体来看，愿意承受市场的平均风险。

您的风险承受能力：中等；您的风险承受态度：中低；您的获利期待：中等收益。

七、拟定可达成理财目标或解决问题的方案

（一）日常消费优化升级计划

杨先生夫妇，一年正常支出约为27.2万元。其中，由于两人经常在餐厅用餐，日常生活开支每年10万元；美容、健身、娱乐等费用每年4万元，但是年卡套餐经常消费不完；喜欢旅游但是缺乏计划性，旅游每年支出10万元。建议杨先生可以适当减少在外用餐次数，将日常生活开支减少至8万元。根据过往的消费习惯，将美容、健身、娱乐等费用降低至3万元，避免年卡套餐消费不完的浪费，提升资金使用率。合理规划旅游路线与旅游支出，可以在旅游前规划时间、购买打折机票

（提前45天左右购买）、在网上查找相关攻略（如住宿，餐饮）将旅游费用降低至8万元。同时，建议杨先生使用信用卡进行上述费用的支付，目前国内大部分银行都有信用卡积分兑换飞行里程、酒店等服务，在一定程度上可以节省杨先生的费用支出。合理的计划与安排，在节省资金的同时，可以提升生活质量，增加许多旅行的乐趣。调整后，年支出为22.2万元。

（二）子女教育规划

为了培育孩子，夫妇俩打算20年后为孩子们准备一笔教育基金，现值为300000元。因教育基金属于刚性需求，需要尽早准备，且务必保证原始投资金额及投资标的的风险收益水平，杨先生的职业较为稳定，但是由于未来的不确定性，有必要预先拿出部分资金做教育基金，确保目标顺利实现。同时，由于杨先生夫妇的收入水平较高，可以考虑以后将孩子送出国，所以，基于对中国股市的长远展望，教育基金的类型可以考虑指数基金。如果偏稳健，也可以通过年金保险实现。

方案1：现在一次性拿出300000元做稳健投资，须保证年化投资收益率至少与学费增长率持平，即年化投资收益率至少为5%。

优点：现阶段专款专用，通过这笔资金的投入，稳健投资，确保投资目标万无一失。

缺点：一次性须投入大笔资金，且对投资方向及标的要求较高，杨先生家庭储蓄不多，如果一次性投入教育基金，不利于其他规划。

方案2：现在一次性拿出100000元做稳健投资，且保证年化投资收益率为5%；剩余部分可通过定投的方式，逐年积累。剩余200000元按5%的学费增长率计算，则每年需投入的资金为

PMT（5%，20，200，000）=16048.52元

优点：先拿出10万元的资金进行教育基金积累，保证了资金的专款专用，并为其他理财目标的实现挪出资金空档，通过定投的方式，积少成多，有效分散风险。

缺点：未足额准备教育金投资，如果后续不能保证定投资金的供给，理财目标也许不能如期实现。

方案3：300000元的教育基金，全部通过定投的方式，逐年积累。

每年需投入的资金为

PMT（5%，20，300，000）=24072.78元

优点：每年只需要准备较少金额，为其他理财目标的实现挪出资金空挡，通过定投的方式积少成多，分散风险。

缺点：未足额准备教育金投资，如果后续不能保证定投资金的供给，理财目标也许不能如期实现。

因杨先生目前有其他规划需要，鉴于其资金状况建议选择方案3。

（三）创业规划

由于萧女士目前工作压力较大，有意转行从事自由职业，以便有更多的弹性工作时间和更高的收入。借助现有的客户和公众号积累的资源，萧女士打算与朋友一起创业，成立自己的设计工作室。按持股比例萧女士需要筹资50万元。届时，父母会提供20万元，目前存在30万元的资金缺口。

建议萧女士进行充分准备，一年后转行。主要通过杨先生与萧女士的工资与奖金收入，以及优化日常消费方式实现。

测算如下：

杨先生：$20000 \times 12 \times 1.5 = 360000$元

萧女士：$8000 \times 12 \times 1.5 + 3000 \times 12 = 180000$元

$360000 + 180000 - 222000 = 318000$元

可以实现创业资金准备。

同时，萧女士在创业中，根据后续发展情况，可以与股东商议，考虑通过全年一次性奖金发放等方式合理降低税费。可以根据公司实际发展情况以及我国相关法律法规再做更详细的规划。

（四）购房规划

方案1：由于所在城市发展潜力较大，预计房价增速为15%。相较于杨先生目前的持仓产品组合，房价增速较快且基数较大。如果当年就买房，房价现值200万元，首付4成即80万元。首付款筹集组成为父母支持30万元，理财产品赎回20万元，股票卖出15万元，债券型基金10万元，活期存款5万元，总计80万元。其余6成采用组合贷款模式，公积金贷款40万元，年化利率为3.25%（公积金贷款利率，来源公积金中心），商业贷款80万元，年化利率为5.39%（5年以上住房按揭贷款基准利率为4.9%，二套房需要上浮10%），等额本息还款，月供为7722.3元。

优点：早点买房，省下了一笔资金。

缺点：在采取该方案后，流动资产大幅度减少，影响日常生活以及其他理财规划的实施。

方案2：两年后买房，房价增速为15%，房价现值为200万元，两年后，房价为200×（1+15%）×（1+15%）=264.5万元。首付4成，金额为105.8万元。首付款组成为父母支持30万元，公司股权行权24.2万元，前两年工资净收入23.8万元，金融资产27.8万元，总计105.8万元。其余6成采用组合贷款模式，公积金贷款40万元，年化利率为3.25%，商业贷款118.7万元，年化利率为5.39%，等额本息还款，月供为10360.44元。

优点：与其他理财规划相配合，加快计划的进行。

缺点：房价上涨，成本增加。

由于杨先生夫妇希望可以在不影响其他理财目标的前提下，尽可能早点购房，故推荐方案2。

如果后续居住使用第二套房，在空间有余的情况下，可以考虑将一套房对外出租，实现以租养贷。

（五）退休规划

夫妻打算30年后一起退休，希望届时能够准备每年217600元的生活费用，以维持30年的退休生活需要。由于杨先生退休后每月平均可以领取7000元的退休金，故现在需要准备的实际数值为133600元。假设未来通货膨胀率平均为2%，退休后的投资报酬率为4%。

故可以得出：

$$折现率i=［（1+4\%）/（1+2\%）］-1=1.961\%$$

则退休30年的总需求折算至退休当年的金额为

$$PV（1.961\%，30，133600）=3008274元$$

现距离退休还有30年的时间，需要利用这段时间来储备退休后的生活费用。退休前投资报酬率为6%。

退休总需求若折算至现在：

$$PV（6\%，30，3008274）=523770元$$

或每年须储蓄：

$$PMT（6\%，30，3008274）=38051元$$

杨先生有社保，但是如果想要在退休后生活水平维持在现有水平的80%，则存在一定的缺口，因此需要提早做准备，具体产品的选择可考虑购买年金保险或通过基金定投的方式实现养老退休规划，建议利用年储蓄的方式积累退休金。

（六）养育孩子的支出预算

杨先生夫妇打算在5年后生育一个宝宝，届时将增加育儿类支出，按现在育儿支出的平均水平计算，费用为每月3000元。这将占用夫妇二人的部分储蓄，在后续的资产配置中将减去此部分支出。

（七）保险规划

现阶段，杨先生家庭有社保，但是没有购买任何的商业保险，急须增加寿险、意外险等，其寿险的保额需求如表5所示。

表5　保额需求测算

弥补遗属需要的寿险需求	杨先生	萧女士
配偶当前年龄（岁）	30	27
当前的家庭生活费用（元）	272000	272000
配偶的个人收入（元）	360000	180000
家庭年支出缺口（元）	-88000	92000
家庭未来生活费准备年数（年）	30	30
家庭未来缺口的年金现值（元）	-1211300	1264000
子女学费支出现值（元）	300000	300000
家庭房贷余额及其他负债（元）	2547000	2547000
退休后生活费现值（元）	523770	523770
家庭生息资产（元）	750000	750000
遗属需要法应有的寿险保险（元）	1409470	0
目前已投保的寿险保额（元）	0	0
应加保寿险保额（元）	1410000	0

家庭未来生活费用现值：

$$PV（6\%，30，88000）=121.13万元$$

通过表5可以看出，虽然目前杨先生家庭收入状况乐观，但是由于家庭的各类支出及责任较大，一旦发生风险将不能如期实现理财目标，因此有必要增加寿险及意外险，经测算，增加的寿险保额为杨先生141万元，同时以附加险的方式，投保伤残意外险300万元，重大疾病险100万元，每年意外住院医疗最高报销5万元。详细配置如表6所示。

表6　保险产品配置说明

建议保险产品	建议应加保险种	被保险人	保额	需缴费期	预估保费	受益人
综合寿险A	终身寿险	杨先生	141万元	30年	42628元	法定
	重大疾病医疗险	杨先生	100万元	30年		法定
	残疾意外伤害保险	杨先生	300万元	30年		法定
	每年意外住院医疗最高报销	杨先生	5万元	30年		法定
	保费支出总计			42628元		
	重大疾病医疗险	萧女士	100万元	30年	20800元	法定
	残疾意外伤害保险	萧女士	300万元	30年		法定
	每年意外住院医疗最高报销	萧女士	5万元	30年		法定
	保费支出总计			20800元		
家庭保费支出总计				63428元		

八、金融服务与产品配置计划——投资产品配置计划

（一）投资产品简介

1. 现金管理类

具体产品包括高流动性的银行理财产品和货币基金。建议您可将其作为低风险收益的主要配置品种。在货币基金的选择方面，可将历史业绩居前且资产规模较大以及具有较好流动性的货币基金品种作为配置重点。

2. 固定收益类

本外币理财产品、定期存款和国债收益较为固定，风险较低，而且根据期限不同，期限越长收益较高，因此本部分一般作为全部资产的底仓配置，在保证您本金安全的情况下，获取稳定的收益。在美国经济复苏，美元升值信号强烈的环境下，适当将部分人民币换成美元，同时配置低风险的美元理财产品。

结构化优先级产品：结构化信托是在信托计划的设计上采用多层级信托受益权的一种产品模式。在风险承担上，劣后级的受益人以其初始信托资金承担有限风险在先，而优先级受益人承担相对较低的风险在后；在收益分配上，优先级受益人享受固定收益，劣后级受益人享受超额收益。结构化信托理财产品的避险功

能体现于此。

3. 浮动收益类

保本型基金：设有保本周期，在保本周期内承诺保证本金安全，兼顾股债机会，攻守平衡，精选股债两市优质标的。可选择大型基金公司旗下的过往业绩优良的保本基金作为中风险、中等收益的配置。

FOF基金：明星基金经理募集基金优中选优，配置型策略建立安全垫，交易型策略捕捉资产轮动节奏与方向，与投资者分享组合投资带来的收益。产品封闭期一年，且有保底收益，上不封顶。

纯债基金：纯债基金是专门投资债券的基金。债券有企业发行的，也有国家发行的，它们都有一个特点，就是有一定的期限，到期返本还息，利息比银行存款的利息高。因此购买纯债基金的风险不是很大，纯债基金不能参与二级市场的投资，同时打新股，也会采取尽快抽身的策略，因此，可有效规避二级市场的风险。

4. 权益类

主要以股票型、混合型基金为主。以基金定投作为投资方式，在实现财富增值方面贡献力量；但同时要做好风险防控措施，基金定投可有效平滑风险，由于是定投，所以不建议设置止损点，可以考虑在一定时间里止盈后重新投资。考虑到杨先生一家的风险承受能力，也可以根据市场情况适时推荐业绩良好、风险控制得当的私募基金产品。

（二）具体产品配置建议

现有投资类产品操作建议（见表7）。

表7　现有投资组合的操作建议

现有投资类产品	现值（元）	操作建议
股票	150000	赎回，赎回后购入结构化优先级产品
余额宝	50000	继续持有货币基金
活期	50000	购入一年期理财产品
债券基金	100000	继续持有
人民币理财	200000	到期后一部分配置保本基金，一部分配置FOF产品

将可变现资产进行以下投资，实现紧急预备金、购房、子女教育储蓄、赡养父母规划（见表8）。

表8 可变现资产投资规划

投资产品	投资总额（元）	投资策略	预期收益率（%）
货币基金	50000	紧急预备金，本金安全，流动性强	2.80
一年期银行理财产品	50000	将实现理财目标的资金购买银行理财产品，提高收益	3.85
中期结构化优先级产品	150000	投资类资产享有固定的高收益，风险可控，本金较安全	5.00
FOF精选基金	100000	产品封闭期为一年，有保底收益，上不封顶	7.00
保本基金	200000	在保本的基础上博取较高收益	10.00
合计	550000	—	6.87

退休目标可通过年储蓄实现，投资工具建议为权益类产品的基金定投（见表9）。

表9 基金定投情况

基金代码	基金名称	基金类型	推荐理由	本年收益表现
001651	A基金	股票型基金	该基金紧密跟踪中国经济动向，把握中国经济的长期发展趋势和周期变动特征，挖掘不同发展阶段下的优势资产及行业投资机会，积极选择深度受益的新兴蓝筹股票，基金经理具有19年证券从业经历，经验丰厚，曾任大型商业银行全球金融市场部首席交易员，具有国际视野，在愈加变动的国际格局中，可以更好地把握行业动态及资金动向	2016年上涨4.22%
001421	B基金	股票型基金	该基金利用定量投资模型，通过定量与定性相结合的方法，分析宏观经济和证券市场发展趋势，评估市场的系统性风险和各类资产的预期收益与风险，据此合理指定和调整股票、债券等各类资产的比例，在保持总体风险水平相对稳定的基础上，力争投资组合的稳定增值。该基金经理毕业于北京大学，历任信息技术部投研系统研发员、数量化投资部高级研究员，数理基础扎实	2016年上涨4.94%

九、风险告知与定期检视调整的安排

（一）就所建议的投资产品，告知客户可能的风险

流动性风险：您在急须资产变现时可能会遭受一定本金或收益的损失；

市场风险：市场价格可能会与预期不一致，产生投资风险；

信用风险：个别标的会存在的特殊风险；

过去的绩效并不能代表未来的趋势，请勿以此作为投资产品或进入市场的依据；

非金融理财师专业能力预料到的系统性风险亦会导致投资损失；

汇率风险：由于外汇市场汇率的不确定性而使理财产品遭受损失的可能性；

产品延期风险：投资产品不能按时支付收益或本金而面临的产品期限延长的风险；

提前终止风险：在投资期内，产品触发"提前终止条款"而提前终止；

政策风险：国家宏观政策以及市场相关法律、法规、监管规定等变化，可能导致收益率降低的风险。

（二）就预估的投资报酬率提出说明

估计平均报酬率的依据：过去类似投资组合的历史平均报酬率。

过去的绩效仅供参考，并不能代表未来，投资风险由客户承担。

（三）定期检视的安排

金融理财注重长期性和策略性，目标确定后不宜轻易改变，但要适时调整实现的具体方法，及时监控目标与实际进度之间的差异。

理财规划并不能一次性解决所有问题，需要随着客户财务状况变化及理财目标实现不断校正。我们将每隔半年对您的理财规划进行调整一次，当有重大事件发生影响理财规划的执行时，请及时沟通。

....

方案点评　边肖洲
　　　　　　　/ 华夏银行财富管理与私人银行部 /

　　本方案客户为中产家庭，收入稳定，但是家庭投资回报率较低，方案的主要目的是帮助客户提升投资回报率。首先，方案对客户的风险偏好进行确定，客户为稳健型客户，在为客户进行了家庭财务分析后，形成了日常消费优化、子女教育规划、创业规划、购房规划、退休规划、养育孩子以及保险规划。在产品配置方案中，从现金管理类、固定收益类、浮动收益类、权益类四个大类中进行了优选，最后确定了适合客户风险偏好同时满足客户需求的产品投资方案。

第九届杰出财富管理师技能竞赛
优秀方案与点评

第九届全国杰出财富管理师技能竞赛自 2017 年 11 月启动，共收到 35 家银行机构 566 名银行从业人员的参赛申请，由相关监管机构、银行及学界专家共同组成评审组，经过初赛、复赛和决赛三轮激烈比拼，最终产生甲、乙、丙三个组别的前三名。最终共有 61 人脱颖而出，另有 15 家机构获得最佳组织奖。

第九届杰出财富管理师技能竞赛优秀方案

参赛者： 于可彦　　　　送选单位： 北京银行

参赛组别：高端客户财富管理组别（客户流动资产值一百万美元或以上）

目　录

行政摘要

本理财规划建议书所服务的对象为贵宾罗先生的家庭，旨在为客户提供更科学、更完备的资产配置建议，以此协助客户在未来享受财富，更加自主、自由地生活。请参阅以下内容摘要。

客户罗先生50岁在国内一线城市的一家房地产公司任董事长，拥有公司60%的股权。妻子董女士48岁，拥有房地产公司5%的股权，负责打理家庭资产，热爱声乐。大儿子25岁从美国留学归国，准备创业。小女儿20岁，未来计划在英国读博后继续发展音乐事业。

客户家庭资产总额为18335万元，其中流动资产120万元，投资性资产14975万元，自用性资产324万元，投资性负债300万元。家庭工作年收入为360万元，理财年收入411.84万元，生活支出324.25万元，理财支出14.31万元，家庭年储蓄约为433万元。

未来客户计划一是为大儿子的创业提供一次性投资300万～500万元，再连续3年每年追加投资150万～300万元，保证儿子在创业近5年内每月3万元的生活费标准。二是为小女儿提供本科至博士期间的学费和生活费，博士毕业后再给女儿一次性深造的费用，且这部分资金不受自身经营情况的影响。三是为家庭寻觅新的投资方向，增加海外资产的配置比例。四是为自己和爱人的晚年寻觅养老移民的可靠方案。五是对自己的父亲和董女士的父母尽赡养责任，提供每年48万元的专业养老院费用。

目前客户的资产总额虽不缺乏，但是结构上欠缺流动性，资产上有公私财产混同的风险，投资的品种和币值较为单一，且对未来养老需求具体金额模糊未经测算，没有规划家庭保障，对家庭财富传承未规划。

本计划将就上述问题为客户提供两套解决方案，运用测算公式协助客户详细分析资金现状和缺口，辅助多项金融产品和产品架构完成理财目标，供客户及家人参考。

一、客户基本信息

（一）客户基础信息

客户罗先生，现年50周岁，房地产金融专业获得美国某名校博士学位，现为国内一线城市一家中型房地产公司董事长。妻子董女士现年48周岁，爱好声乐。两人育有一个儿子和一个女儿，大儿子25周岁，今年从美国某名校硕士毕业，准备回国创业；小女儿20周岁，目前在英国某名校学习艺术，未来希望成为一名钢琴家。罗先生为中国籍居民，董女士和儿女都拥有加拿大身份。本计划将结合罗先生的家庭基本情况，分析家庭资产和收支情况，按照罗先生提出的理财需求和潜在需求，给予全面的资产配置建议。在与客户进一步探讨前，我依照客户提供的信息列明家庭资产和年度收支状况，依据客户所在行业和投资兴趣进行数据收集，提供儿女留学创业的相关信息供参考，以便更深入地探讨家庭资产规划方案（见表1）。

表1 客户基本信息

姓名	年龄	性别	角色	职业	预计退休年龄
罗先生	50	男	本人	私营企业主	60

家庭成员

姓名	年龄	性别	角色	职业	预计退休年龄
董女士	48	女	配偶	全职太太	58
大儿子	25	男	儿子	创业	/
小女儿	20	女	女儿	学生	/

（二）客户资产信息和年度收支信息

罗先生家的资产总值截至2017年末为18335万元，主要由股权资产、不动产、现金类资产构成。其中，股权资产分三部分，罗先生和董女士在房地产公司的股权、罗先生在私募投资基金的股权和罗先生对朋友酒店的投资；不动产由国内不动产和英国、美国的境外不动产构成；现金类资产由活期存款、理财产品、信托产品三项构成。由此判断贵宾的投资偏好和经验集中在股权投资和不动产投资，而对其他类型的金融产品涉及较少。罗先生一家（含赡养父母和子女学费生活费）每年基本生活费为324.25万元，子女皆留学名校，生活费每月5.5万元，花销合理、专注学业。罗先生大力支持妻子爱好，妻子注重时尚美容。罗先生未来有意在欧洲养老，陪伴妻女追求音乐梦想。

（三）会面前准备市场信息资料

1.客户所处行业分析

目前，国内各类房地产开放企业逾9万家，房地产企业正处于全线承压的态势中，以开发销售为主要业务渠道的房企面临较大冲击。从图1可以看出，近5年我国房地产企业商品房的销售额和销售面积萎缩，图2说明近5年房企融资来源中的银行贷款部分锐减，其他渠道融资收窄。大型地产公司逐渐在行业中显现优势，集中拿地争取优质资源，进行行业并购，资源加速向龙头企业集中，中小房企的发展空间被挤占。虽然2017年80%的房企仍保持正利润，但客户选择逐渐退出该行业，另觅发展，亦算明智之举。

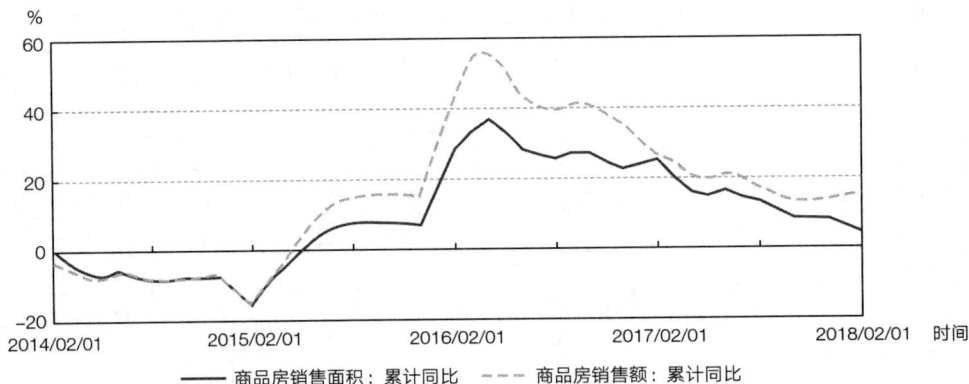

图1 房地产开发资金来源累计同比（月度）

（资料来源：Wind，光大证券研究所）

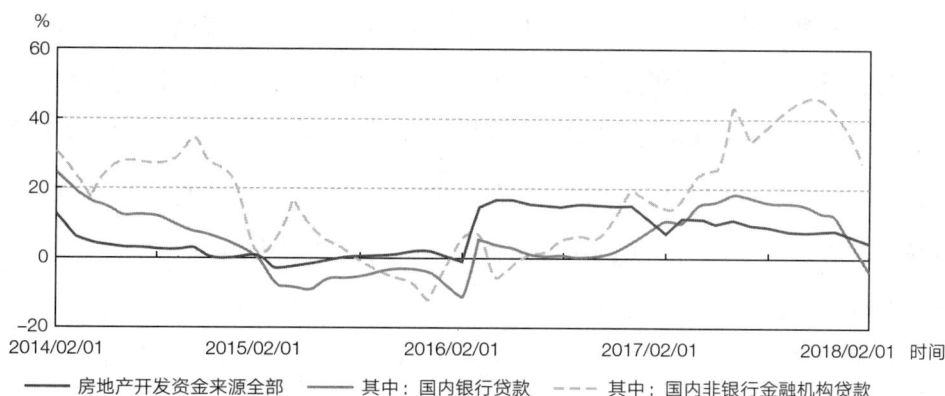

图2　房地产开发资金来源累计同比（月度）

（资料来源：Wind，光大证券研究所）

2. 客户关注行业分析

就客户新涉足的私募股权投资领域而言，目前我国正在积极引导规范私募股权投资基金的发展。2014年1月，中国证券投资基金业协会发布《私募投资基金管理人登记和基金备案办法（试行）》，同年8月证监会发布《私募投资基金监督管理暂行办法》。图3系我国2009—2017年私募股权发展示意，不难看出2016年是近9年来私募发展的顶峰，2017年虽有回落但是增长的势头并未改变。

罗先生的私募投资基金管理公司按单一项目投资金额分析，项目可能处于VC/PE（风险投资/私募股权融资）投资阶段，项目风险偏大。目前我国私募基金的投资回报率为10～30倍，也有部分PE投出独角兽公司，发展前景可期。但投资于初创阶段的互联网公司，成功率低、投资周期长，退出多靠并购、股权转让，以实现盈利，收益与风险成正比。罗先生联合创立的基金公司为合伙制企业，有限合伙人不参与公司的实际经营，以认缴的出资额为限对合伙企业债务承担责任。但考虑到罗先生的前期投资和日后追加投资在家庭资产中的占比较大，因此建议罗先生关注行业动态，及时调整。2017年度的私募股权资金投资的热点行业分析报告中指出，互联网行业无论从投资数额和投资案例均排名前三，未来"互联网+"融合区块链业务、人工智能技术是投资热点，也是科技发展趋势。

3. 客户家庭资产分析

客户家庭比重最大的资产目前为房地产公司股权，但会随着公司经营情况的波动而发生改变；其次是在私募投资基金公司中的股权投资，预计5年后开始盈利，投资风险大；再次是参股朋友的酒店，目前获利稳定，这部分的人情投资多过资产配置考虑；占比最低的为家庭的不动产。目前，罗先生在国内房产市值为5000万元，其中有3套剩余300万元按揭贷款未还清，贷款年利率为5%。人民银行现行5年以上贷款基准利率为4.9%，该笔贷款的成本低廉，不考虑提前还款。持有美国房产市值为1575万元，英国房产市值为890万元。表2为国内大城市2017年二手房价格走势。

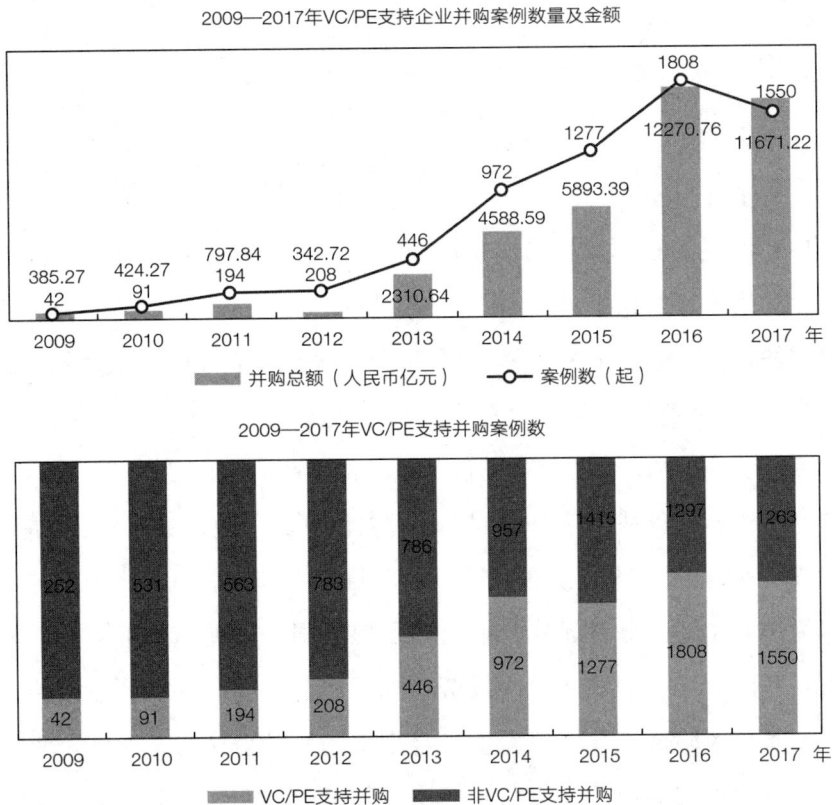

2009—2017年VC/PE支持企业并购案例数量及金额

2009—2017年VC/PE支持并购案例数

图3　2009—2017年私募股权发展

国家统计局公布的"2018年1月70个大中城市住宅销售价格变动情况"显示，二、三线城市房价同比、环比涨幅持续回落。国际房产受汇率和经济形势影响，图4为年初至2018年4月7日美元对人民币走势，目前低位震荡。图5为年初至2018年4月7日英镑对人民币走势，英镑2018年仍处于走强态势不变。因此，美国房产因汇率下跌，其对应人民币的资产缩水，而英国房产则因汇率上升而升值。

表2　中国城市二手住房报价中位数排名（2017年12月）

城市	中位房价 （元/平方米）	级别	省份	市场等级	区域	排名
北京	67822	直辖市	北京	一线	环渤海湾	1
上海	52584	直辖市	上海	一线	东南	2
深圳	50900	计划单列市	广东	一线	东南	3
广州	40030	副省级市	广东	一线	东南	4
厦门	39723	计划单列市	福建	二线	东南	5
杭州	30729	副省级市	浙江	二线	东南	6
福州	29000	地级市	福建	二线	东南	7
南京	26714	副省级市	江苏	二线	东南	8
天津	23333	直辖市	天津	二线	环渤海湾	9
青岛	22126	计划单列市	山东	二线	环渤海湾	10

4.汇率分析

已知罗先生的子女都在国外留学，因此建议客户关注外汇数据。年初至今美元对人民币走势低迷，更创出全年新低6.2409元。野村证券在研报中表示，近日海外买入英国金边债券的规模已达2013年以来最强，这为中期结构性看多英镑提供了支撑。英镑投机性净多头升至2014年以来最高，体现市场预期。英国制造业指数PMI回升，2018年持续看多，可考虑提前换汇，节约女儿部分留学成本。

图4　美元对人民币走势

对未来美元走势的预测，我们认为弱美元依然为2018年的主要基调，弱美元与全球经济复苏和资产价格上涨的正反馈周期并未结束。目前全球经济复苏，商品价格通胀，弱美元的存在基础未发生改变，因此我们不认为2018年美元会出现强势上涨。但值得关注的是，经过缩表、减税、加息等一系列政策，美元长期处于升值态势，并流回美国。

图5　英镑对人民币走势

5. 金融产品投资分析

目前客户家庭的金融投资有现金、银行理财和信托产品。

图6为2017年度七类主要投资品收益率分析，现金资产的收益率远低于货币基金，银行理财的参考收益率也高于客户选择的银行理财近1个百分点，贵金属和偏股基金涨幅均超过信托产品，因此720万元现金资产的投向有待规划。

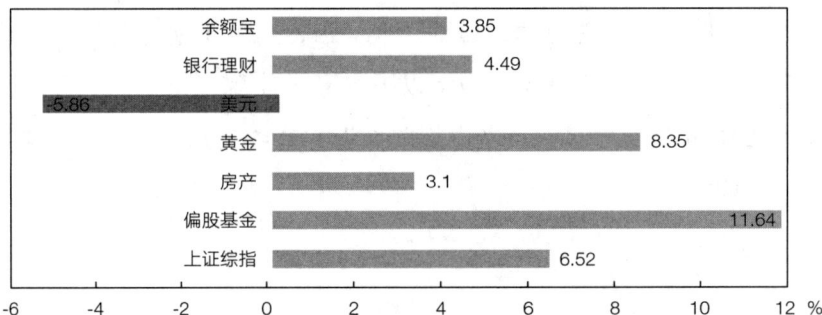

图6　2017年七类主要投资品收益率

6. 初析客户资产配置问题

从标准普尔家庭资产象限图[①]中，不难发现这个家庭富裕幸福，但也面临着资产结构单一，流动性不足，资产创效低下，家庭医疗、养老规划不足，未考虑资产传承等问题。以保险规划为例，罗先生自身仅有100万元的定期意外险，董女士和儿女们的定期意外险各80万元，这与客户上亿身价严重不匹配，远低于实际需求。在稍后的方案设计中，我们也将给予这部分建议，以科学合理搭建家庭资产组合。

---

① 标准普尔（standard & Poor's）为全球最具影响力的信用评级机构，专门提供有关信用评级、风险评估管理、指数编制、投资分析研究、资料处理和价值评估等重要资讯。标准普尔曾调研全球十万个资产稳健增长的家庭，分析总结出他们的家庭理财方式，从而得到标准普尔家庭资产象限图。此图被公认为最合理稳健的家庭资产分配方式。

"标准普尔家庭资产象限图"把家庭资产分成四个账户，这四个账户作用不同，所以资金的投资渠道也各不相同。只有拥有这四个账户，并且按照固定合理的比例进行分配才能保证家庭资产长期、持续、稳健的增长。

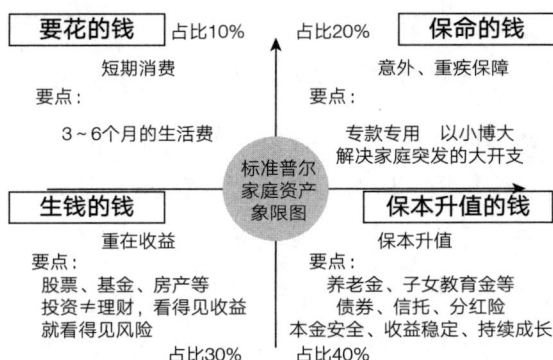

图7　标准普尔家庭资产图

二、客户理财目标描述

（一）资产情况明细分析

1. 股权投资

罗先生公司的业务主要集中于本地的土地开放和房地产工程项目建设。目前公司净资产为1亿元，持股比例为罗先生60%，罗太太5%，其余股份被两家上市企业持有。近期公司业务处于紧缩阶段，罗先生考虑将公司大部分股份出售，仅保留小部分股份，将资产投入风投行业，并于2017年和几位同学成立一家私募投资基金公司，主要从事互联网相关项目的早期投资。基金规模第一期为1亿元，其中罗先生作为有限合伙人占30%，基金成立后一共投资了5个项目，投资金额为4000万元，平均每个项目投资近800万元人民币。罗先生持有朋友酒店的股份，市值500万元，每年分红合计30万元。

2. 不动产投资

罗先生在国内有8套房产均价为625万元，除却自住的一套房产，其余房产每月租金收入8万元。美国房产市值1575万元，英国房产市值890万元。

全球房地产数据公司CoreLogic近期称，2018年日益增长的需求和有限的房源将继续推动美国房价上涨，截至2018年末房价指数预计将上升4.3%。在2017年最后5个月，全美房价同比上涨超6%。低廉的贷款成本和逐渐降低的贷款信用评分门槛都助推了房屋价格的上涨，且中国人近年来成为在美置产最多的外国人客群。需注意的是，美国房地产三大指数已经接近近年高点，需要关注回调风险。英国Halifax房价指数近几年持续走高，但英国房价上涨主要是由于供需关系造成的，普华永道预测该上涨趋势未来几年或将持续。回看国内房产市场，2017年10月房产价格报告显示，我国一线城市新建商品住宅和二手住宅价格同比涨幅均连续13个月回落。目前我国的二手房市场价格承压，应警惕由于房价变动造成的家庭资产缩水。

3. 现金类资产投资

罗先生持有活期存款120万元，年化收益率为0.3%；银行理财300万元，预期年化收益率为3.5%；信托产品300万元，预期年化收益率为7%。考虑到通胀率每年为3%，则活期储蓄的收益率为负，而银行理财收益率过低几乎被通胀率抵销，信托的实际收益也因此打了五折，调整迫在眉睫。

（二）客户支出明细分析

了解资产情况后，我们再关注家庭消费。罗先生全家共拥有3辆车合计150万元。全家每月基本生活费10万元，儿女留学在外的生活费每月合计5.5万元，女儿的学费每年22.25万元。妻子董女士的个人消费（美容服饰等）每月3万元，每年在个人声乐爱好上的花费为50万元，每年家庭旅游支出30万元。罗先生家庭关系稳定幸福，因此在本计划中暂不考虑客户本人的婚变风险。

（三）客户近期理财目标确认

第一，计划打包转让大部分房地产公司资产，将资金用于追加私募股权投资；再出售部分房产用于股市投资。

第二，为客户儿子计划回国创业，需要创业金一次性投入500万元，以后每年投入300万元直至3年后公司运转正常获得风投。罗先生计划给予孩子创业金300万元，连续3年每年资助该项目150万元，在儿子创业前5年负担其每月生活费3万元。

第三，罗先生的父亲和董女士的父母都年事已高，未来采取养老院养老方式，每年花费为48万元，需要提前准备周全。

第四，针对家庭收支提出建议，具体为合理规划消费、制订投资计划、选择投资品，但是要保持现有的基本消费水平（潜在需求）。

第五，保障资产安全，隔离公私资产，加快财富积累（潜在需求）。

（四）客户未来理财目标确认

第一，小女儿欲继续深造，且本科毕业后能够免去学费继续深造，罗先生要求保障小女儿的生活费在未来不变，待小女儿27岁博士毕业后有一笔长期资金支持女儿发展且不受企业经营状况和投资收益变化的影响。

第二，罗先生和董女士希望对家庭资产做海外配置。

第三，罗先生打算60岁退休，他希望能在欧洲养老。想通过收购酒庄获取经营利益用于其与妻子的生活开支，保证现有的生活水平，避免发生长寿风险。

第四，罗先生和董女士以及儿女都有移民规划的需求。

第五，帮助家庭补全财富安全架构，设置保障产品以应对风险事件（潜在需求）。

第六，在共同申报准则（CRS）体系下尽量做到资产无损传承（潜在需求）。

三、客户家庭财务报表分析

（一）家庭资产负债分析（见表3）

表3　2017年12月31日客户罗先生家庭资产负债表

资产	金额（元）	比重（%）	负债及净值	金额（元）	比重（%）
流动性资产	1200000	0.65	循环信用余额	0	0
现金及活存	1200000	100	小额消费信贷	0	0
货币类理财产品	0	0	其他消费性负债	0	0
投资性资产	149750000	81.67	消费型负债合计	0	0
股票	0	0	金融投资借款	0	0
股票型基金	0	0	实业投资借款	0	0
人民币理财产品	3000000	2	投资性房地产按揭贷款	3000000	100
信托理财产品	3000000	2	投资性负债合计	3000000	1.64
投资性房地产	43750000	29.22	住房按揭贷款	0	0
保单现金价值	0	0	汽车按揭贷款	0	0
实业投资	100000000	66.78	其他自用性负债	0	0
自用性资产	32400000	17.67	自用性负债合计	0	0
自用性汽车	1500000	4.63	负债总计	3000000	1.64
自用性房产	30900000	95.37	净值	180350000	98.36
其他自用性资产	0	0			
总资产	183350000	100	负债及净值总计	183350000	100

1. 对资产负债表的说明与假设

不动产假设：客户的家庭现暂不存在刚性购房需求，假设现有的3套按揭房产均属于投资性购房，所产生的按揭贷款属于投资性房产贷款。客户目前在国内有8套房产，其中一套用于自住，客户在美国和英国的两套房产分别为儿子和女儿居住，属于自用性房产，自用性房产估值为625+250×6.3+100×8.9=3090万元。假设300万元的房屋按揭贷款尚未继续还款，投资性房屋贷款计为300万元整。

股权假设：客户股权投资为房地产公司的股权、私募基金公司的股权和投资朋友酒店的股权。房地产公司的净资产为1亿元，在假设净资产即公司资本的情况下，罗先生夫妻合计持有公司股权的现价为1亿元的65%，即6500万元。假设私募股权基金公司的1亿元的投资方仅为罗先生和同学们，罗先生作为主要的有限合伙人占30%，持有股权的现价为3000万元，加朋友酒店的股权500万元，这部分股权投资的现价之和为1亿元整。

2. 资产负债表分析

资产负债比=3000000/183350000×100%=1.64%，家庭的资产负债比远低于60%，保持适度负债对财富增长具有良性刺激作用。整体家庭财务状况偏保守，资金充裕度高，因此流动比率、融资比率、财务负担率、平均负债率均正常。

通过对客户的家庭资产结构进行分析发现，家庭的流动性资产占比近乎为零，不足以应付各类风险事件。家庭自用性资产占比为18%，其中绝大部分为全款购买的住宅，固定资产未盘活。投资性资产占82%，其中66%为股权投资，其余为房产投资。股权投资中的30%为高风险的VC/PE投资，资产风险定价高，回报不确定性强，70%为地产公司股权，未来客户计划出让大部分股权变更投资标的。客户的投资方向过于单一，租金创利低，资产集中度高。建议将把控风险、调整投资组合、加强投资创效、提前布局养老和资产传承这五项工作作为下一阶段的规划重点。

（二）家庭年度收支储蓄表分析（见表4）

表4　2017年客户罗先生家庭收支储蓄表

单位：元

项目	2017年1月	2017年2月	2017年3月	2017年4月	2017年5月	2017年6月	2017年7月	2017年8月	2017年9月	2017年10月	2017年11月	2017年12月	合计
工作收入													3600000
其中：薪资收入	300000	300000	300000	300000	300000	300000	300000	300000	300000	300000	300000	300000	3600000
其他工作收入	0	0	0	0	0	0	0	0	0	0	0	0	0
减：生活支出	222500												3242500
其中：子女教育金支出	222500	0	0	0	0	0	0	0	0	0	0	0	222500
家庭生活支出	185000	185000	185000	185000	185000	185000	185000	185000	185000	185000	185000	185000	2220000
其他生活支出	66666.67	66666.67	66666.67	66666.67	66666.67	66666.67	66666.67	66666.67	66666.67	66666.67	66666.67	66666.67	800000
工作储蓄													4118600
理财收入													
其中：利息收入	300	300	300	300	300	300	300	300	300	300	300	315300	318600
资本利得												2840000	2840000
其他理财收入	80000	80000	80000	80000	80000	80000	80000	80000	80000	80000	80000	80000	960000
减：理财支出													143124.78
其中：利息支出	12500	12395.83	12291.66	12187.49	12085.32	11979.15	11874.98	11770.81	11666.64	11562.47	11458.30	11354.13	143124.78
保障型保费支出	0	0	0	0	0	0	0	0	0	0	0	0	0
其他理财支出	0	0	0	0	0	0	0	0	0	0	0	0	0
储蓄	-106366.67	116237.50	116341.67	116445.84	116548.01	116654.18	116758.35	116862.52	116966.69	117070.86	117175.03	3272279.20	4332975.22

1. 对收支平衡表的说明

罗先生工作收入为30×12=360万元（罗先生的月收入为税后收入）。

子女教育金在2017年初即支付2.5×8.9=22.25万元，家庭生活支出方面含两项：罗先生全家和太太的个人消费每月13×12=156万元及子女生活费（2+3.5）×12=66万元，合计为222万元。其他家庭支出包括董女士的声乐爱好支出和全家的旅行费，合计为80万元。

理财收入中包括了120万元活期收益以及理财产品、信托产品收益（假设理财和信托产品的存续期均为完整会计年度），三项收益合计为120×0.3%+300×3.5%+300×7%=31.86万元，资本利得为地产公司的股权分红和投资酒店的股权分红：500×65%（1−20%）+30×（1−20%）=284万元（税后），其他投资收入包括了7套房子出租的租金8×12=96万元（暂不考虑对这部分收入进行扣税）。

针对300万元的房贷，假定客户选择等额本息方式还款，则依照按揭年利率5%计算，本年1~3月的实际还款利息合计为36874.98元，在客户其他收入支出未有改变的情况下，贷款利息支出一项按全年发生量计算，因此在此用全年房贷利息合计数143124.78元计理财支出。

表4均摊了全年的旅游费和太太的声乐爱好消费，测算了每月贷款利息偿还部分，尽量还原客户在2017年的各项家庭支出。

2. 家庭年度收支表分析

以家庭紧急预备金为例，家庭紧急预备金倍数即流动资产（现金+理财+信托产品）与月均支出之比为1200000/282135.40，约4.25倍，但考虑到家庭收入来源集中，建议扩大至接近6倍。假设客户意外险保费已缴清，则客户保费负担率为零，保险覆盖率=100/30=3.33，远小于10倍的要求，说明客户目前的保额与实际需求严重不匹配，应增配保险项下的保障，且客户的资产中并没有列明社保一项。假设罗先生的社保基数较高，其余家庭成员均为社保缴纳的基本水平或未缴纳。

从表5可看出，罗先生的家庭平均投资报酬率过低，保费支出年度数暂无法计算（见表5）。

表5　财务指标分析

财务指标	定义	数据	合理范围值
负债比率	总负债/总资产	1.64%	小于60%
紧急备用金倍数	流动资产/月支出	4.25	3～6倍
净储蓄率	净储蓄/总收入	56%	大于25%
财富自由度	年理财收入/年支出	93.30%	大于20%
生息资产比率	（流动资产+投资资产）/总资产	82.32%	大于25%
平均投资报酬率	年理财收入/（流动资产+投资资产）	2.09%	大于4%
保费支出年数	寿险保额/年总支出	/	5年以上

（三）客户既往投资经验分析

客户罗先生的投资集中于股权方面，涉足的行业包括房地产、私募股权投资（互联网初创方向）、酒店经营。客户在房地产领域具有15～20年的工作投资经验，有扎实的理论基础，又在行业内积累了丰富的人脉，因此这部分家庭资产的占比也是最大的，为6500万元，由于客户未来行业转型，因此考虑出让股权，大幅度缩小这部分投资。虽然客户从2017年才接触私募股权投资，但却是客户未来行业转型和投资重点考虑的方向，第一期就已投入3000万元未来占比将进一步扩大。客户出于兴趣参股了朋友的酒店，试水酒店行业。未来罗先生有意在意大利收购酒庄，由专业人士管理和销售，考虑用酒庄收入作为自己和太太的养老金，定居欧洲。

董女士投资包括现金资产和不动产。现金资产120万元、银行理财300万元，信托产品300万元，董女士虽然为全职太太，但生活安排紧凑，常为"空中飞人"，没有过多空闲时间关注市场动态收益、实时调整。其他的家庭资产在董女士的打理下以购买不动产为主。初步估计董女士的投资经验在10年以上，虽然过去的投资是成功的，但是董女士和罗先生都希望投资更多元，丰富投资选择，明确提出加大海外投资的比例。

需要客户关注的是，罗先生曾为自己购买保额为100万元的定期意外保险，为妻子和儿女购买了保额均为80万元的定期意外保险，这样的保险配置和罗先生家庭的刚性保障需求差距较大。除此之外，客户家庭的其他财务缺口也明显存在。

（四）财务缺口分析

1. 儿子创业金缺口

大儿子有创业需求，这部分资金需求大、弹性差。理想金额为一次性投资500万元，今后3年内每年投入300万元，罗先生的计划是一次性投入300万元，今后3年内每年投入150万元，并在前5年负担儿子每月3万元的生活费。比较两者现值差异得出：儿子的资金需求为与父亲提供的创业金之间的资金缺口为（500+300×3）–（300+150×3）=650万元。

2. 女儿留学缺口

假定女儿2019年上大三，则还须缴纳两年的学费，女儿两年的学费为22.25×2=44.5万元。截至博士毕业的生活费的现值为7×2×12=168万元，合计为44.5+168=212.5万元。此外，罗先生想为女儿准备一笔长期资金，用于发展艺术事业，且不受经营状况影响，按照为小女儿每年在艺术事业上投入50万元，连续投入10年计算，这笔投资发生在罗先生退休后，日常生活、学费与这部分艺术发展金现值合计为637万元。

3. 退休金缺口

罗先生和妻子退休后的生活费每年约为（13×12+50+30）×80%=188.8万元，如2018年收购意大利酒庄，那么截至退休当年取得的累计经营分红为1083.34万元（10n、3i、0PV、–94.5PMT），假设退休后酒庄的经营情况并不改变，则这笔投资在客户90高寿时的终值为4495.87万元（30n、3i、0PV、–94.5PMT），而客户保持188.8万元每年的生活费标准不改变，则30年共计花费5664万元，两个终值相差为1083.34+4495.87–5664=–84.79万元，此为养老金的终值缺口，差距很小。

4. 父母养老金缺口

未来罗先生夫妻有供养父母的需求，需要有资金保障，至少连续10年保证每年48万元养老费用，以2019年为父母养老金缴费首年计算，（END、1n、3i、0PMT、480000PV）FV=494400元，预估父母将在养老院住10年，则（BEG、10n、10i、–494400PMT、0FV、1P/Y、1C/Y、3g）PV=3743655.17元，则2018年应为父母养老准备出（END、1n、10i、–480000PV、3743655.17FV）PMT=3215655.17元，未来需要以收益率为10%的资产进行匹配。

除财务风险外，还存在公私财产混同的风险，因罗先生的投资结果会影响家庭净值，且私募产品的退出方式目前容易产生法律纠纷，建议客户提前做好资产隔离和避险筹划。针对客户资金需求的多样性和复杂性，我们建议客户综合利用银行理财、基金产品、信托产品、保险产品和家族信托等满足规划需求，购买这些产品需要提前做好风险评估。

（五）风险承受能力测评

在了解了客户的理财目标之后，我为客户夫妇二人分别做了风险承受能力测试。根据问卷调查和客户的风险属性实际打分，二人均为进取型投资者，得分区间在61～80分（见表6）。

表6　风险承受能力情况

个人理财客户风险类型	产品风险等级				
	低风险	中低风险	中等风险	中高风险	高风险
激进型（81～100分）	适合	适合	适合	适合	适合
进取型（61～80分）	适合	适合	适合	适合	不合格
稳健型（36～60分）	适合	适合	适合	不合格	不合格
谨慎型（16～35分）	适合	适合	不合格	不合格	不合格
保守型（-9～15分）	适合	不合格	不合格	不合格	不合格

（六）流动资金需求

客户目前随时可动用的现金仅为120万元，家庭应急金倍数约为4.25，理想值为6，因此推算家庭理想的流动资产为282135.4×6=1692812.4元，约为170万元。

（七）投资预算及预期回报

客户计划出让房地产公司的股权，变卖不动产实现资本套现转移。假设客户出让净值为6500万元的股票，只保留500万元份额股票，其他计划用于追加私募股权基金公司的投资，如这部分追投3000万元，预计5年后每年实现15%的分红，客户现金余额为3120万元。客户的境内房产为5000万元，每套市值625万元，计划出售其中5套房产，用部分资金在二级市场投资。近期股市在3100～3300点之间徘徊，建议观望3100点支撑位，若破此支撑位暂不建议客户资金大规模入市。建议客户暂时配置在500万元左右的水平，对这部分投资的收益期望降低，预期年化收益率为5%以内，或以购买基金的方式参与市场投资。现金增加为6245万元。

客户可用其余资金收购意大利葡萄酒庄。目前，欧洲年产15000～20000瓶酒的小型酒庄售价为200万欧元左右，罗先生拿到的酒庄售价300万美元，基本划算。建议一次性出资购买，未来酒庄将以每年3%的幅度增值，创收预计每年15万美元，也可用于罗先生夫妻养老。

四、理财方案

（一）基本假设条件

本规划是基于以下宏观经济和相关基本假设作出的，当以下假设发生变化，会影响您目标实现的可能性。

假设中国宏观经济稳定增长，通货膨胀率为3%。

假设汇率稳定在现汇美元对人民币1：6.3，现汇英镑对人民币1：8.9。

假设房价增长率前5年为10%，之后每年5%，租金收入增长率为3%，且境内外房产情况一致。

退休前的投资报酬率为10%，退休后为5%。

基金中的基金（FOF）和合格境内机构投资者（QDII）基金的年化收益率均为5%。

资本市场假设（见表7）。

表7 资本市场假设

资产类型	预期收益率	标准差	数据来源
债券	2.3%	0.61%	上证国债指数，2005—2017
货币	2.90%	0.54%	一年期定期存款利率，2005—2017

其他假设（见表8）

表8 其他假设

目标名称	假设名称	假设数据	数据来源
子女教育	本科学费增长率	0	与客户沟通后假设
子女教育	研究生学费	0	与客户沟通后假设
子女教育	博士生学费	0	与客户沟通后假设
退休目标	本人计划退休年龄	60岁	与客户沟通后假设
退休目标	配偶计划退休年龄	58岁	与客户沟通后假设
生存假设	本人预期生存寿命	90岁	城市人口平均寿命假设
生存假设	配偶预期生存寿命	88岁	城市人口平均寿命假设

（二）客户家庭周期

目前客户的家庭整体处于成熟期，子女留学或创业，家庭财富的增长速度逐渐放缓，客户虽然期望资产仍保持快速增值，但是也已明确资金需求和未来养老安排（见图8）。这10年是客户从中年步入老年的关键性的10年，直接影响客户的晚年生活质量。因此建议客户在对投资回报率的追求上保持理性、审慎的态度，从如何创富转为如何传富，为子女未来打造安定的生活保障，能够富过三代。

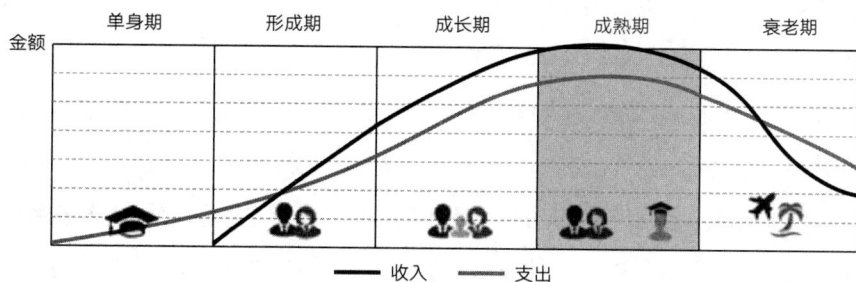

图8　家庭生命周期

（三）理财方案

方案一：充分运用现金流，配合终身寿险、家族信托。

表9为客户50周岁进行资产重新组合前后的对比，详解如下。

表9　资产组合对比

原家庭资产明细（万元）		现家庭资产明细（万元）	
车	150	车	150
现金	120	现金	3855
理财	300	理财	300
信托	300	信托	300
PE股权	3000	PE股权	6000
酒店股权	500	酒店股权	500
地产公司股权	6500	地产公司股权	500
房产	7465	酒庄	1890
		AI公司股权	500
		房产	4340
合计	18335	合计	18335

　　第一部分，实际投资回报率分析。私募股权投资基金公司，在第五年开始盈利，每年分红15%，考虑通胀后实际投资回报率应为（1+15%）/（1+3%）-1=11.65%；客户房产的实际投资回报率前5年为6.8%，后五年为1.94%；入股朋友酒店的回报率为30/500=6%，实际投资回报率为2.91%；未来酒庄投资的增值率和酒庄每年的利润增长率与通胀率持平，资产不会缩水，且每年可以获得15万美元的收入。其中私募投资基金的实际投资回报率最高，未来可扩大投资比例，以股权出让获得的6000万元（罗先生出让56%，董女士出让1%）现金增投私募股权基金产品3000万元，其余资产暂以现金形式持有。

　　第二部分，不动产规划。国内的房产出售5套，保留3套，其中一套用于自住、两套出租。出售房产的收入加部分现金用于收购意大利酒庄（300×6.3=1890万元、投资儿子的AI创业公司500万元和组合现金资产搭建家族信托体系500万元美元等值3150元人民币，这部分收益以客户最终购买的产品收益为参考，一般年化收益率在4%～8%）。客户在境外持有两套房产，英国房产女儿需要自住，美国房产待儿子回国后出租，在不考虑其他税费支出的情况下，境内外房屋的租金回报率与价格增长率一致，因此美国房屋每月租金2.88万元。境内房产在一套自住至60周岁，两套出租的情况下，租金的收益为每月2.29万元，考虑到房屋的租金增长率为3%，通胀率为3%，罗先生退休时房租的收益终值为620.4万元，10年后房贷结清。在客户退休当年境内外房屋增值合计为：前五年增值终值为6989.61万元[5n，10i，（625×3+250×6.3+100×8.9）PV，0PMT]，后五年增值终值8920.71万元（5n，5i，6989.61PV，0PMT），在客户进行退休筹划的时候，可变现这部分资产增资PE投资，或选择投资移民，选择持有类似圣基茨和尼维斯（英联邦成员国之一）居民身份，可避税并暂避CRS影响，现40万美元左右就可在当地置产。若日后客户仍计划移民欧洲，可比较各国移民的成本，选择易获得身份、能享受福利的国家，并提前做好信托架构。由于董女士及儿女均为加拿大籍，加拿大属于全球征税国家，由联邦税、省税和市税三级纳税，董女士的收入须通过申请税收抵免手续才能避免重复征收。儿子未来创业中也会有因中国税收居民身份须向加拿大申请抵税的困扰。因此，未来应按实际需要重新做国籍规划。表10为各主要投资移民国家的投资要求和办理周期等具体要求。英国的现行税费标准对"英国非原籍居民"高净值人士具有吸引力，非英国居民企业只就其在英国从事的业务缴纳税款，双重征税的利润可获得双重征税减免。

表10 投资移民要求

国家	项目	投资要求	办理周期	资产要求	移民监
美国	EB-1杰出人才	15万美元	8~10个月	无	每半年入境1次
	EB-5投资移民	50万美元	3~5年	最低50万美元	每半年入境1次
加拿大	省提名项目	15万加币起	2~3年	家庭资产大于30万加币	5年住2年
	魁北克投资移民	22万加币	3~4年	家庭资产160万加币	5年住2年
澳大利亚	届王担保	22万~32万澳币	1.5~2年	无	5年住2年
	投资移民	20万~500万澳币	1.5~2年	家庭资产80万澳币起	5年住2年
英国	创业移民	20万英镑	3~6个月	至少20万英镑	每年住185天
	投资移民	200万英镑	6个月	至少200万英镑	每年住185天
葡萄牙	购房移民	50万欧元	3~6个月	无	每年住7天
西班牙	购房移民	50万欧元	3~6个月	无	无（换永居5年住4年2个月）
希腊	购房移民	25万欧元	3~6个月	无	无
塞浦路斯	购房移民	30万欧元	3个月	无	无
	护照项目	200万欧元	3个月	无	无
圣基茨和尼维斯	护照项目	40万元购房或25万元捐赠	6个月	无	无

第三部分，家庭的刚性需求与消费安排。规划前，家庭年收入为771.86万元（30×12+500×65%×0.8+8×12+120×0.3%+300×3.5%+300×7%+30×0.8），家庭的年支出约为340万元。规划后，家庭年收入为557.79万元（8/7×2×12+30×12+20+15×6.3+120×0.3%+300×3.5%+300×7%+30×0.8），假设房地产公司明年的分红占净资产比例和金额均不发生改变）。家庭增加了每年48万元的父母养老支出，年支出约为390万元，收入仍可覆盖支出。罗先生的家庭目前还处于财富的增长期，罗先生55岁时，私募基金公司项目开始盈利，若今年翻倍扩大投资则在退休时点可获得3622.43万元（10n，5i，0PV，-288PMT）收益（投资增幅设定为5%），3年后儿子的公司也将顺利融资再扩张。届时家庭财富将进一步积累，但越来越严峻的家庭财务风险控制和未来顺利传富的责任问题就呈现出来。

第四部分，信托架构搭建与实现。伴随着中国与部分国家（地区）自动交换金融账户涉税信息的准备工作迈出了实质性一步。国家税务总局、财政部以及"一行三会"联合发布《非居民金融账户涉税信息尽职调查管理办法》，自2017年7月1日起，中国境内设立的金融机构将对存款账户、托管账户、投资机构的股权权益或债券权益以及具有现金价值的保险合同或年金合同开展尽职调查工作。部分高净值客户急需搭建自己在海外的财富架构。因此我建议罗先生考虑成立海外家族信托，能够确保家庭资产低损耗指定传承，基本的结构图如图9所示。搭建海外架构后，由跨境资产管理有限公司作为客户在海外的投资顾问，依据客户的诉求和风险承受能力帮助客户寻找海外投资标的，对接海外私人银行，满足客户的再投资和再融资需求。

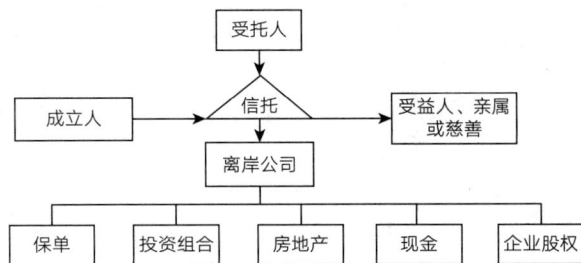

图9　高净值私行客户海外专属金融案例——架构

未来或可通过这样一份架构，将受托人和信托实际控制人都设置为客户自身，通过将地产公司股权、PE股权、各类投资品纳入信托，来实现家族企业的积累留存。可以指定直系血亲后代非配偶继承人为信托受益人，帮助子女规避婚姻中的财产风险，这样不仅能传承家庭财富，也能够做到家族精神和意志的传承。

第五部分，家庭保险规划。罗先生的家庭属于典型的保障不足的家庭，需要补充人身意外保险、重疾保险、大额终身寿险。人身意外保险的保额应提升至每位家庭成员不低于500万元，罗先生自己应不低于1000万元。当家庭意外事件发生后，若家庭开支降为事件发生前的80%，则全年开支缩减为272万元，500万元可保障家庭两年开销，1000万元可确保近3年开销。参照某股份制保险公司消费型意外险，全家每年投保金额不高于5000元。客户应参保全球高端医疗保险，既可选择消费型险种，以保额为300万元的消费型重疾险为例，每年花费仅需1200元/人，当客户移民后再在境外选择其他产品。如罗先生和董女士从2018年开始连续3年两人每年分别投资100万元，购买某境内保险公司终身寿险，则从65周岁起每年合计领取养老金约63万元，也可按月领取。设定罗先生夫妇领至85周岁，则保单实际累计领取的金额为1680万元。如按该方式操作，不会影响目前的家庭资产，并且还可以让夫妻双方养老无忧、财务自由，退休后加大旅行开支和生活开支，充分享受年轻时创造的财富，客户若届时宽裕也可以选择不领取，待日后一并纳入家族信托进行分配。

第六部分，剩余现金资产规划。罗先生家庭之前有现金120万元，在经过一系列规划后，初步测算现金资产不低于300万元，一是将家庭流动资金扩大至于170万元即应急金倍数为6。二是改变原有的银行理财和信托产品投资。首先可考虑参与长期大额基金定投，其次可考虑美元债、贵金属、外汇等金融衍生品投资。图10为基金定投（以沪深300指数型产品为例）在不同市场情况下的表现，可以说在市场单边上涨的时候，投资定投虽然不是收益率最大化，但依然可观，市场下跌时好处立显，收益稳定。

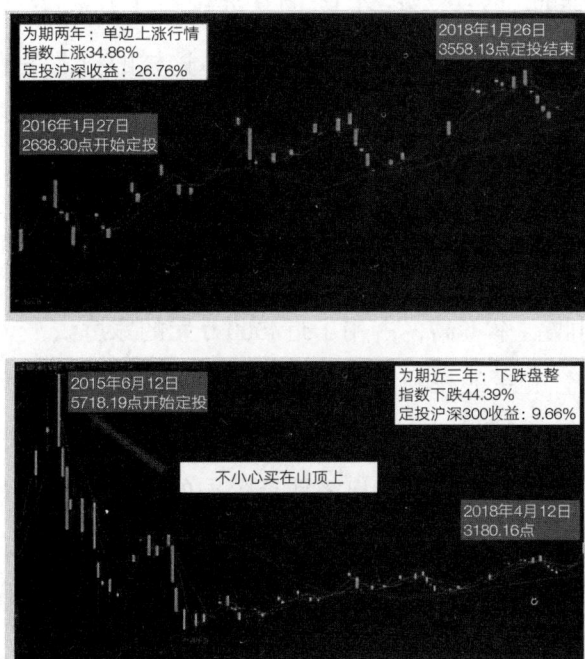

图10　基金定投表现

2017年，企业债在总体发行规模中持续上升，亚洲企业的发展情况逐年呈现好转趋势，且全球目前处于经济复苏状态，因此我们在2018年持续看好亚洲美元债的表现，可适当投资或者购买年化收益率为5%左右的QDII基金，以此达到资产全球配置的目的。对标普500指数的模型分析显示美股进入了超买区域。一旦偏离度达到8%，则说明美国股市将向下调整，而黑石集团给出的分析意见则认为美股会在近期下跌，个别投资机构预计的下挫范围甚至达到20%。据此，如美股是看跌期权则考虑持有，如否，则终止投资，转投他处。

方案二：不动产家族信托，配合海外终身寿险。

第一部分，依靠家族信托。建议罗先生成立单一资金信托公司，将自己名下的房产打包进信托资金，指定受益人为直系血亲后代非配偶继承人，帮助子女隔离未来婚姻变动导致的财产风险。建议客户结清手中境内除自住房产外其他房产的贷款约200万元，将市值4375万元的其余7套房产出让给信托公司，虽然这样看似左手倒右手的行为所费不菲——在交易中承担契税3%、个税1%、企业的房产税（房价×70%×1.2%）、土地使用税（交易平米数×30元）、未来信托公司持有房产缴纳每年0.84%的房产持有税、银行的服务费和信托公司的通道费等（以上费用参考2018年北京市二手房买卖税费标准），总体费用预计为200万～300万元，且每年花费不低于40万元。但与资产增值和传承相比，这样的投入是值得的。客户仍享有房产升值带来的红利，加一年房屋收益约96万元。短期内，客户可将结余实际用于支付双方父母每年48万元的养老金费用，待父母百年后，再由子女享受这部分收益价值，可对接女儿的艺术发展需求，每年投入约50万元。罗先生作为创一代表现出强烈的照顾子女日后生活的意愿，因此这个计划切合客户关注点和核心需求。虽然本计划收益率不高，占用了近4500万元的家庭资产无法盘活，但并未剥夺客户对财产处置变更的权利。实施时，客户可依照市场情况和家庭需求定期调整，关注楼市和政策变化，参考我行提供的后续咨询服务作出投资决策。

第二部分，配合终身寿险。客户将地产公司的股权大部分变现后，投资搭建家庭保障，这是高净值人士资产配置中最必须的安排。由于罗先生的妻子和子女均有加拿大身份，他本人也考虑日后移民，因此可购买境外的保险产品，罗先生不妨通过投资方式获得境外居民身份再投保。客户日后养老计划的居住地为欧洲，可考虑持有类似友邦、保诚等公司的产品。以某境外保险公司终身重疾险为例，以最终保额覆盖客户4年工资收入为考量，年缴费约10万美元，缴存10年可获保额约为220万美元，妻子的保额可以适当降低为100万美元，因妻子非家庭主要的经济来源，不需覆盖收入。夫妻合计缴费期10年，每年缴纳14.5万美元（约折合人民币92万元）保费，可享受全面的重疾保障至终身，满足了客户持有海外资产的要求。此外，考虑到女儿的学费、生活费、艺术发展投资（一部分10年后对接家族信托），以境外保险公司某终身寿险产品测算，客户如在3年内投资500万元人民币于该产品，可在10年后每年提取固定金额做养老补充，同时可以作为一款现金流补充产品做保单贷款，还可以实现这部分资产的增值和避债传承，并获得一份高额的人身保障，一举多得。这样的资产架构与客户的经营现状好坏无关，能够保证资产给到女儿。风险主要是险种最后的选择、资金被锁定损失机会成本、美元汇率变动。客户应在投保前履行告知义务，配合保险公司体检避免理赔纠纷，将受益人身份标注清晰、明确指定。最后全家人追加消费型意外险，考虑到全家人出行频繁，针对主要使用的出行方式投保保额不低于500万元/每人/每年（罗先生酌情增保）的商业意外保险既是对家人的责任和爱的体现，又为家庭财富结构规避了风险（保险资金通过搭建境外架构持股境内私募公司股权实现）。

（四）监管环境分析与投资风险提示

1. 进入2018年，中国银行业强监管态势仍在继续

银行业本轮"监管风暴"始于2017年初，当时中国银监会连续发文启动"三三四十"（三违反、三套利、四不当、十乱象、十风险）专项治理。在监管"紧箍咒"下，中国银行业发展日趋平稳。监管方曾多次强调，当前银行业股东管理、公司治理和风险防控机制还比较薄弱。在此情况下，银监会接连公布《商业银行股权管理暂行办法》《商业银行大额风险暴露管理办法》《商业银行委托贷款管理办法》等监管文件，加强对大股东违规行为、通道业务等方面监管。银监会明确2018年将重点整治公司治理不健全、违反宏观调控政策、影子银行和交叉金融产品风险、侵害金融消费者权益等八大方面问题。在持续强监管下，尽管银行业短期内表外业务规模增速将受到影响，但中长期而言行业资产质量转好及业绩增速改善的预期不会改变。客户在选择银行理财产品时要小心购买，识别投资标的，关注底层资产，不轻易购买超过自身承受能力的理财产品。

2. 各类风险提示

基金定投需要在操作中关注止盈风险，避免因未及时止盈造成的收益回缩。持有境外资产如QDII基金和境外房产，则需要关注国际市场及汇率变动风险，这类资产的收益率和汇率需要同时考虑才能综合通胀率得出实际的投资回报率，因此关注汇率对境外资产占比较多的家庭来说尤为重要。就私募股权投资而言，其本身就是高风险、高回报的投资，与经济环境、科技趋势、产业政策息息相关，

因此在投资这类项目时需要考量的维度多、难度大，后期可以考虑入驻券商白名单，利用托管合作以券商为销售触手，内部加强前期研究和风控以便更多项目投资成功。从国内、国际利率趋势来看，未来我国金融业的各项投资利率放开，美元处于加息通道，理财等产品收益率下行，而存款、房贷利率等上行，应随时关注利率调整变化。由于客户的资产分布广，取得形式多样，因此建议客户选择与我行合作的会计师事务所、律师事务所、移民办公室进行专门的节税、移民策划和咨询，以恰当判断投资思路，把握国际形势。

五、客户的理财目标追踪管理及后续服务

（一）追踪管理机制

我为客户建立的追踪管理机制主要分为以下方面。

1. 报表管理

以半年为周期反馈客户投资情况，并以资产负债表和收支储蓄表的方式提供给客户，不随意改动现行理财目标，只随时按需变动产品配置和投资策略。同时依照客户家庭所处阶段，长期反馈总结，在人生的关键节点，例如儿子的公司拿到风投出现强发展势头、PE基金开始盈利、女儿博士毕业、退休等，对客户的家庭资产做详细报告。推荐客户使用信用卡管理APP和记账软件对家庭开销进行管理统计，尽量保证报表能够充分体现客户的家庭资产变动情况。

2. 收益管理

除养老保险外，其他产品都需要帮助客户跟踪表现，一般推送频率为每月1次，因客户大额定投的扣款频率为每月4次，因此这个反馈频率是合理的。并且针对客户PE投资的互联网行业和AI行业进行行业事件和风险提示，每季度不少于1次。在追踪所投资产品的表现时，第一，关注该产品所处行业的表现，譬如行业宏观经济指标、股指涨跌情况；第二，理财经理可采取完全复制的方法缩小投资品比例，建立金融模型协助客户追踪所投资产品表现；第三，要注意权重调整，市场变幻莫测，每次增发配股都有可能影响所投资的基金，而国际政策又可能会引发国际债券市场变动、汇率变动和黄金价格变动，因此要适时进行投资品的权重调整；第四，要估算资产组合的日均跟踪偏离度的绝对值和年化跟踪误差，主

要是比较推荐的基金与指数之间的涨跌差距。

3. 产品异动提示

当客户所投资的产品发生异常情况时，立即向客户报告。例如，产品本身净值波动过大，兑付发生问题，触发止损线、止盈线，基金经理变动，金融机构高层变动等可能会影响产品最终收益率的消息，不定期向客户报送。

4. 宏观经济反馈

我行每季度会为客户提供季度大类资产配置建议书，您在考虑资产配置时可以充分参考。此外，每周二会推送本周投资建议。鉴于客户工作繁忙，只将每周投资建议中客户关注的部分，如汇率、国内外房地产市场、国内基金市场和保险新政、国际政经要闻等发送客户，结合分析意见，与客户频繁互动。

（二）长期服务体系

1. 投资方案定期检视

频率为半年一次，以半年为周期检查所指定的理财方案是否被执行、执行结果如何，对手中的投资品重新定价估值，对客户资产、房产、各类收入重新评估，以确保现行方案可以满足客户的家庭需求。

2. 邀请客户参与财务管理过程

除线上沟通外，也邀请客户及家人参与线下一对一定期面谈，提升客户对金融市场和金融知识的了解，让客户了解市场，了解产品投资现状。

3. 邀请客户参加各类财富沙龙

财富沙龙既是销售过程又是服务过程，客户在了解某类金融知识的同时获得了社交机会，也能够将心中的疑问及时提出，获得解答。

在此再次感谢您们对我的信赖及配合，希望有机会可以与您建立长期稳定的深度合作！

2018年4月

方案点评

林 静
/ 财富管理部 /

这份成稿于2018年4月的私行组别案例在两年后回顾起来，其配置内容和假设预判依然具有一定的现实意义。

对阅历丰富且拥有足够财富的成功人士而言，家庭理财目标无疑是确定且相对固定的，如何降低执行过程中的不确定性是其重点关注和考量的内容。站在客户角度，实事求是地分析问题并提出有针对性和建设性的解决方案，是银行理财师取得客户信赖和认可的关键所在。

北京银行这位选手审题充分、规划细致，具有良好的知识储备和自证逻辑。方案从国内房地产行业走势、私募股权投资的现状和前景入手，肯定并佐证客户罗先生事业转型的必要性与可行性，与客户达成共识；再根据客户持有多套不动产、当前现金流不足和保险保障欠缺等实际情况，结合一双儿女海外留学的刚需目标，指出现阶段家庭资产组合存在的瑕疵，与客户共同确认短期、中期、长期理财目标。在符合客户风险承受能力的前提下，合理设定假设条件并计算目标资金缺口，进而提出两种解决方案供客户选择。其间，穿插赡养父母、子女留学、监管政策、汇率走势、全球身份安排、海外信托架构、国际资本市场等多处知识点，结构清晰、文笔流畅，展示出较高的业务素养。

整份方案图文并重、有运算有说明，按TRUST"五步法"的要求做了些许文字调整，规划具有一定的合理性和前瞻性。

第十届杰出财富管理师技能竞赛

优秀方案与点评

　　第十届杰出财富管理师技能竞赛自 2018 年 12 月启动，共收到 54 家银行机构 1049 名银行从业人员的参赛申请，为进一步扩大技能竞赛的知名度和影响力，提高技能竞赛的评审水平，本届技能竞赛首次建立全国杰出财富管理师技能竞赛动态分级专家库，具体承担初赛、复赛和决赛评审及面试工作，并严格按照公开、公平、公正的原则进行评审。经过初赛、复赛和决赛三轮激烈比拼，最终产生甲、乙、丙三个组别的前三名。最终共有 60 人脱颖而出，斩获荣誉。

第十届杰出财富管理师技能竞赛优秀方案一

参赛者：　　　迟　芸　　　　送选单位：　　　渤海银行　　　

参赛组别：高端客户财富管理组别（客户流动资产值一百万美元或以上）

目　录

行政摘要

（一）客户基本信息

罗先生，今年40岁，企业家，自身创立并经营的企业从事农业科技行业，现担任某国内新媒体公司兼职董事。妻子黄女士，今年35岁，家庭主妇，无收入来源。儿子今年6岁。

（二）资产负债情况

1.资产

非流动性资产：长期股权投资，罗先生经营农业科技公司，为唯一股东，公司最新评估价值为6000万元；房产，自用房产，价值1000万元；厂房，现由罗先生公司无偿使用，价值500万元。

流动性资产：活期存款300万元、股票100万元、信托产品300万元。

2. 负债

罗先生个人及家庭均无负债。

（三）家庭收支状况

1. 收入

罗先生经营公司2018年分红税后200万元；新媒体公司兼职董事年薪税后48万元；规划前理财收入：活期存款收入0.36万元、股票收入5.5万元、信托产品收入24万元。

2. 支出

每年正常开销约58.8万元：家庭每月日常生活费用约为30000元，同时娱乐项目5000元，孝敬双方父母6000元，医疗费用2000元，儿子教育费用6000元。

（四）家庭理财目标

1. 多元资产配置规划

提高拥有资产的流动性融资需求，在确保流动性充足的前提下，尽量提高流动资产的收益。

2. 企业上市规划

罗先生经营的农业科技公司未来计划上市。

3. 构建夫妇养老规划

罗先生希望10年后退休，不再担任新媒体公司的董事，在自己企业也仅作为股东，保持现有的生活水平，同时赡养自己的父母终老。

4. 构建儿子教育和生活保障规划

希望准备一笔长期资金，14年后小孩可以在国外接受高等教育，为未来生活、教育等提供保障。

5. 健康诉求

希望每年家人每人可以接受体检一次。

6. 建立风险管理与保险规划

完善保险种类和额度的配置，确保家庭现有的生活品质不会受未来的经营风险和意外风险影响。

7. 完善家族信托安排

实现中长期目标财富及税收筹划。

（五）目标差距与客户建议

罗先生家庭主要财务指标看似处于较佳水平，但在经营、投资、保险等方面均存在不同程度的欠缺，拟根据理财目标逐项调整。

1. 经营方面

罗先生的公司存在股权高度集中、产品销售渠道议价能力不强等问题，建议通过优秀的商业计划书（BP）挑选合适的私募投资机构，利用私募投资机构专业的投资管理能力和增值服务，协助罗先生完成企业上市目标。

2. 投资方面

罗先生家庭完全没有负债，金融资产配置种类单一、收益率低。建议在合理的家庭负债比例下，提高生息资产金额，进行资产配置。另外，分别设立内地家族信托、香港离岸信托，结合遗嘱相关安排等，帮助罗先生全面实现家庭理财目标。

3. 保障方面

罗先生是家庭收入的唯一来源，为了保障家庭现在的生活品质，建议为罗先生增加大额寿险保单，通过重疾险、住院医疗险、意外险的保险组合形式有效实现风险的有效转移，并通过我行私人银行尊享增值服务定期体检。

最后关于罗先生原计划14后送儿子到国外接受高等教育的计划，建议调整儿子留学时间为10年后国内初中毕业，出国读高中，这更有利于申请国外更好的大学；届时罗先生和黄女士可以一并到国外享受高品质退休生活，同时陪伴孩子的成长，解决孩子出国留学的后顾之忧。

一、建立与客户的依赖关系

（一）客户背景及客户关系建立

罗先生是我行的私人银行客户，现年40岁，太太黄女士为全职太太，夫妻育有一名儿子，今年6岁。

罗先生担任兼职董事的国内知名新媒体公司是我行代发工资企业，我在为该公司高管办理贵宾卡时认识了他。其间我与罗先生建立了较为密切的关系。

（二）客户资产总值及投资兴趣

罗先生家庭总资产达8200万元：在国内拥有一处房产及厂房，名下公司最新评估价值为6000万元；经营企业年分红税后200万元，另有新媒体公司兼职董事税后年收入48万元，符合我行私人银行客户标准。

罗先生的农业科技公司在创始初期，罗先生作为单一股东公司可使唯一投资者最大限度地利用有限责任原则规避经营风险，实现经济效率最大化，降低经营成本，有利于高科技企业的发展。但随着5年来公司逐步发展壮大，加之罗先生人到中年，是其家庭收入的唯一来源且罗先生家庭的大部分资产都投资于公司发展，目前企业仍为单一股东，公司的财产和股东的财产容易混同，欠缺对罗先生家庭及其他债权人等相关群体的利益保护。《中华人民共和国公司法》第六十三条明确规定："一人有限责任公司的股东不能证明公司财产独立于股东自己的财产的，应当对公司债务承担连带责任。"我打算登门拜访罗先生，建议他尽快完成企业改制，隔离原有经营风险及企业改革面临的风险对其个人及家庭造成的影响，实现财富资产的稳健传承。

（三）会面前财务及市场信息准备

以我对罗先生的了解，其理财目标应该不外乎：公司发展上市、构建国际化资产配置规划、儿子教育和生活保障规划、养老规划等。因此，我精心准备了企业上市、保险金信托、海外信托、海外留学等相关背景资料，以便与罗先生的交谈更有针对性。

1. 上交所科创板及港交所创业板上市基本要求

上交所科创板设立了五种上市条件，根据不同市值下的发展形势、近况可以选择不同的门槛，即便尚未盈利也可以申请上市；香港创业板上市不设最低盈利要求，上市时最低市值无具体规定，创业板也未对盈利预测作出强制性规定。市值少于40亿港元的公司的最低公众持股数量须占25%，涉及的市值最少为3000万港元；上市时公众股东至少有100名。

2. 海外信托

海外信托又称"离岸信托"，由委托人与受托人签订契约，将委托人的财产转移至受托人名下，由受托人根据契约内容，为受益人提供信托利益。海外信托具备的四项主要功能，与罗先生理财目标的契合度较高：一是公私财产的安全隔离，二是节税效用明显，三是财富灵活传承，四是信息严格保密。

3.境内保险及保险金信托

保险金信托是以人寿保单或年金保单作为信托财产，由委托人与信托机构签订保险金信托合同，当被保险人身故并发生保险金赔付时，由保险公司将保险金赔付给受托人（即信托机构），由受托人依据信托合同的约定管理、运用，并按信托合同约定方式，在信托存续期及信托终止时，向信托受益人分配信托利益。

4.海外留学

罗先生儿子6岁，罗先生计划14年后将其送往国外接受高等教育。我收集了热门留学国家优势简评以及近两年中国学生出国留学的意向留学国家/地区学费，供其参考。

5.其他

此外，我还准备了我行私人银行业务的全面介绍，包括与我行有合作关系的国内外信托机构、寿险公司、律师事务所及税务师事务所、留学机构等的简介材料；我在日常工作中使用的PPT宣讲文件，系统地展示产品特点与规划模型；客户家庭资产负债表、家庭收支情况表、风险偏好调查问卷等制式文件，以便收集更新罗先生的家庭信息。

（四）面谈中抓住客户关注点，快速切入主题

每一位创业型企业家，都有一个做大企业的理想，而最终通过上市获得超额收益并实现财富自由，是一个比较好的选择。我给罗先生提出了创业型企业的上市建议，并比较了上交所科创板和港交所创业板上市的条件要求及分别的优劣势，与罗先生的想法不谋而合。而后我根据生命周期理论，明确罗先生的家庭理财目标，有针对性地制定理财方法与策略，罗先生也非常认同。为了更好地利用现在已有和将来可能拥有的资源，我希望罗先生能提供更多的个人资料以便我们进一步分析。

二、明确客户理财目标

（一）客户基本信息

1.家庭信息表（见表1）

表1　家庭信息

成员信息	罗先生	黄女士	儿子
年龄	40岁	35岁	6岁
职业	新媒体公司兼职董事，农业科技公司董事长	全职太太	幼儿园学生
国籍	中国	中国	中国
税后年收入	兼职董事税后年薪48万元/农业科技公司税后200万元	—	—
房屋租金收入	—	—	—
医疗保障	—	—	—
房屋情况	自住房产一套，自用厂房一处	—	—
计划退休年龄	50岁	—	—
预计寿命	85岁	85岁	—

2.家庭生命周期（见图1、表2）

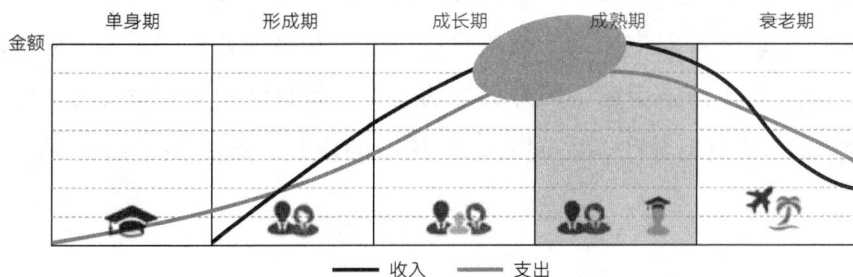

图1　家庭生命周期

表2　罗先生家庭生命周期

家庭周期	罗先生的家庭目前处于成长期（筑巢期）向成熟期（空巢期）过渡的时期。家庭成员数固定，儿子为适龄学生，家庭情况较好，太太全职在家。因罗先生计划十年后退休，预计家庭将于十年后步入成熟期
职业周期	收入主要来源为薪资收入及创业所得，此阶段罗先生事业将获得较好的发展，收入逐年增加，工作的热情高涨，开始考虑布局企业上市

财务特征	家庭的最大开支是生活费用、医疗保健费、教育费用。同时，随着子女的自理能力增强，自身精力充沛又积累了一定的工作经验和投资经验，事业发展和收入逐步攀升，家庭生命周期达到成熟期。到达成熟期后，可积累的资产将达到巅峰，要逐步降低投资风险，准备退休

（二）明确客户预期的理财规划目标

经过与罗先生沟通和商议之后，确定了家庭理财目标时间表（见表3）。

表3　家庭理财目标时间表

目标顺序	需求	距离时间	具体内容
短期目标	生活保障	1年内	建立流动性资产规划，保障日常生活质量；进行保险配置，全面家庭保障，并定期体检
中期目标	企业上市	5~10年	企业引入私募股权投资、上市地选择及上市后退出管理
	子女教育	10年	留学国家与留学方式的选择，做好留学规划
	养老需求	10年	未雨绸缪，做好养老安排，享受高品质生活
	子女婚嫁	20年内	子女的婚嫁金及生活保障规划
长期目标	财富传承	45年	一方面保障家族财富的稳健和增值；另一方面也要激励下一代，传承财富

关于罗先生原计划14年后送儿子到国外接受高等教育的计划，那个时候孩子20岁国内高中毕业，就罗先生的家庭情况而言有点晚了。我建议为了更好地培养孩子的学习能力、学习兴趣和最重要的创造力，可以在高中之前的基础教育阶段送小孩留学。最终罗先生采纳了我的建议，将子女出国教育的需求时间确定在10年后，这更有利于孩子申请到国外更好的大学。届时罗先生和黄女士还可以一并到国外享受高品质退休生活，同时陪伴孩子的成长，解决孩子出国留学的后顾之忧。

三、了解客户财务状况

通过深入交流，以及前期准备的客户家庭资产负债表、家庭收支情况表等制式文件，我全面收集更新了罗先生家庭的财务状况。

（一）家庭财务报表

根据之前搜集的罗先生财务信息，其家庭财务报表如表4、表5所示。

表4　家庭资产负债表（2019年6月20日）

资产	金额（元）	比重（%）	负债与权益	金额（元）	比重（%）
现金及活存	3000000	3.66	信用卡循环信用		
货币市场基金			企业应付账款		
流动性资产	3000000	3.66	流动负债		
银行理财			投资用房产贷款		
外币存款			金融投资贷款		
国内股票	1000000	1.22	投资负债		
寿险现金价值			汽车贷款		
信托投资	3000000	3.66	住房公积金贷款		
实业投资	60000000	73.17	自用房产贷款		
房产投资			自用负债		
投资性资产	64000000	78.05	**总负债**	0	0
自用房产当前价值	15000000	18.29	流动净值	3000000	3.66
其他自用资产价值			投资用净值	64000000	78.05
自用性资产	15000000	18.29	自用净值	15000000	18.29
总资产	82000000	100	总净值	82000000	100

表5　家庭现金流量表（2018年1月1日—2018年12月31日）

家庭所得项目	罗先生	家庭合计	占收入比重（%）	家庭支出项目	家庭合计	占支出比重（%）
企业经营所得（元）	2000000	2000000	71.98	日常生活费用（元）	360000	61.22
兼职工资收入（元）	480000	480000	17.27	赡养父母（元）	72000	12.24
理财投资所得（元）	298600	298600	10.75	医疗费用（元）	24000	4.08
房屋租赁所得（元）				教育支出（元）	72000	12.24
财产转让所得（元）				娱乐项目（元）	60000	10.20
偶然所得（元）				消费支出（元）	588000	100
其他所得（元）				理财支出（元）		
税后所得合计（元）	2778600	2778600	100	支出合计（元）	588000	100

（二）家庭财务指标分析

1.投资分类（见表6）

表6　投资分类

投资分类	占投资比率（%）	包括项目
流动性资产	4.48	现金/活存/货币市场基金
收益性资产	4.48	定存/债券/寿险现金价值/信托
成长性资产	91.04	股票/实业投资

2.家庭财务健康诊断（见表7）

表7　家庭财务情况

指标	定义	合理范围	实际比例	诊断分析
资产负债率	负债/资产	≤60%	0	家庭没有以负债取得的资产，家庭发生财务危机基本没有可能，但也说明运用外部资金的能力差，应适当增加负债
流动比率	流动资产/流动负债	>2	+∞	家庭无任何负债，流动性资金充足，短期偿债能力强
融资比率	投资性负债/投资性资产	≤50%	0	家庭无任何负债，在可控风险范围内，可适当通过杠杆投资增加理财收入
财务负担率	年供额/收入	≤40%	0	家庭无负债，财务负担率远远低于40%的临界水平，建议适当增加负债，未来即使利率上升，也仍可控制在安全范围内
财务自由度	年理财收入/年支出	20% ~ 100%	50.78%	目前的财务自由度较低，可以通过增加理财收入或降低支出来提高财务自由程度
紧急预备金倍数	流动资产/月支出	3 ~ 6	61.22	家庭紧急预备金倍数远超出正常区间，家庭中可能有过多的资金闲置，不利于资产增值
储蓄率	净储蓄/总收入	>25%	78.84%	家庭储蓄率较高，可适当调整储蓄与投资比例，获取更高收益
工作储蓄率	工作储蓄/工作收入	>20%	76.29%	家庭工作储蓄率在合理范围内，表明家庭获得收入或控制开支的能力较强，达成理财目标的机会大
自由储蓄率	自由储蓄额/总收入	>10%	78.84%	家庭自由储蓄率在合理范围，提高家庭实现自由梦想的可能性，达成理财目标机会大
生息资产比率	金融资产/总资产	>50%	8.5%	家庭生息资产比率过低，结构不太合理，需要制订合理的投资理财规划，稳健有效累积财富
平均投资回报率	年均利润/年均原始投资额	4% ~ 10%	4.27%	家庭平均投资报酬率较低，降低理财目标实现概率。建议增加投资性资产，并进行与客户风险属性相一致的资产配置
保险覆盖率	保单数量/人数	>10	0	家庭完全缺失保险覆盖，在风险发生时，无法给家庭带来保障，建议在保费预算内增加不同种类保单
保费负担率	保费/收入	5% ~ 15%	0	家庭保障指标远低于合理区间，家庭完全没有任何保险保障。建议在保费预算内适当加保，以应对家庭可能面临的风险

（三）财务诊断结论及建议

通过分析罗先生的家庭资产负债、收支和财产分布情况，可以看出目前罗先生的家庭财务状况还是存在一些问题，需要进一步调整。

一是家庭无负债，资产利用率偏低。建议可以适当增加合理负债，一方面提高资产的整体收益，另一方面在个人信用及企业信用方面得到良好的积累。

二是家庭生息资产比率及投资回报率低，家庭财务自由度偏低。目前罗先生家庭的支出较为合理，因此家庭财务自由度问题应着重在增加理财收入方面筹划改善。其中生息资产是总资产中最具活力的部分，建议调整资产结构，进行与风险属性相一致的资产配置，提升投资回报率，稳健有效累积财富，以实现家庭财务自由。

三是家庭的紧急预备金倍数超出正常区间近10倍，表明家庭中可能有过多的资金闲置，不利于资产增值。一般情况下，如家庭近期无重大支出，建议无须存有大量的现金储备，以3~6个月的生活支出额作为一个基本的现金储备即可。

四是家庭完全缺失保险覆盖，建议增加家庭成员的保障型保险，以应对家庭可能面临的风险。另外考虑到罗先生作为家庭目前唯一的经济支柱，建议在保费预算内优先给罗先生增加大额寿险。

总之，罗先生家庭总资产8200万元，其中非流动性资产占比超过90%，主要财务指标看似处于较佳水平，但因经营企业仍为单一股东企业，存在企业资产与家庭资产混同风险隐患。罗先生是家庭收入的唯一来源，企业经营的不确定性增加了家庭收入的不确定性，且存在家庭平均投资报酬率及家庭财务自由度等较低问题，均需要调整家庭资产结构，制订合理的投资理财规划，稳健有效累积财富。因此，罗先生家庭理财规划的当务之急是做好企业上市的规划设计，尽快完成企业资产与家庭财产的安全隔离；增加投资性资产配置，建立长效稳定的收入来源；全面增加保险保障、保险金信托和离岸信托等架构，附加遗嘱等形式，落实家庭资产配置和财富传承。

四、为客户构建理财方案

在全面听取并记录罗先生家庭情况和规划目标的基础上，我结合变量假设、产品特点和客户需求等多种因素，与客户逐项确认理财规划目标的合理性、可行性及拟采取的措施和方案，供其自行选择。

（一）经济形势预判及主要经济参数假设

本理财规划基于以下宏观经济和相关基本假设作出，如果假设发生变化，会影响目标实现的可能性。

1. 国内生产总值及通货膨胀率

国家统计局最新的数据显示，2018年第一、第二、第三、第四季度的经济增长率分别为6.8%、6.7%、6.5%和6.4%，2019年第一季度，中国国内生产总值（GDP）为21.34万亿元，环比增长速度仅为1.4%，增速进一步下滑。同时，先行指标显示，2019年5月中国制造业采购经理指数（PMI）为49.4%已跌破荣枯线。随着中国经济工业化的基本完成，以及城镇化的大幅推进，GDP增速放缓是相对确定的，将会呈现"L"形的曲线增长趋势，因此6%的增长率预计持续到2035年左右，5%的增长率预计持续到2050年左右。我国消费价格水平总体保持平稳，CPI同比涨幅大体呈现U形走势，在2%附近区间波动。综合考虑多种因素，预计2019年CPI同比将呈前高后低走势，全年通胀水平为2.2%左右。

2. 利率

目前全球已至少有15家央行采取了降息，全球宽松悄然而至。2019年的《政府工作报告》中提出，要继续深化利率市场化改革、降低实际利率水平，金融监管部门也正在积极调研推进存贷基准利率、实际市场利率并轨的可能性及其影响，可见利率并轨的推动落实已经进入政策制定阶段。因此，从长远来看，在保持经济增长和抑制通货膨胀的双重目标下，中国将继续执行相对宽松的稳健货币政策，降准是大概率事件，降低贷款利率也是市场普遍预期。

3. 汇率

2019年过去6个月，美联储的立场已经从加息的鹰派转向中性，现在又转向鸽派，市场预计美联储将于下月降息。受美联储降息预期影响，美元指数后市依然承压。美元走弱在一定程度上会减轻人民币的贬值压力，加之美联储降息预期的增强将使新兴市场资产的吸引力相对提升，有利于人民币汇率保持基本稳定。

4. 黄金

2019年5月以来，受国际贸易局势趋于复杂化的影响，叠加地缘局势冲突的加剧，市场避险情绪迅速升温；全球经济下滑预期增强，作为避险资产的黄金出现暴涨。各国央行大举净买入黄金，引发全球黄金价格持续上涨，预计金价仍有继续上行空间。

5. 资本市场

投资者出于对全球经济前景和贸易形势恶化的担忧，2019年5月美国三大股指连跌四周，区间跌幅近7%，欧洲股市跌至三个月低点。近期，由于美联储转向趋于温和的政策立场，全球经济仍有温和增长的空间，企业盈利增长将继续受到宏观因素支持，全球股市仍向好，新兴市场股票估值处于历史最低水平，印度和中国的增长前景继续为股票和债券投资者带来机会。不过投资者仍须保持审慎，因为考虑到风险因素，股市波动幅度可能会加剧。

6. 房地产

2016年10月以来，国家推进了租售并举、多渠道供给、多主体保证等相关措施来调控房地产价格，此番调控对一线城市来讲，效果是显著的，一线城市的房价维持了一年多的同比零增长，部分二手房价格则略微下跌。房地产行业红利期已过，预期房地产行业房屋价格未来基本处在温和上升区间。

7. 假设条件（见表8）

表8　假设条件

资产类型	预期收益率	标准差	数据来源
货币	3%	0.52%	一年期银行存款利率，2005—2019年
债券	6%	0.64%	中证全债指数，2005—2019年
股票	15%	19.34%	沪深300，2005—2019年
其他	0	0	

资产类型	相关系数			
	货币	债券	股票	其他
货币	1			
债券	0.4577	1		
股票	−0.4806	−0.1005	1	
其他	0	0	0	1

（二）健全保险保障规划，确保家庭收入现金流稳定

1. 保障型产品缺口计算

罗先生现年40岁，预计50岁退休，预计寿命85岁。黄女士35岁，预计寿命85岁。假设双方父母需要继续赡养10年。

儿子现年6岁，预计16岁出国留学，10年后研究生毕业，经济独立，按照留学

费用一年25万元测算。

根据遗属需求法计算保险产品的缺口，综合考虑家庭日常生活开支、子女教育、父母赡养等刚性支出，罗先生的保障缺口约为76万元，无法完全覆盖剩余家庭各成员未来生活需求缺口（见表9）。

表9　保险需求规划

项　　　目	折现率	3%
弥补遗属需要的寿险需求	罗先生	黄女士
家庭其他成员当前年龄	35	40
家庭其他成员的家庭生活费用出险后支出调整率：80%	144000	144000
家庭其他成员的个人收入	0	2480000
家庭年支出缺口	144000	（2336000）
家庭未来生活费准备年数	50	45
家庭未来缺口的年金现值	3816239	（58993984）
双方父母10年赡养费支出现值	720000	720000
儿子国内教育10年学费支出现值	720000	720000
儿子海外留学10年学费支出现值	2500000	2500000
家庭房贷余额及其他负债	0	0
家庭金融资产	7000000	7000000
遗属需要法应有的寿险保额	756239	（62053984）
目前已投保寿险保额	0	0
应加保寿险保额	756239	——

我们也要注意到罗先生的家庭所得主要来源于企业经营，占比超过80%，这是一种非稳定性收入，且罗先生一家即将步入家庭成熟期，随着年龄增大，抗风险能力逐渐减弱，为了保障家庭现在的生活品质，建议除为罗先生增加大额寿险保单外，更要为家庭成员提供重大疾病保障、住院医疗险、意外险的保险组合形式，以有效覆盖意外事件带来的风险，实现风险的有效转移。

2.保障组合方案设计

（1）医疗保障类

一旦发生重大疾病或严重意外，在经济上会给家庭造成损失。

治疗费用。治疗重大疾病，需要家属提前垫付大笔费用，且该费用还在逐年增加。以下是10类常见重大疾病治疗康复费用（见表10）。

风险发生后的收入损失。一旦发生大病或严重意外，一般需要2年的时间恢复，这期间家庭收入被迫中断，开支往往还要增加，因此投保给付型商业保险合理的额度应当至少补偿2年家庭收入。

表10　常见重大疾病治疗康复费用

序号	大病种类	治疗康复费用	备注
1	恶性肿瘤（癌症）	12万～50万元	CT、伽马刀、核磁共振等治疗项目为社保不报销或部分报销项目，同时80%以上进口特效药不在社保医疗报销范围内
2	急性心肌梗死	10万～30万元	需要进行长期的药物治疗和康复治疗
3	脑中风后遗症	10万～40万元	需长期护理和药物治疗
4	重大器官移植术或造血干细胞移植术	20万～50万元	心脏移植、肺移植不属于社保报销项目，器官移植后均须终身服用抗排斥药物
5	冠状动脉搭桥术（冠状动脉旁路移植术）	10万～30万元	冠状动脉造影属于社保部分报销项目，搭桥每条桥4万元，须进行长期药物治疗和康复治疗
6	终末期肾病	10万元/年	换肾或长期依赖透析疗法，透析费用属于社保部分报销项目
7	多个肢体缺失	10万～40万元	假肢3～5年须更换一次，并需要长期康复治疗
8	急性或亚急性重症肝炎	4万～5万元/年	该病并发症多，需要长期药物治疗
9	良性脑肿瘤	5万～25万元	需要长期的诊疗及药物治疗
10	慢性肝功能衰竭	3万～7万元/年	需要长期药物和护理治疗

罗先生家庭保单覆盖率为零，高端医疗险只需要少量的现金安排，就可以把自己不确定的健康风险转移给保险公司，同时享受一个高品质的医疗服务，不占用自有资金，保证资金的收益性，不失为一个明智之选。

（2）大额终身寿险

根据遗属需求法算出罗先生终身寿险的保额不低于76万元。鉴于罗先生家庭目前现金流量状况良好，从资产隔离以及财富传承角度来看，我建议罗先生的终身寿险保单增加保额至400万元，并成立保险金信托。详细规划见家族信托部分。

综上所述，针对罗先生目前家庭情况，按照终身寿险、重大疾病险、医疗险、意外险进行了综合配置，设计以下保障方案，年缴保费占目前家庭总收入约12%，总保额约为家庭年收入的10倍（见表11）。通过保险的杠杆作用满足罗先生家庭的人身、医疗、意外等多项保障需求的同时，兼顾了财富传承。罗先生对该组合保险规划表示认可。

表11 保障方案

姓名	投保险种	保额（万元）	保险期间	年缴保费（元）	缴费期间	保险责任简介
罗先生	××人寿终身寿险	375	终身	300000	10年	每年复利保额递增，身价年年高，保证家庭生活质量，兼顾风险隔离和财富规划
	××人寿重大疾病	200	终身	27420	30年	重疾100种+轻症50种，确诊一次性给付，豁免余期保费
	××人寿医疗保险	406	一年	509	可续保至100岁	补充一般医疗产生的费用
	××意外伤害保险	200	一年	42	可续保	不符合寿险给付条件的因意外导致半残
黄女士	××人寿重大疾病	200	终身	19380	30年	重疾100种+轻症50种，确诊一次性给付，豁免余期保费
	××人寿医疗保险	406	一年	405	可续保至100岁	补充一般医疗产生的费用
	××意外伤害保险	200	一年	42	可续保	不符合寿险给付条件的因意外导致半残
儿子	××人寿重大疾病	100	终身	4300	30年	初患保险条款中约定的重大疾病和身故
	××人寿医疗保险	406	一年	349	可续保至100岁	补充一般医疗产生的费用
合计		2493	—	352447	—	—

（三）资产配置规划与多元投资

1. 2019年下半年大类资产配置建议（见表12）

表12 大类资产配置建议

大类资产	细分资产	配置建议	配置理由
现金	货币	标配	经济下行压力仍在，持币观望，防御配置
股票	A股	低配	最差时候已经过去，逐步开始适当增加配置
债券	利率债	标配	宏观经济偏弱，债券配置机会仍存
	信用债	标配	信用债的风险收益比还合适
大宗商品	原油	低配	总需求放缓，工业品处于下行周期
	黄金	超配	抵御美国经济未来出现滑落的风险

建议适当减持美元资产（尤其是美股），加大黄金资产的配置。

由于美联储转向趋于温和的政策立场，全球经济仍有温和增长的空间，权益市场最差的情况可能已经过去。目前，新兴市场股票估值处于历史最低水平，因而建议在原先低配的基础上，可以开始适当增加一些权益配置。不过投资者仍须保持审慎，因为考虑到风险因素，股市波动幅度可能会加剧。

高配货币和债券，2019年"宽信用"政策对冲力度将持续加码，给信用债带来明确利好，2019年债市违约风险将有所缓解，在当前位置具有合适的风险收益比，可作为防御型资产加以配置。

2019年下半年房产销售变现持续困难，如果有限购政策的解除，反而会出现大量套现的卖盘，因而不建议在当前位置上将地产作为投资的配置。

2.加强资产配置规划，提升流动性资产收益

（1）现有金融资产配置（见表13）

表13　现有金融资产配置

风险程度	投资组合类别	风险等级	预期收益率（％）	金额（万元）	比例（％）
低风险	现金资产	1R	0.35	300	43
中风险	两年期固定收益信托	2R	8.00	300	43
高风险	A股票投资	4R	<15	100	14
合计			<4.94	700	100

数据来源：××银行挂牌利率及产品收益率；大类资产配置分析中，假设各类资产预期收益率。

罗先生家庭财富中金融资产配置种类单一，原有资产配置组合预期收益率仅为4.84%。建议增加投资性资产，并配置与其风险属性一致的资产，稳健有效累积财富。

（2）风险矩阵投资分析（见表14）

表14　风险矩阵

风险矩阵	风险能力	低能力	中低能力	中能力	中高能力	高能力
风险态度	工具	0～19分	20～39分	40～59分	60～79分	80～100分
低态度 0～19分	货币	70%	50%	40%	20%	0%
	债券	20%	40%	40%	50%	50%
	股票	10%	10%	20%	30%	50%
	预期报酬率	4.80%	5.40%	6.60%	8.10%	10.50%
	标准差	2.04%	2.06%	3.96%	5.89%	9.74%
中低态度 20～39分	货币	50%	40%	20%	0%	0%
	债券	40%	40%	50%	50%	40%
	股票	10%	20%	30%	50%	60%
	预期报酬率	5.40%	6.60%	8.10%	10.50%	11.40%
	标准差	2.06%	3.96%	5.89%	9.74%	11.66%

续表

风险矩阵	风险能力	低能力	中低能力	中能力	中高能力	高能力
风险态度	工具	0~19分	20~39分	40~59分	60~79分	80~100分
中态度 40~59分	货币	40%	20%	0%	0%	0%
	债券	40%	50%	50%	40%	30%
	股票	20%	30%	50%	60%	70%
	预期报酬率	6.60%	8.10%	10.50%	11.40%	12.30%
	标准差	3.96%	5.89%	9.74%	11.66%	13.58%
中高态度 60~79分	货币	20%	0%	0%	0%	0%
	债券	30%	50%	40%	30%	20%
	股票	50%	50%	60%	70%	80%
	预期报酬率	9.90%	10.50%	11.40%	12.30%	13.20%
	标准差	9.72%	9.74%	11.66%	13.58%	15.50%
高态度 80~100分	货币	0%	0%	0%	0%	0%
	债券	50%	40%	30%	20%	10%
	股票	50%	60%	70%	80%	90%
	预期报酬率	10.50%	11.40%	12.30%	13.20%	14.10%
	标准差	9.74%	11.66%	13.58%	15.50%	17.42%

投资性资产的配置重点是在可接受的风险范围内获得资本增值的机会。需要综合考虑客观的风险承受能力（年龄、家庭负担、投资规模、收入稳定性、投资经验与投资专业知识等因素）与主观的风险承受态度（冒险性格、可接受的本金损失、过去的投资绩效、赔钱的心理状态等因素）。风险承受能力和态度都是会随着客户主观和客观情况而发生变化的，因此为掌握客户目前的风险偏好，请罗先生填写客户风险偏好调查问卷，以便确认并印证其所属的投资者类型，以此帮助客户选择目标投资组合。

根据面谈沟通及风险评估结果，罗先生的风险能力评分为61分，对风险的态度评分为76分，是积极型投资者，此类投资者的主要理财目的是收获较高的收益及资本增值，可以承受一定的投资波动，但希望自己的投资风险小于市场的整体风险。有较高的收益目标，且对风险有清醒的认识。

根据表14所示的风险矩阵可见，适合罗先生的投资大类配置如表15所示。

表15 资产配置情况

投资工具	资产配置（%）	预期报酬率（%）	标准差（%）
货币	0	3	0.52
债券	30	6	0.64
股票	70	15	19.34
投资组合	100	12.3	13.56
最高报酬率	29.65	最低报酬率	−5.05

该投资组合的预期报酬率为12.30%，假设投资报酬率的分布为正态分布，在80%的置信水平下，预期投资组合的最高报酬率=预期报酬率+1.28×标准差，为29.65%；预期投资组合的最低报酬率=预期报酬率−1.28×标准差，为−5.05%，该组合未来的投资预期年化利率介于−5.05%～29.65%的实现概率为80%，最低报酬率为−5.05%，符合客户可忍受的本金损失在不超过25%的要求。

基于风险矩阵投资分析并结合2019年下半年大类资产配置建议，按照罗先生投资经验及对风险资产占比和资产流动性的需求，最后建议罗先生家庭投资组合大类资产配置为45%权益类、30%债券类、10%固定收益类、10%黄金、5%流动资金。根据市场情况，可重点选择一些绩优蓝筹股票、指数型股票基金、高收益的理财产品、优质信托计划等作为具体投资方向。

（3）可配置资产调整建议

根据罗先生家庭的财务信息，扣除3个月支出的紧急预备金147000元后，目前须配置投资（投资−既得权益−紧急预备金−短期负债−投资负债）金额为6853000元。

经了解，罗先生存在个人财产和公司财产混同问题，一方面企业经营中的流动性资金有部分是罗先生个人垫付，另一方面企业经营用的厂房是罗先生自有厂房为无偿使用。因此，建议企业可将罗先生个人垫资部分进行偿还，企业经营中的流动性资金可通过银行小企业经营性贷款来解决。为支持中小企业发展，银行推出的普惠金融小企业经营性贷款利率约为5.5%，金额可高达1000万元。我们可通过申请办理银行小企业经营性贷款，循环额度，来应对短期负债。这样在合理的负债比例下，不仅能提升家庭生息资产金额，增加资产的整体收益，还能积累企业信用方面，促进企业发展。关于目前罗先生自有厂房提供给自营农业科技公司无偿使用的情况，建议罗先生与企业签订厂房长期租约，参考市场价格月租金

30元/平方米，即每年列支厂房租金36万元为企业经营成本。房屋租赁要交纳营业税、城建税、教育费附加、地方教育附加、房产税、土地使用税、印花税和个人所得税等，预计罗先生厂房租金税后年收入约为30万元。此举不仅能增加罗先生家庭收入，还能为企业冲抵成本，达到节税的效果。

企业归还垫资约200万元，加上过去5年厂房租金收入约150万元，规划后罗先生家庭可配置资产提升至1035.3万元。

（4）调整后金融资产配置

综合上述，罗先生家庭投资组合大类资产配置及可配置资产调整的建议，最终罗先生家庭金融资产配置如表16所示。

表16　金融资产最终配置

投资大类	预期收益率（%）	投资工具	配置金额（元）	配置比例（%）
流动性资金	3	银行T+0理财	310590	3
		货币基金	207060	2
固定收益类	8	固定收益类信托	1035300	10
	5	银行固定期限理财	1035300	10
权益类	15	A股蓝筹股	1035300	10
		A股指数基金	2588250	25
债券类	6	债券基金	3105900	30
黄金	10	投资实物黄金	1035300	10
合计	10.35	—	10353000	100

此资产配置规划不仅符合罗先生投资经验，满足了罗先生对风险资产占比和资产流动性的需求，而且将未规划前家庭投资回报率由4.27%提升至10.35%，财务自由度指标也由40.81%大幅提升至182.23%，资产收益能完全满足普通日常生活需求，实现罗先生规划要求。

（5）生涯仿真分析

将罗先生家庭各项财务及投资组合等数据导入生涯仿真表（见表17、表18）。在不考虑股权现金退出的前提下，代入无风险利率后，理财准备各年度均为正数，此方案可行。代入无风险利率和根据风险属性算出的投资报酬率后，最后1年的理财准备对应约为可留下来的遗产下限和上限。生涯仿真表中理财准备无赤字，表示当年现金流量无缺口，可实现所有的理财目标，达成一生的收支平衡。罗先生退休时，所持有企业资产可直接进入家族信托。

表17 现金流预估表

项目	罗先生企业经营收入	罗先生兼职收入	日常支出	养育儿子	赡养父母	厂房收入	儿子海外留学	罗先生退休后夫妻生活费	终身寿保费支出	医疗险保费支出	理财准备
几年后开始	1	1	1	1	1	1	10	10	1	1	
首期现金流现值（元）	2000000	480000	（360000）	（72000）	（72000）	300000	（250000）	（360000）	（300000）	（52447）	10353000
持续期限（年）	50	50	10	10	10	50	10	40	10	30	
现金流增长率（%）	3	3	3	3	3	3	10	4	0	0	

表18 生涯仿真表

单位：元

几年后开始	罗先生企业经营收入	罗先生兼职收入	日常支出	养育儿子	赡养父母	厂房收入	儿子海外留学	罗先生退休后夫妻生活费	终身寿保费支出	医疗险保费支出	净现金流	IRR 理财准备	无风险利率 理财准备	投资报酬率 理财准备
期初现金流量											10353000	10353000	10353000	10353000
1	2060000	494400	（370800）	（74160）	（74160）	309000	0	0	300000	（52447）	1991833	#NUM!	12655423	13416369
2	2121800	509232	（381924）	（76385）	（76385）	318270	0	0	300000	（52447）	2062161	#NUM!	15097247	16867124
3	2185454	524509	（393382）	（78676）	（78676）	327818	0	0	300000	（52447）	2134600	#NUM!	17684764	20747471
4	2251018	540244	（405183）	（81037）	（81037）	337653	0	0	300000	（52447）	2209211	#NUM!	20424518	25104045
5	2318548	556452	（417339）	（83468）	（83468）	347782	0	0	300000	（52447）	2286061	#NUM!	23323314	29988375
6	2388105	573145	（429859）	（85972）	（85972）	358216	0	0	300000	（52447）	2365216	#NUM!	26388230	35457388
7	2459748	590339	（442755）	（88551）	（88551）	368962	0	0	300000	（52447）	2446746	#NUM!	29626623	41573973
8	2533540	608050	（456037）	（91207）	（91207）	380031	0	0	300000	（52447）	2530722	#NUM!	33046143	48407601
9	2609546	626291	（469718）	（93944）	（93944）	391432	0	0	300000	（52447）	2617217	#NUM!	36654744	56035005
10	2687833	645080	（483810）	（96762）	（96762）	403175	0	0	300000	（52447）	2706307	#NUM!	40460693	64540934
11	2768468	0	0	0	0	415270	（713279）	（554203）	0	（52447）	1863808	#NUM!	43358322	73084729

续表

几年后开始	罗先生企业经营收入	罗先生兼职收入	日常支出	养育儿子	赡养父母	厂房收入	儿子海外留学	罗先生退休后夫妻生活费	终身寿保费支出	医疗险保费支出	净现金流	IRR理财准备	无风险利率理财准备	投资报酬率理财准备
12	2851522	0	0	0	0	427728	(784607)	(576372)	0	(52447)	1865824	#NUM!	46710296	82514823
13	2937067	0	0	0	0	440560	(863068)	(599426)	0	(52447)	1862686	#NUM!	49974291	92917793
14	3025179	0	0	0	0	453777	(949375)	(623404)	0	(52447)	1853731	#NUM!	53327251	104388516
15	3115935	0	0	0	0	467390	(1044312)	(648340)	0	(52447)	1838226	#NUM!	56765295	117030954
16	3209413	0	0	0	0	481412	(1148743)	(674273)	0	(52447)	1815361	#NUM!	60283616	130959019
17	3305695	0	0	0	0	495854	(1263618)	(701244)	0	(52447)	1784241	#NUM!	63876365	146297519
18	3404866	0	0	0	0	510730	(1389979)	(729294)	0	(52447)	1743876	#NUM!	67536531	163183187
19	3507012	0	0	0	0	526052	(1528977)	(758466)	0	(52447)	1693174	#NUM!	71255801	181765821
20	3612222	0	0	0	0	541833	(1681875)	(788804)	0	(52447)	1630930	#NUM!	75024405	202209513
21	3720589	0	0	0	0	558088	0	(820357)	0	(52447)	3405874	#NUM!	80681011	226544072
22	3832207	0	0	0	0	574831	0	(853171)	0	(52447)	3501420	#NUM!	86602862	253492804
23	3947173	0	0	0	0	592076	0	(887298)	0	(52447)	3599504	#NUM!	92800452	283328813
24	4065588	0	0	0	0	609838	0	(922789)	0	(52447)	3700190	#NUM!	99284655	316353535
25	4187556	0	0	0	0	628133	0	(959701)	0	(52447)	3803541	#NUM!	106066736	352899667
26	4313183	0	0	0	0	646977	0	(998089)	0	(52447)	3909624	#NUM!	113158362	393334407
27	4442578	0	0	0	0	666387	0	(1038013)	0	(52447)	4018505	#NUM!	120571618	438063023
28	4575855	0	0	0	0	686378	0	(1079533)	0	(52447)	4130253	#NUM!	128319020	487532799
29	4713131	0	0	0	0	706970	0	(1122715)	0	(52447)	4244939	#NUM!	136413530	542237383
30	4854525	0	0	0	0	728179	0	(1167623)	0	(52447)	4362634	#NUM!	144868569	602721585
31	5000161	0	0	0	0	750024	0	(1214328)	0	0	4535857	#NUM!	153750483	669639126
32	5150166	0	0	0	0	772525	0	(1262901)	0	0	4659789	#NUM!	163022787	743606565
33	5304670	0	0	0	0	795701	0	(1313417)	0	0	4786954	#NUM!	172700424	825356798

续表

几年后开始	罗先生企业经营收入	罗先生兼职收入	日常支出	养育儿子	赡养父母	厂房收入	儿子海外留学	罗先生退休后夫妻生活费	终身寿保费支出	医疗险保费支出	净现金流	IRR 理财准备	无风险利率 理财准备	投资报酬率 理财准备
34	5463811	0	0	0	0	819572	0	(1365954)	0	0	4917428	#NUM!	182798865	915698655
35	5627725	0	0	0	0	844159	0	(1420592)	0	0	5051292	#NUM!	193334123	1015524758
36	5796557	0	0	0	0	869483	0	(1477416)	0	0	5188624	#NUM!	204322771	1125820195
37	5970453	0	0	0	0	895568	0	(1536512)	0	0	5329509	#NUM!	215781963	1247672094
38	6149567	0	0	0	0	922435	0	(1597973)	0	0	5474029	#NUM!	227729451	1382280185
39	6334054	0	0	0	0	950108	0	(1661892)	0	0	5622270	#NUM!	240183605	1530968454
40	6524076	0	0	0	0	978611	0	(1728367)	0	0	5774319	#NUM!	253163432	1695198009
41	6719798	0	0	0	0	1007970	0	(1797502)	0	0	5930265	#NUM!	266688601	1876581268
42	6921392	0	0	0	0	1038209	0	(1869402)	0	0	6090198	#NUM!	280779457	2076897628
43	7129034	0	0	0	0	1069355	0	(1944178)	0	0	6254210	#NUM!	295457051	2298110742
44	7342905	0	0	0	0	1101436	0	(2021945)	0	0	6422395	#NUM!	310743157	2542387599
45	7563192	0	0	0	0	1134479	0	(2102823)	0	0	6594847	#NUM!	326660299	2812119563
46	7790087	0	0	0	0	1168513	0	(2186936)	0	0	6771664	#NUM!	343231773	3109945602
47	8023790	0	0	0	0	1203569	0	(2274414)	0	0	6952945	#NUM!	360481671	3438777916
48	8264504	0	0	0	0	1239676	0	(2365390)	0	0	7138789	#NUM!	378434910	3801830220
49	8512439	0	0	0	0	1276866	0	(2460006)	0	0	7329299	#NUM!	397117256	4202648947
50	8767812	0	0	0	0	1315172	0	(2558406)	0	0	7524578	#NUM!	416555352	4645147691
											报酬率	#NUM!	3.00%	10.35%
											净现值			33758462

（四）企业上市规划

1. 企业上市流程

在我国，一般情况下，企业从筹划改制到完成发行上市总体上需要3年左右，主要包含重组改制、尽职调查与辅导、申请文件的制作与申报、发行审核、路演询价与定价及发行与挂牌上市等阶段。

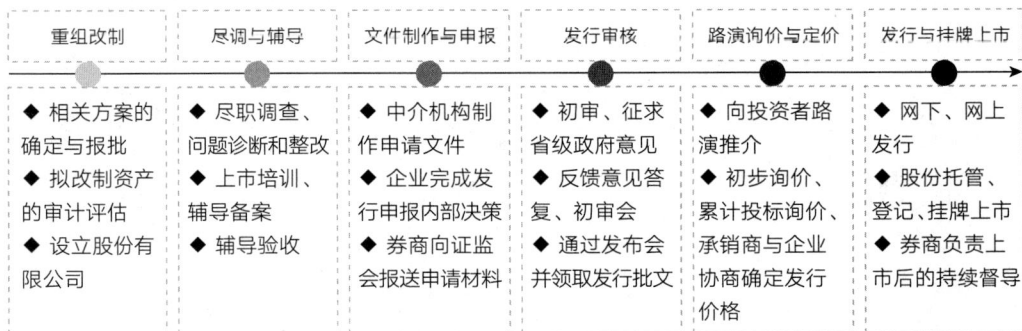

重组改制	尽调与辅导	文件制作与申报	发行审核	路演询价与定价	发行与挂牌上市
◆ 相关方案的确定与报批 ◆ 拟改制资产的审计评估 ◆ 设立股份有限公司	◆ 尽职调查、问题诊断和整改 ◆ 上市培训、辅导备案 ◆ 辅导验收	◆ 中介机构制作申请文件 ◆ 企业完成发行申报内部决策 ◆ 券商向证监会报送申请材料	◆ 初审、征求省级政府意见 ◆ 反馈意见答复、初审会 ◆ 通过发布会并领取发行批文	◆ 向投资者路演推介 ◆ 初步询价、累计投标询价、承销商与企业协商确定发行价格	◆ 网下、网上发行 ◆ 股份托管、登记、挂牌上市 ◆ 券商负责上市后的持续督导

图2　企业上市流程

企业改制上市是一项系统工程，需要企业与相关机构共同努力，主要涉及以下机构。

中介机构：主要包括保荐机构（有保荐业务资格的证券公司）、会计师事务所及律师事务所。企业一般须聘请保荐机构、会计师事务所、律师事务所、资产评估机构等专业中介机构协助完成改制上市相关工作。

证券监管机构：主要包括中国证监会、各地证监局。

地方政府：主要包括地方政府、行政职能部门及当地金融办。在上市过程中，企业须地方政府及相关部门协调解决股权形成的合法性认定，各种无重大违法行为的证明及认定，土地相关审批、国有股划转的协调等问题。在证监会审核时，省级人民政府还须对是否同意发行人发行股票出具意见。

交易所：沪深证券交易所，承担企业改制上市培育、组织董秘与独董培训、上市后续监管等职责，在推动企业上市方面也发挥着重要作用。

由此可见，上市是极其专业而复杂的，需要积极筹划才有可能实现。对于罗先生公司目前的状况而言，公司虽然经营状况良好，但公司存在股权高度集中、产品销售渠道议价能力不强等创业型企业普遍问题。因此，建议罗先生引进专业的私募投资机构，协助公司优化股权结构，提高公司治理水平，解决产品销售渠道议价问题。除此之外，私募投资机构还提供优化财务与内控制度、企业融资增值服务、行业信息与技术支持、战略规划与经营管理增值服务、业务与市场开拓增值服务、董事会指导、危机公关支持等多方面的增值服务。

2.引入私募投资机构

（1）私募投资机构关注点

私募股权投资考察企业的重点：项目所属行业或产业是国家政策鼓励支持的；拟投资企业在细分行业市场中排名前列，具备龙头潜力；拟投资企业目标清晰，吸引投资的投向具体且对企业发展有利；拟投资企业进入快速成长的拐点；拟投资企业产权明晰，3年内无重大违法违规记录；拟投资企业管理团队稳定，优势互补，是行业中的专家。对于以上考察重点，罗先生的农业科技企业基本都满足，因此我们需要帮助罗先生得到合适的投资者。

（2）选择私募股权投资机构

根据清科2018年中国股权投资年度排名，如果引进企业上下游的产业投资者，且持股比例超过5%，并与公司有交易行为，则须对关联交易进行核查并充分披露；如果引进财务投资者，企业应对自身有合理定位与估值，避免签署对赌协议；对拟引进的私募投资机构须做合理审慎的调查，避免被迷惑。私募股权投资模式主要包括增资扩股投资、股权转让投资及其他投资方式，建议罗先生选择股权转让方式，将自己的一部分股份让渡给私募投资机构，以增加现金流，提高综合收益。但让渡股份的比例不宜超过50%，确保罗先生退休前对公司的控制权。

3.上市地的选择

我们通过对科创板、香港市场、纳斯达克市场在企业上市条件、上市成本、融资效率等方面的比较分析，为罗先生的企业选择最佳上市地（见表19）。

表19　科创板、香港主板、纳斯达克三地上市全对比

市场	上市条件			上市成本		融资效率		
	行业定位	发行制度	上市指标	时间成本	财务成本	IPO融资定价	再融资原则	持股锁定期
科创板	精准针对科技创新	趋向成熟	针对快速成长期	最快6个月	相对较低	趋向市场化	一次一审	较严格
香港主板	宽泛	成熟	针对快速成长期	9～12个月	相对较高	市场化	一次授权，多次募集	较宽松
纳斯达克	宽泛	成熟	全周期	6～9个月	相对较高	市场化	一次授权，多次募集	较宽松

科创板市场5套上市指标中最低市值要求为预计市值不低于人民币10亿元，最近两年净利润均为正且累计净利润不低于人民币5000万元，或者预计市值不低于人民币10亿元，最近一年净利润为正且营业收入不低于人民币1亿元。香港主板市场三项财务准则中最低市值要求为市值/收入测试/现金流量测试：上市时市值至少为20亿港元、经审计的最近一个会计年度的收益至少为5亿港元、新申请人或其集团拟上市的业务于前3个会计年度的现金流入合计至少为1亿港元；香港创业板上市不设最低盈利要求，但一般须显示有24个月的活跃业务和须有活跃的主营业务，在活跃业务期，须有相同的管理层和持股人，上市时的最低市值无具体规定，但实际上市时不能少于4600万港元，创业板虽然未对盈利预测作出强制性规定，但发行人必须明确其主营业务在未来两年内的整体发展详情。纳斯达克市场吸引大盘蓝筹企业的全球精选市场四项标准中最低市值要求为不低于1.6亿美元、总资产不低于8000万美元、股东权益不低于5500万美元，而吸引中等规模企业的全球市场及吸引规模较小、风险较高企业的资本市场，其上市指标要求更低。可以看出，科创板及香港创业板市场相对而言，更加偏向于助力处于快速成长期的科技创新型企业对接资本市场、融资发展，也相对更适合快速成长的罗先生公司尽快上市的计划。

另外，罗先生提到过计划10年后退休，届时仅作为公司股东，即罗先生在公司上市后有明确的减持计划。因此从锁定期情况来考虑，A股的锁定期相对于香港市场、纳斯达克市场来说，时间较长。科创板要求遵守交易所有关减持方式、程序、价格、比例以及后续转让等事项的规定。按A股相关规定，控股股东和实际控制人，上市交易之日起36个月不得转让，且上市时未盈利的科创公司，股份锁定期还会适当延长，具体期限由交易所规定。香港主板市场锁定期仅要求控股股东在公司上市之日起6个月内不得转让，7~12个月内不得丧失控股地位。纳斯达克市场的锁定期或限售期一般为6个月。

综上所述，香港市场不仅在锁定期上更切合罗先生的退休计划安排，而且香港作为境外市场，罗先生公司在香港上市后，罗先生家庭即拥有了境外资产，更有利于罗先生家庭资产全球化配置和实现罗先生退休后定居境外与陪读的理财目标。

4.香港创业板上市

建议公司在香港创业板上市时选择发行红筹股。红筹上市公司指在境外注册成立的控股公司(一般的做法是在香港或英属的三个群岛:百慕大,维尔京群岛,开曼群岛),作为香港上市个体,申请发行红筹股上市。红筹公司在境外注册,控股股东的股权在上市后6个月可流通;上市后的融资如配股、供股等股票市场运作灵活性最高。一般来说,红筹上市的基本构架如图3所示。

在英属维尔京群岛设立BVI公司。收购方和被收购方在合并前后不能有任何的股权变动。在收购后,境内公司的所有运作基本上完全转移至BVI公司。对BVI公司增资,再与境内公司股东进行股权转让,境内公司变为BVI公司的全资子公司。BVI公司在开曼群岛或百慕大群岛注册成立一家离岸公司作为日后在香港挂牌上市的公司。

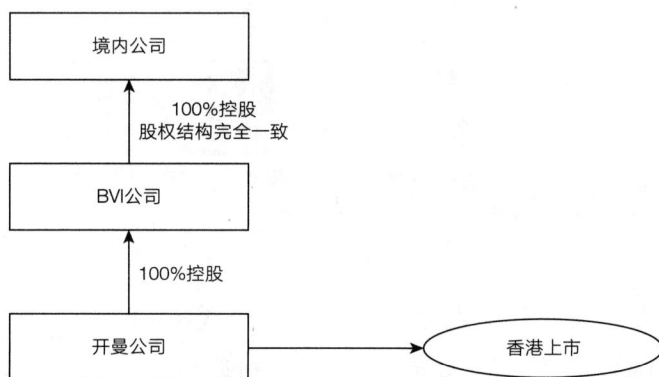

图3　红筹上市基本构架

(五)完善家族信托安排,实现中长期目标财富及税收筹划

2018年起中国开始CRS交换,中国个人及其控制的公司在56个国家和地区开设的银行账户信息(截至2016年底的信息)将会主动呈报给中国税务机关,其中包含避税天堂:百慕大、英属维尔京群岛(BVI)、开曼群岛、塞舌尔、卢森堡等。因此建议将罗先生家庭的境内资产及香港上市公司资产,通过资产的国际化配置思路,分别设立内地家族信托、香港离岸信托,结合遗嘱相关安排等,帮助罗先生全面实现家庭理财目标。

1. 内地家族信托规划

家族信托计划将财产从委托人名下转移给受托人,并以信托意愿书的形式来执行对财富的支配。可撤销信托还可以提供随时改变意愿内容的机会,从而保证信托计划的灵活性。信托计划中最具个性化的部分是信托意愿书,它真正体现了客户的个性化需求。

鉴于保险规划中为罗先生配置了保额为400万元的终生寿险保单，可设置保险金信托。所有权的转移是风险隔离的基础条件。根据《中华人民共和国信托法》，设立信托后，委托人死亡或者依法解散、被依法撤销、被宣告破产时，当委托人不是唯一受益人的，信托存续，信托财产不作为其遗产或者清算财产。这不仅可避免企业经营风险累及家庭，还能避免我国未来可能征收的遗产税对财产的影响。万一遇到意外，保险金赔付至信托，由信托投资管理，按照罗先生既定的受益分配方案执行，可确保家人维持生活品质，并且能赡养父母、养育后代。家族信托项下单独设立儿子生活教育基金，为儿子未来的教育和生活提供专项保障（见图4）。

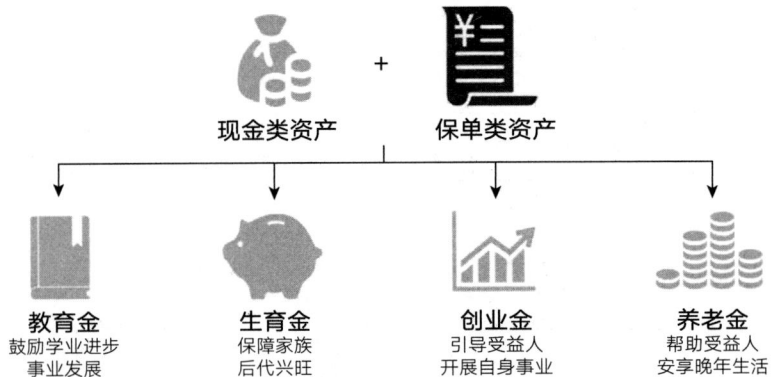

图4　家族信托规划

2.香港离岸信托规划

与其他海外信托常设地相比，香港拥有完善的法律制度、发达的金融体系、良好的税收环境，香港信托尽管起步较晚，但更高的灵敏度、更通明的权责分配，使香港在全球信托版图中更具合作力。鉴于罗先生公司可选择香港创业板上市，综合考虑后，初步决定选择香港作为离岸信托设立地。

受托人通过在香港注册设立的离岸信托对罗先生在开曼成立的离岸公司资产实施管理，还可抵御CRS的穿透。按照"离岸信托+离岸公司"模式架构设计，以我行合作的境外信托公司为受托人，罗先生作为委托人，黄女士作为保护人能够更为有效地规避婚姻风险所导致的对信托资产的争议。罗先生的家人及后代将按照罗先生和黄女士的信托契约分配或受益，可以有效隔离婚姻风险，隔离公司与家族资产风险，防止后代争产反目成仇，避免复杂继承程序，可以有效将股份传继依然保证家族的控股权，也可以避免高额税收。离岸信托的设立和执行将由我行与合作的评估机构、律师事务所和境外信托公司共同完成（见图5）。

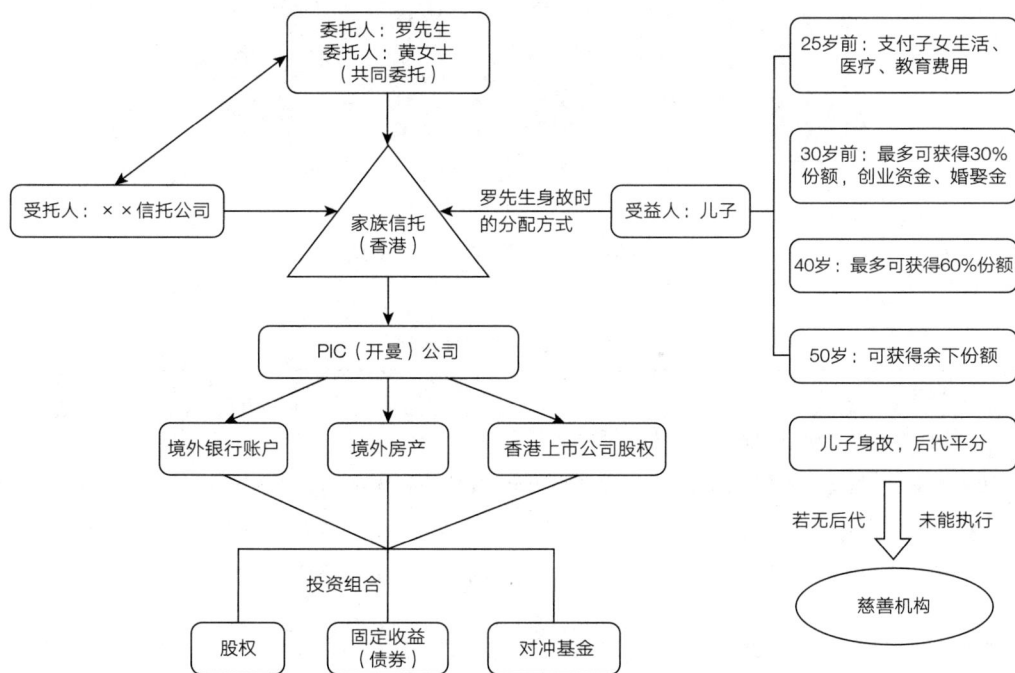

图5　离岸信托规划

3. 遗嘱安排

按照相关规定，家庭现金资产无须登记，但是非现金资产如固定资产一定需要登记才能生效。而中国尚未建立有效的信托登记制度，因此罗先生所持有的国内房产，需要通过遗嘱来进行安排。

（六）儿子教育留学及罗先生退休规划

近两年中国学生出国留学的热门国家/地区优势简评以及费用（见图6、表20），按照规划，罗先生儿子未来的教育和生活费用将由家族信托项下设立的儿子生活教育基金提供专项保障。目前，罗先生儿子年龄尚幼，建议等小孩上初中时，与专业移民留学中介机构交流后，结合罗先生儿子的学习、志向等实际情况，再做选择。

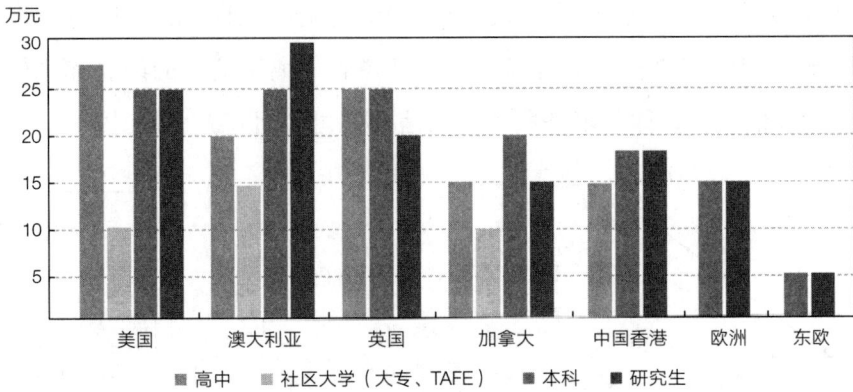

图6　主要留学地区留学年度总费用对比

表20　主要留学国家优劣

主要国家	优势
美国	教育质量领先，拥有最优秀的大学和专业资源，是出国留学的首选国家
澳大利亚	教育质量闻名海外，文凭全球认可。移民国家，毕业可移民
加拿大	热门留学国家中性价比最高的选择，留学费用低，毕业有工作签可移民
英国	教学制度严谨，课程紧凑，获取学位时间相对较短，降低了留学总费用
新西兰	低廉的留学费用，宽松的移民政策，留学、就业、移民一步到位

按照前期沟通，儿子10年后留学，罗先生10年后也将退休，届时罗先生公司完成境外上市，可利用公司境外股权分红或减持变现资金在儿子留学地购置境外物业，这样罗先生和黄女士可以在国外享受高品质退休生活，同时陪伴孩子的成长，解决孩子出国留学的后顾之忧，并且境外物业可纳入离岸信托作为家族财富传承的一部分。

五、及时管理客户的理财计划

（一）风险提示

该理财方案是基于根据目前的市场情况作出的一些假设制定出来的，这些假设会随着国家经济形势的变化而发生变化，比如，物价水平、证券市场的波动、经济增长率的变化、汇率的变动、国家的房地产调控政策等，这些都会对理财方案产生一定的影响。

生活支出除了受物价水平影响外，还要考虑未来生活品质提高、教育、医疗、保健等方面的支出，这些支出将会不断增加，会影响其他目标的实现。

客户在执行本方案时，应该遵循理财师的意见，理财师会定期与客户对方案进行调整，如果客户单方面修改或不遵照执行，也会产生一定的风险。

（二）后续服务

理财目标的实现是理财方案理论联系实际的过程，根据理财师提供的建议，由客户作出最终的选择并确定最终的理财方案。自客户接受理财方案之际，财富管理师就成为客户终生的朋友，我们所要做的工作包括以下方面。

提供境外股市、黄金、外汇、大宗商品等投资品种的实时信息和专业研报。理财师也应当将一些理财信息和投资信息及时告知客户，以便客户随时把握市场的脉动并及时作出合理的判断。

提供持续畅通的信息服务平台。罗先生可以随时通过电话、短信、微信、邮件等方式与理财师保持联系，普通问题当场解决，重要事宜2个工作日内回复。

私人银行尊享增值服务。罗先生作为我行私人银行客户，将持续享受我行提供的以下尊享增值服务：

个性化高端医疗服务：全省专家预约诊疗服务、每年全家免费体检服务、电话医生等；

高端旅行定制服务：个性化旅行行程策划与安排，签证、保险等简便办理通道等；

不定期开展联谊活动，密切与客户的情感交流。我行不定期组织私人银行客户活动，例如，参加理财讲座、太极养生、红酒品鉴、境内外旅游等，满足客户的实际需求，令客户在放松身心的同时，拓展人脉、寻求商业机会，增强银行与客户之间的情感交流。

（三）财富规划的持续服务

财富管理师的职责是准确评估客户的财务需求，并在此基础上提供高质量的财务建议和长期的定期检讨服务。财富管理师会时时关注理财规划方案的运行状况，每季度对客户理财方案的执行情况进行一次例行检查，并主动以电话形式对客户进行回访，及时了解客户的需求变化；除常规性的服务提醒外，当出现足以影响规划方案执行的财务异动或重大变化时，理财师在第一时间主动联系客户，进行深入沟通，根据需要及时调整或重新制作理财规划报告书。

涉及第三方的专业服务人员每季度提供一次书面执行报告，至少每6个月约见客户一次，对实施情况进行全面追踪和报告，提供财富管家式的贴身服务。任何问题均可随时咨询财富管理师。

方案点评

杨 刚
/ 中国建设银行财富管理与私人银行部 /

该方案思路开阔、逻辑性强，表现出很强的专业性，具体体现在以下几个方面。

一是根据案例提供的客户基本情况，设定了较全面的家庭理财目标，提出保险和家族信托的相关建议，展现了超出预期的专业能力。

二是针对企业上市需求，方案假设了客户公司产品销售渠道议价能力不强，从而为方案后续分析及结论设定框架，提出的建议都比较有说服力。

三是方案多方位考虑了客户经营企业可能对个人家庭方面的影响及风险，提出家族信托计划安排，符合案例设定的实际情况，方案具有较强的针对性，如得到客户认可和配合，具有实际操作性。

四是该方案在合规和向客户充分揭示风险的前提下，充分考虑了当下的宏观经济形势，相关财务分析和现金流分析等量化分析具有较强逻辑性和可行性。

五是方案体现了财富管理师与客户关系维护的一般规律，从而为其提出咨询建议打下较好基础，是一份令人信服的规划。

第十届杰出财富管理师技能竞赛优秀方案二

参赛者：　　　张一川　　　　送选单位：　　　北京农商银行　　　

参赛组别：一般财富管理组别（具备两年以下之财富管理工作经验）

目　录

行政摘要

李女士今年31岁，京籍，24岁研究生毕业后加入一家医药行业的外企从事财务工作，目前已工作7年。李女士的丈夫陈先生今年32岁，京籍，24岁研究生毕业之后加入一家外企从事行政工作，夫妻膝下有一个儿子（5岁）面临幼升小。夫妻双方父母均已退休在北京生活，身体健康。

李女士税后年薪276000元，陈先生税后年薪108000元，两人公司的年度奖共计30000元，投资收入34000元。家庭年度支出方面，总开销为108000元，其中日常开销24000元，子女教育费用9600元，医疗保健费用2400元和机动开支72000元。李女士家庭具有一定的保险意识，每年支出10260元用于交纳家庭人身保险费，车险每年保费4000元。

家庭现有金融资产900000元，包含银行存款800000元，股债混合型基金100000元。实物资产共计4350000元，其中包含家庭居住房屋3200000元，闲置房屋1000000元以及自用汽车150000元。两套房贷均已还清，目前家庭无负债。

李女士家庭理财目标包括房屋购置、日常开支、子女教育、父母赡养、家庭保障、退休规划以及购车、旅行计划。其中，购房计划开始时间为2032年、购车计划为2023年并每8年置换一次，其余理财目标均从当前开始。李女士为达到既定目标按照当前方式进行投资（年化收益率3.78%），通过生涯仿真表测算，李女士家庭将于2033年出现家庭累计金融资产为负的情况。

结合李女士的风险测评结果及家庭情况，将李女士的投资分为三个阶段，每阶段年化投资收益率分别为7.58%、5.98%及4.26%，同时为了避免意外、疾病等情况发生对家庭资产的影响，为李女士家庭做保险规划，每年李女士及陈先生工资收入的15%用于保险产品配置，以应对不确定事件的发生。

为保障李女士家庭的理财目标能够实现，根据测算，建议李女士金融资产中的25.89%投资于货币基金、42.15%投资于债券型基金、23.94%用于股票型基金投资，剩余的8.02%用于另类及其他投资。在基金选择方面，结合不同产品的特点，在兼顾流动性、收益性及风险性的前提下为李女士进行推荐。

同时，建立日常维护机制及定期检讨及方案优化机制，通过定期沟通了解李女士及家庭的最新情况，并及时依据信息，调整财富规划方案。

一、建立与客户的信赖关系

（一）如何获得客户的信任

李女士最初是我行的普通客户，在支行附近的一家外企上班，经常利用午休时间办理业务，李女士缺乏相关金融知识，家庭金融资产以储蓄为主。通过前期了解，在2018年我建议李女士可以尝试基金投资，并为其挑选了一只股债混合型基金。

李女士采纳了我的建议，投资了10万元，经过1年的时间，基金收益达1万元，这让李女士感到欣喜。而在此过程中，我经常向李女士分享市场走势，李女士对我逐渐产生信任，与此同时李女士也在思索以往的投资方式是否合理，在一次闲谈中李女士获知我行的贵宾理财服务可以帮助客户提供专业的财务诊断和理财规划服务，便向我咨询希望获得更专业的财富管理方案。

（二）客户基本信息收集

得知李女士的诉求后，为了提供更加确切的财富管理方案，我邀请李女士进行基本信息的梳理，从李女士的家庭情况、资产情况、投资偏好等方面进行了解。

1. 家庭情况

李女士今年31岁，京籍，24岁研究生毕业后加入一家医药行业的外企从事财务工作，目前已工作7年。李女士的丈夫陈先生今年32岁，京籍，24岁研究生毕业之后加入一家外企从事行政工作，夫妻膝下有一个儿子（5岁）面临幼升小。夫妻双方父母现均已退休在北京生活，身体健康。李女士家庭成员基本信息如表1所示。

表1　家庭成员信息

姓名	年龄	性别	角色	职业	预计退休年龄
李女士	31	女	本人	外企财务人员	60岁
陈先生	32	男	丈夫	外企行政人员	65岁
儿子	5	男	儿子	幼儿园	—
李父亲	60	男	李女士父亲	退休	—
李母亲	58	女	李女士母亲	退休	—
陈父亲	57	男	陈先生父亲	退休	—
陈母亲	57	女	陈先生母亲	退休	—

2. 资产情况

通过与李女士沟通，李女士家庭资产构成及分类如表2所示。

表2　家庭资产构成及分类

类别	类型	产品金额（万元）	综合预期收益率（%）
金融资产	银行存款	80	3
	股债混合型基金	10	10
	合计	90	3.78
实物资产	家庭居住房屋	320	0
	闲置房屋	100	0
	车辆	15	0
	合计	435	0
总计		525	0.65

3. 投资偏好

李女士最初主要通过银行储蓄来管理家庭金融资产，随着她对金融投资知识的进一步了解，开始尝试投资我行代销的股债混合型基金，这说明客户具备一定的风险承受能力。结合其实际情况，目前的投资方式相对保守，建议李女士尝试稳健型及平衡型的投资方式，以确保家庭金融资产可以稳健增值。

（三）准备与客户相关的背景资料及市场信息

1. 了解李女士所处行业背景

李女士就职于医药行业的一家外企从事财务工作，外资药企在中国市场虽存在不适应情况，但相比于全球其他市场，中国市场依然是快速增长的。通过横向对比可知，跨国药企在我国的增长远超在欧美市场的增长率。2018年《政府工作报告》指出，将支持社会力量增加医疗等服务供给。同时，要推动形成全面开放新格局，进一步拓展开放范围和层次，其中包括对外资扩大医疗领域的开放，这对于外资来说是个积极的信号。随着政策的改变，在中国的跨国药企依然会在中国进行投资，这是整体的趋势。

2. 子女教育相关资讯

李女士注重子女教育并对儿子抱有很大期望，李女士正为儿子入读小学做准备，并希望他在国内完成高中学业后留学美国进行本科及研究生的学习，得到此信息后，我查询了相关教育咨询供李女士参考，表3所示为2019USNEWS美国综合排名前30的名校基本情况（排名存在并列情况）。

表3　2019USNEWS美国综合性大学排名

排名	学校名称	学费/年（美元）	录取率	SAT均分	ACT均分
1	普林斯顿大学	47140	0.06	1430～1570	31～35
2	哈佛大学	50420	0.05	1460～1590	32～35
3	哥伦比亚大学	59430	0.06	1450～1580	32～35
3	麻省理工学院	51832	0.07	1490～1570	33～35
3	芝加哥大学	57006	0.09	1480～1580	32～35
3	耶鲁大学	53430	0.07	1420～1590	32～35
7	斯坦福大学	51354	0.05	1390～1540	32～35
8	杜克大学	55960	0.1	1410～1560	31～35
8	宾夕法尼亚大学	55584	0.09	1420～1560	32～35
10	约翰霍普金斯大学	53740	0.12	1460～1580	33～35
10	西北大学	54567	0.09	1420～1560	32～35
12	加州理工学院	52362	0.08	1530～1590	34～35
12	达特茅斯学院	55035	0.1	1430～1560	30～34
14	布朗大学	55656	0.09	1405～1570	31～35
14	范德堡大学	49816	0.11	1440～1570	32～35
16	康奈尔大学	55188	0.13	1390～1550	31～34

续表

排名	学校名称	学费/年（美元）	录取率	SAT均分	ACT均分
16	莱斯大学	47350	0.16	1490～1580	33～35
18	圣母大学	53391	0.19	1370～1520	32～34
19	加州大学洛杉矶分校	41294	0.16	1240～1500	27～33
19	圣路易斯华盛顿大学	53399	0.16	1470～1570	32～34
21	艾茉莉大学	51306	0.22	1350～1520	30～33
22	乔治敦大学	54104	0.16	1350～1520	30～34
22	加州大学伯克利分校	43232	0.17	1300～1530	29～34
22	南加州大学	56225	0.16	1300～1500	30～34
25	卡耐基梅隆大学	55465	0.22	1430～1560	32～35
25	弗吉尼亚大学	48891	0.27	1310～1500	29～33
27	塔夫斯大学	56382	0.15	1410～1540	31～34
27	密歇根大学安娜堡分校	49350	0.27	1330～1500	30～33
27	维克森林大学	53322	0.28	1260～1440	28～32
30	纽约大学	51828	0.28	1290～1490	29～33
30	加州大学圣塔芭芭拉分校	42486	0.33	1240～1470	26～32
30	北卡罗来纳大学教堂山分校	35169	0.24	1260～1440	27～32

根据查询结果，目前美国排名前30的名校中，每年学费均值为35万元人民币，留学期间生活费用开支为15万元人民币，预计留学每年费用为50万元人民币。美国国家教育统计中心（National Center of Education Statistics）的数据显示，在过去10年美国大学每年学费平均上涨4.02%。

3. 房地产市场未来走向

在与李女士的交谈中，其透露过关注房地产市场的情况，根据这个讯息我调查了近两年房地产市场整体趋势，供李女士参考。回顾2018年房价走势，受房地产去库存以及棚户区改造的双重影响，三、四线城市的房价同比上升，但受限购政策的影响，一、二线城市的房价趋于平稳，部分城市的房价出现回落。预计2019年房地产市场将整体回落，三、四线城市受去库存及棚户区改造的影响将逐步减弱，而一、二线城市将持续受到偏紧的信贷政策、限价、限购政策影响。

对于房地产企业而言，银行信贷及非标的监管等多项政策，也将提高房地产企业获得资金的门槛，这也意味着房地产投资增速下降的可能性较大。

4. 宏观市场情况和基本假设（见表4）

表4　基本假设

类别	指标	假设数据
通货膨胀	居民消费价格指数（CPI）	2.20%
经济增长	国内生产总值（GDP）增速	6.30%
工资水平	社平工资	7855元
	社平工资增长系数	6.52%
退休金相关信息	退休金缴费比例	8.00%
公积金相关信息	公积金缴费比例	12.00%
	最高缴费金额	2827.8元
	公积金账户存款利息	1.50%
购置房屋相关信息	2019年、2020年房价涨幅	0%
	2021年之后	3%
	房贷利率	5.39%

2019年，我国经济发展面临的国际形势发生明显变化，中美经贸摩擦给中美两国甚至全球经济发展带来很大的不确定性；主要经济体的货币政策对包括我国在内的发展中国家的货币政策形成掣肘。从国内来看，投资、消费需求增速的回落叠加外需增速掉头将对经济增长带来的一定的下行压力。综合上述分析预测2019年GDP增速保持6.3%。

2018年，我国消费价格水平总体保持平稳。预计2019年新的个税标准落地等将对CPI形成一定支撑，而中美经贸摩擦对我国CPI的影响较为有限且非常间接。预计2019年CPI同比将呈前高后低走势，全年通胀水平为2.2%左右。

2019年房子已不再是很好的投资方式。"房子是用来住的，不是用来炒的"这是国家对房价调控的中心思想。在这个基调的影响下，所有的政策都是围绕让房子回归居住属性而出台的。预计未来两年房价将保持平稳。在房地产市场调整以后，人们对房地产估值回归正常水平，预计2021年后房价会按照略高于CPI的速度增长，此处估计为3%。

5. 客户及家庭发展基本假设

工资收入是李女士家庭的主要收入来源，而李女士及陈先生均在外企工作。结合行业特点等综合因素考虑，预计未来5年李女家庭收入将以3%的速度进行增长，预计在5年以后（2024年）李女士家庭收入将进入平稳阶段，收入增长率也将下调至2.2%，李女士个人数据假设如表5所示。

表5　个人数据假设

预测项目	预测值	预测依据
第一阶段薪酬年增长率（2019—2024年）	3%	根据政策及所处行业未来前景综合预测
第二阶段薪酬年增长率（2024年之后）	2.20%	政策红利将会随时间逐渐减弱，最终与通货膨胀率一致
李女士退休年龄	60岁	根据渐进式延迟退休方案测算
陈先生退休年龄	65岁	根据渐进式延迟退休方案测算
当前平均预期寿命	76岁	国家统计局数据
预测李女士、陈先生终老年龄	80岁	根据国家统计局数据并结合环境及医疗条件预估
赡养费支出增长	2.20%	CPI增长率
国内子女教育支出	2.20%	CPI增长率
美国留学学费增长	4.02%	美国国家教育统计中心数据
北京住宅租金增长率	9.23%	Wind数据
汽车价格指数	1.29%	Wind数据

6. 金融产品收益率预测

根据历史数据对市场中各种投资产品收益率进行假设，为资产配置提供数据支持（见表6）。

表6　金融产品收益率假设

资产类型	预期收益率（%）	标准差（%）	数据依据
货币	3	0.05	目前货币市场工具利率
债券	4.15	7.95	上证国债指数
股票	11	23	沪深300指数

（四）与客户的沟通

在与李女士会面时，为了给客户留下良好的印象，并得到客户的信任，我遵循TOPS原则与李女士展开沟通。

T（信任，Trust）：通过市场分析为李女士提供基金投资建议并获得10%的年化收益率，李女士对我的专业能力表示认可，并且此次为李女士提供财务诊断和理财规划，没有以产品为导向，而是以其家庭情况、理财目标作为财富规划的依据，这一举动得到了李女士的信任。

O（机会，Opportunity）：在沟通过程中，在谈及子女教育及职业规划等问题时，我抓住机会适时地将我准备好的数据资料与李女士分享，这给李女士留下了良好的印象。

P（痛苦，Pain）：李女士希望供儿子出国留学，但是缺乏资金的概念，当我分享完关于留学教育的数据资料后，李女士被这笔巨额的开支所震撼。并且在我们的谈论过程中，我了解到李女士为自己及家人购买了多份保险，但是其中部分产品并不适合李女士及其家人，这都给李女士带来了压力。

S（解决方案，Solution）：当李女士感到压力之后，我告诉李女士，她所遇到的问题可以通过财务诊断和理财规划解决。为了最大限度地帮助其实现目标，首先需要了解李女士及其家人的财务数据及理财目标，只有得到详尽的数据和明确的目标才可以准确地做好测算，李女士表示同意并配合我的工作。

二、明确客户理财目标

（一）获取客户财务数据了解客户理财需求

在建立良好信任关系并获得客户认可的基础上，运用FORM法则，结合客户背景和相关市场信息，梳理并量化理财目标。

F（家庭，Family）：了解客户子女即将入读小学的情况后，通过相关教育信息的收集，拉近与客户的关系。此外，鉴于李女士对子女教育的长久规划，可以在后续工作中持续关注教育领域，为李女士提供更全面的建议。

O（事业，Occupation）：了解客户所处行业后，收集相关市场信息并与客户共享，体现了服务的专业性。

R（娱乐，Recreation）：通过对兴趣爱好的沟通，建立共同话题，在加深与客户联系的同时，更全面地了解客户的风险承受意愿。

M（财富，Money）：通过沟通可以了解客户目前的财富情况和未来的资产配置需求，为客户资金的后续使用规划建立数据基础，从而帮助我更准确地为客提供理财规划建议。

（二）明确李女士家庭具体的理财目标（见表7）

表7 家庭具体的理财目标

序号	类别	理财目标	量化目标	需求明确度	开始时间	影响时间
1	房屋购置	购买复式/联体别墅	李女士希望在未来能够购买一套更宽敞的复式或联体别墅，计划在孩子完成高中学业之后开始购房计划	中	2032年	25年
2	日常开支	日常消费	李女士日常消费主要由水、电、煤、通信、家庭用品花销、医疗保健费用及日常改善生活质量的机动开支三方面组成	强	当前	终身
3		应急备用	为防范突发事件，应预留部分资金应急备用，按照每月开支的6倍来计算，按照当下的生活开支计算，应预留54000元作为应急周转	强	当前	当前
4	教育开支	教育开支	客户为子女教育规划：小学至高中在国内就读，高中毕业后将子女送到美国留学深造，直到完成研究生学业	强	当前	19年
5	父母赡养	生活费用支出	双方父母均已退休并有退休金，夫妻二人尽赡养义务每年支出4.8万元给双方父母，为保证赡养费购买力不变，赡养费按照通货膨胀率增长	强	当前	18年
6	保障计划	退休计划	李女士希望在退休后拥有和现状相差无几的生活水平，所以假设未来生活开支按当前支出为基数，结合不同阶段增长率进行计算	强	当前	终身
7	其他目标	购车计划	因汽车折旧，李女士家庭每8年须购置新车，作为日常代步工具，汽车价格保持在20万元的水平。首次购车时间为2023年	中	2023年	每8年购置
8		旅行计划	李女士计划从2020年开始每年有1次长途旅行及1～2次短途旅行，花费控制在1.5万元，持续到70岁，假设通货膨胀率为2.2%	低	2020年	2057年

三、了解客户财务状况

（一）家庭财务报表

1.资产负债表（见表8）

表8　家庭资产负债表

2018年12月31日　单位：万元

资产	李女士	陈先生	夫妻共同	合计	比重（%）	负债	李女士	陈先生	夫妻共同	合计	比重（%）
现金及活存	0	0	0	0	0	小额消费信贷余额	0	0	0	0	0
流动性资产	0	0	0	0	0	消费性负债	0	0	0	0	0
定期存款	0	0	80	80	13.54	投资性房产贷款余额	0	0	0	0	0
理财	0	0	0	0	0	投资性负债	0	0	0	0	0
股票	0	0	0	0	0	住房按揭贷款	0	0	0	0	0
投资型基金	0	0	10	10	1.69	自用性负债	0	0	0	0	0
住房公积金账户	33.98	15.55	0	49.53	8.38						
个人养老金账户	11.33	5.18	0	16.51	2.79	总负债	0	0	0	0	0
房地产投资	0	0	0	0	0						
其他投资性资产	0	0	0	0	0						
投资性资产	45.31	20.73	90	156.04	26.40	净值	李女士	陈先生	夫妻共同	合计	比重（%）
自用房产当前价值	0	0	420	420	71.06	流动净值	0	0	0	0	0
自用汽车当前价值	0	0	15	15	2.54	投资用净值	45.31	20.73	90	156.04	26.40
自用性资产	0	0	435	435	73.60	自用性净值	0	0	435	435	73.60
总资产	45.31	20.73	525	591.04	100	总净值	45.31	20.73	525	591.04	100

2. 家庭收支表（见表9）

表9 李女士家庭收支表　统计时间2018.01.01—2018.12.31

单位：万元

收入项目	李女士	陈先生	夫妻共同	合计	比重（%）
工资薪金收入（税后）	276000	108000	30000	414000	92.41
劳务报酬收入	0	0	0	0	0
稿费及版权费收入	0	0	0	0	0
工作收入	276000	108000	30000	414000	92.41
利息收入	0	0	24000	24000	5.36
金融投资收益	0	0	10000	10000	2.23
资产租赁收入	0	0	0	0	0
理财收入	0	0	34000	34000	7.59
总收入	276000	108000	64000	448000	100

支出项目	李女士	陈先生	夫妻共同	合计	比重（%）
生活费支出	0	0	24000	24000	19.63
医疗保健支出	0	0	2400	2400	1.96
子女教育、抚养支出	0	0	9600	9600	7.85
其他支出	0	0	72000	72000	58.89
生活支出	0	0	108000	108000	88.34
贷款本金支出	0	0	0	0	0
保障性保费支出	8300	1200	4760	14260	11.66
理财支出	8300	1200	4760	14260	11.66
总支出	8300	1200	112760	122260	100

（二）家庭财务现状诊断

根据家庭财务报表，对李女士家庭财务状况进行了分析，分析结果如表10所示。

表10　家庭财务状况

编号	衡量指标	计算公式	数据	合理范围
1	资产负债率	总负债/总资产	0	20% ~ 60%
2	平均投资报酬率	年投资收入/生息资产	2.18%	3% ~ 10%
3	紧急预备金倍数	流动资产/生活支出	0	3 ~ 6倍
4	保费收入比	保费支出/收入	3.18%	5% ~ 15%
5	工作储蓄率	（税后工作收入−生活支出）/税后工作收入	73.91%	>30%
6	财务自由度	年投资收入/年支出	27.81%	20% ~ 100%
7	税后消费率	生活支出/税后总收入	24.11%	<50%

根据表10数据进行分析，可以得出如下结果：

李女士家庭的资产负债率过低，没有贷款等负债融资渠道，根据李女士的家庭情况及能力，应当适当增加杠杆。

李女士家庭的平均投资报酬率相对较低，通过家庭资产负债表可以看出，李女士家庭投资性资产过多集中于银行储蓄存款，投资途径相对单一。

李女士家庭没有留存流动性资产以应对短期的资金周转、应急支出，紧急预备金倍数为0，正常应为生活支出的3 ~ 6倍，李女士应适当提高该比例。

保费收入比为3.18%，保障力度不能满足家庭需求。如出现意外情况，子女教育、换房需求、父母养老等方面产生的经济负担会明显提升，为了提高家庭抗风险能力，建议李女士加大保险产品的配置。

（三）家庭理财目标及财务缺口分析

根据李女士及家庭的未来理财目标，通过计算得出李女士为完成目标所需的资金。

1.购房需求

根据李女士的理财目标，李女士及陈先生名下有两套住房，一套价值320万元，另一套价值100万元（闲置），希望在未来购买一套更宽敞的复式或联体别墅，但李女士及陈先生不符合北京市"首套房"贷款要求，如须贷款购买，首付比例将高达80%，目前李女士家庭财务情况无法满足此目标，并且鉴于别墅通常远离市区，而李女士儿子即将入读小学，不适宜搬家至郊区，所以将此购房需求纳入长期理财目标规划，计划在李女士儿子完成高中学业后购买房屋，当前李女士目标房屋价格（含税）约为1000万元，此前预计2019年、2020年房价不会发生巨大改变，在2021年后会按照3%的增长率缓慢回升，故预计2032年，目标房屋价格为1557.96万元，而届时李女士自有房屋价格分别为498.55万元及155.80万元（总计654.35万元）。

按照北京市房屋购买政策，并且假设政策不变的情况下，李女士及陈先生名下有两套装房，虽已还清贷款但是鉴于2010年7月15日出台的北京二套房认定标准，按"认房又认贷"标准审查，李女士如购买此复式或联体别墅，将属于二套房，并且此房产属于非普通住宅，总房款1557.96万元，其中首付比例80%即1246.37万元，为凑齐首付款，李女士及陈先生须将名下两套住房出售，可出售金额为654.35万元，其余部分用李女士家庭金融资产补充。可贷款金额为总房价的20%，贷款金额311.59万元，贷款年限25年，按照目前5年以上按揭贷款利率4.9%的基础上浮10%，上浮后利率为5.39%。

根据PV=311.59，n=25，i=5.39%，FV=0，计算得出PMT=−22.98，即李女士在2033年时将房子置换，并在未来的25年每年支付22.98万元偿还贷款。

2. 日常消费开支

李女士日常消费主要由水、电、煤、通信、家庭用品花销，医疗保健费用及日常改善生活质量的机动开支组成，当前开支金额及假设增长率如表11所示。

表11 家庭日常消费开支

日常消费开支项目	当前消费开支金额（元）	增长假设		备注
水、电、煤、通信、家庭用品花销	24000	2.20%		开支增长率与通货膨胀率保持一致
医疗保健费用	2400	2020—2031年	3%	随着年龄的增加，医疗保健费用开支增长率逐步上升
		2032—2047年	5%	
		2048—2068年	10%	
机动开支	72000	2020—2031年	5%	随着年龄的增加，家庭用于改善生活的机动开支增长率将逐步降低
		2032—2047年	4%	
		2048—2068年	3%	

3. 教育开支

在国内教育阶段，通过查询北京市平均教育费用得到当期每年学费，留学阶段费用按前文所述计算，并假设国内学费增长按照通货膨胀率2.2%计算，留学费用增长率为4.02%。李女士儿子目前5岁将于明年上小学，如果完全按照李女士的规划完成学业，根据假设子女教育支出如表12所示。

表12　子女教育支出

教育阶段	费用（元）	增长率（%）	年数	金额（元）
小学	6200	2.20	1	6200.00
			2	6336.40
			3	6475.80
			4	6618.27
			5	6763.87
			6	6912.68
初中	8880		7	10118.55
			8	10341.16
			9	10568.67
高中	10778		10	13109.81
			11	13398.22
			12	13692.98
本科	500000	4.02	13	802365.41
			14	834620.50
			15	868172.24
			16	903072.77
研究生	500000		17	939376.29
			18	977139.22
合计				5435282.83

4. 赡养支出

2019年，李女士夫妇双方父母赡养费为4.8万元，目前双方父母年龄平均58岁，根据国家统计局数据，当前平均预期寿命为76岁，为保障赡养费的购买力不会减退，按照通货膨胀率2.2%进行增长。截至2036年，双方父母平均76岁时家庭累计支出赡养费合计为104.62万元。

5. 保费支出

李女士及陈先生是家庭重要经济收入来源，同时也肩负子女教育及赡养老人的义务，为保障家庭的安全稳定，李女士需要增加保障以应对未来的不确定性。

保费占收入比例的合理范围应为5%～15%，依据李女士家庭情况，建议李女士家庭应将工资收入的15%用于购买保险，根据测算，李女士家庭2019年应将5.93万元用于为自己及家人购买保险，且随着李女士家庭收入增长，保费支出同比例增加。

6.购车支出

汽车对于李女士家庭来说，主要是日常代步使用，目前李女士拥有一辆价值15万元的汽车且已使用2年，计划5年后将现有汽车置换，购买一辆价格水平为20万元的汽车，并且汽车作为一项长期消费支出，假设李女士及陈先生每8年置换一辆汽车，且汽车残值为5万元现值。购车支出如表13所示。

表13　购车支出

购买汽车 价格水平 （元）	汽车购买 时间	N年后购买	汽车购买价格 （元）	被置换汽车残值 （元）	购买汽车净支出 （元）
200000	2024年	5	213237.14	53309.29	159927.86
	2032年	13	236262.84	59065.71	177197.13
	2040年	21	261774.89	65443.72	196331.17
	2048年	29	290041.78	72510.44	217531.33

（四）客户风险承受能力分析

在进行沟通后，为了更好地为李女士提供合理的投资建议与理财规划，对李女士的风险承受能力及承受风险的意愿进行量化分析（见表14、表15）。

表14　风险承受能力表

分值	5分	4分	3分	2分	1分	得分
年龄：31岁	总分50分，25岁以下者50分，每多1岁少1分，75岁以上者0分					44分
家庭年收入状况	50万元以上	20万～50万元	10万～20万元	5万～10万元	5万元以下	4分
家庭负担	未婚	双薪无子女	双薪有子女	单薪有子女	单薪养三代	3分
置业状况	投资不动产	自宅无房贷	房贷<50%	房贷>50%	无自宅	4分
投资经验	10年以上	6～10年	2～5年	2年以内	无	2分
投资知识	非常了解	熟悉了解	比较了解	略有了解	不了解	2分
总分						59分

表15　风险承受态度表

忍受亏损百分比	5分	4分	3分	2分	1分	得分
10%	不能容忍任何损失0分，每增加1%加1分，可容忍>25%得25分					10分
预期报酬率	25%以上	10%~25%	5%~10%	3%~5%	3%以下	3分
认赔动作	预设停损点	事后全停损	卖掉一部分	补仓等反弹	持有待回升	4分
可忍受亏损时间	5年以上	2~5年	1~2年	1个月~1年	1个月以下	3分
考虑层因素	短线价差	长期利得	分红收益	对抗通胀	保本保息	2分
避免工具	无	衍生品	股票	债券	银行理财产品	4分
总分						26分

李女士的风险承受能力得分59分，风险承受态度26分，属于"中能力-中态度"的投资者。风险矩阵如表16所示。

表16　风险矩阵

风险态度	风险能力	低能力	中低能力	中能力	中高能力	高能力
	工具	0~19分	20~39分	40~59分	60~79分	80~100分
低态度 0~9.5分	货币	70.00%	50.00%	40.00%	20.00%	0.00%
	债券	20.00%	40.00%	40.00%	50.00%	50.00%
	股票	10.00%	10.00%	20.00%	30.00%	50.00%
	预期报酬率	4.03%	4.26%	5.06%	5.98%	7.58%
	标准差	3.93%	5.51%	7.80%	10.89%	15.48%
中低态度 10~19.5分	货币	50.00%	40.00%	20.00%	0.00%	0.00%
	债券	40.00%	40.00%	50.00%	50.00%	40.00%
	股票	10.00%	20.00%	30.00%	50.00%	60.00%
	预期报酬率	4.26%	5.06%	5.98%	7.58%	8.26%
	标准差	5.51%	7.80%	10.89%	15.48%	16.98%
中态度 20~29.5分	货币	40.00%	20.00%	0.00%	0.00%	0.00%
	债券	40.00%	50.00%	50.00%	40.00%	30.00%
	股票	20.00%	30.00%	50.00%	60.00%	70.00%
	预期报酬率	5.06%	5.98%	7.58%	8.26%	8.95%
	标准差	7.80%	10.89%	15.48%	16.98%	18.49%
中高态度 30~39.5分	货币	20.00%	0.00%	0.00%	0.00%	0.00%
	债券	30.00%	50.00%	40.00%	30.00%	20.00%
	股票	50.00%	50.00%	60.00%	70.00%	80.00%
	预期报酬率	7.35%	7.58%	8.26%	8.95%	9.63%
	标准差	13.90%	15.48%	16.98%	18.49%	19.99%
高态度 40分以上	货币	0.00%	0.00%	0.00%	0.00%	0.00%
	债券	50.00%	40.00%	30.00%	20.00%	10.00%
	股票	50.00%	60.00%	70.00%	80.00%	90.00%
	预期报酬率	7.58%	8.26%	8.95%	9.63%	10.32%
	标准差	15.48%	16.98%	18.49%	19.99%	21.50%

根据测评结果，并结合李女士的投资情况，我对李女士的投资作出如下建议。

1. 增加权益类投资的比重

李女士目前投资以储蓄为主，少部分资金投资于股债混合型基金，投资品种比较单一，此情况相较于李女士的实际情况偏向保守，应适当加大权益类投资，如股票型基金或者混合型基金，由专业的基金管理者进行专业化运作。

2. 适当投资银行短期理财

银行短期理财产品主要投向货币市场和债券市场，符合李女士的资产配置需求，同时兼具流动性和收益性，能够帮助李女士在保证短期资金周转需求的前提下，获得高于银行储蓄存款的收益率。

3. 建立体系化的保险机制

李女士目前保险投保情况存在如下问题。

首先，保额明显不足，根据"双十法则"通常寿险保额应为被保险人税后年薪的10倍，而意外险通常是寿险保额的2倍，即被保险人税后年薪的20倍，李女士及家人的保额明显不足。

其次，险种购买不足，李女士家庭目前仅有寿险和意外险，而未购买重疾险、医疗险，应将险种配置齐全，以保障未来的不确定性。

最后，产品选择不恰当，李女士家庭购买的意外险保费为每年1200元，保额为25万元，保额不足且保费相对较高，建议换购其他合适的产品以满足李女士家庭的需求。

四、为客户构建理财方案

（一）李女士家庭保险规划

根据之前的分析，李女士家庭所投保险不能够满足家庭需要，为了能够给李女士及陈先生提供更详尽的理财规划，需要为李女士及陈先生测算保额需求。

首先，测算人寿保险保额，根据"双十法则"，王女士税后年薪为27.6万元须投保保额为276万元，陈先生税后年薪为10.8万元须投保保额为108万元。

其次，综合意外险保额通常为寿险测算保额的2倍，因李女士有团体意外险，保额为月薪的4倍，即团体意外险保额为9.2万元，所以李女士还需要意外险保额

552万元，陈先生意外险投保保额216万元。

再次，重疾险保额应为年收入的3~5倍，因为家庭主要收入来源是夫妻二人的工资收入，为了达到保障的目的，按5倍工资收入为夫妻双方配置重疾险，李女士保额为138万元，陈先生保额为54万元。同时李女士为了给儿子增加保障，为其投保，保额为20万元。

最后，应购买医疗保险，重疾险主要用于因疾病丧失劳动能力且康复阶段花费，相对保费较高，为提高保障力度应购买消费型医疗保险，用于出险时医疗费用的支出。夫妻双方分别投保，保额为100万元。

依据前文假设，保费支出合理范围应为李女士及陈先生工资收入的15%，从2019年开始投保至李女士60岁，依此计算得出李女士家庭未来所交保费合计应为244.25万元。

（二）各阶段理财目标分析及规划方案

可以将李女士家庭的理财目标分为三个阶段，分别对三个阶段的收入及支出情况进行分析，各阶段需求如图1所示。

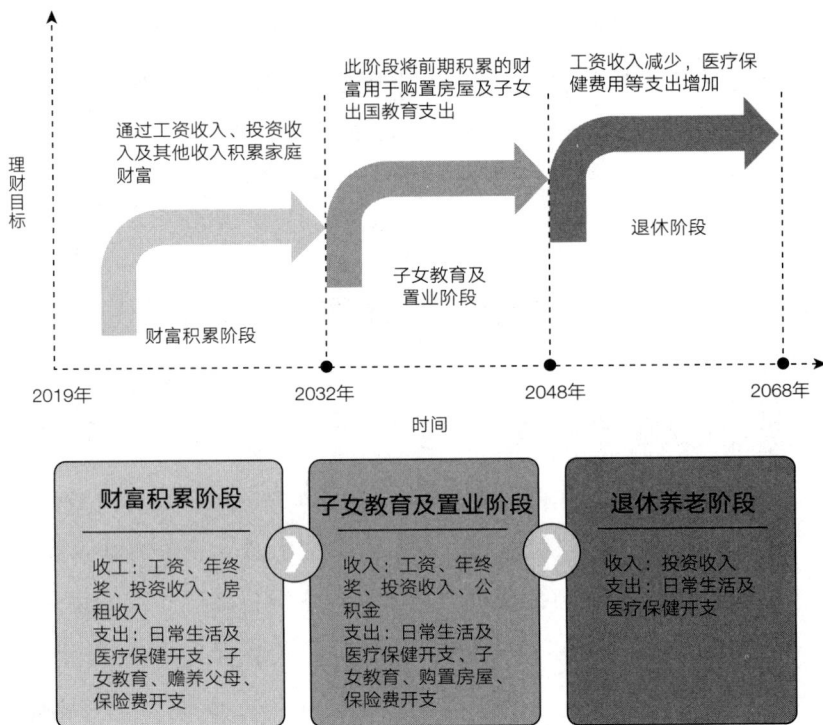

图1　各阶段需求

根据李女士的风险承受能力及态度，李先女士在财富积累阶段（2019—2030年）会按照"中能力—中态度"进行资产配置；但随着李女士年龄的增加，风险承受能力及态度都会有所改变，在子女教育及置业阶段（2031—2046年）客户的风险承受能力及态度会变为"中能力—中低态度"；退休阶段，李女士个人投资按照"中低能力—低态度"进行配置（见表17）。

表17 各阶段投资产品收益率

工具	2019—2030年（13年）	2031—2046年（16年）	2047—2067年（20年）
	中能力—中态度	中能力—中低态度	中低能力—低态度
货币	0	20%	50%
债券	50%	50%	40%
股票	50%	30%	10%
预期收益率	7.58%	5.98%	4.26%
标准差	15.48%	10.89%	5.51%

1. 第一阶段——财富积累阶段（2019—2030年）

此阶段为李女士与陈先生的财富积累阶段，李女士家庭收入来源包括夫妻双方的工资收入、年终奖、投资收入以及房租收入。其中房租收入为李女士有一套长期闲置的老房子，将该套房屋进行出租所得。期初每月房租收入为3000元，按照北京市住宅租金年增长率9.23%增长。

投资收入方面，按照李女士的风险承受能力及态度，李女士属于"中能力—中态度"，在此阶段适合的投资收益率为7.58%。按照上一年累计余额进行投资，计入当年投资收入。

在支出方面，此阶段相对简单，主要为日常生活开支，其中包括：水、电、煤、通信、日常开支，医疗保健及机动开支；子女教育费用为国内小学、初中及高中的费用；以及李女士家庭车辆置换费和旅游开支等。

当年结余由李女士及陈先生当年各项收入合计减去当年各项支出合计所得，累计余额由上一年度余额加上当年的结余所得（见表18）。

表18 第一阶段收入、支出情况

阶段	第N年	年份	李女士年龄	陈先生年龄	收入（万元）李女士收入	陈先生收入	年终奖	投资收入	其他收入	李女士公积金账户提取年增加额	陈先生公积金账户提取年增加额	李女士公积金账户提取	陈先生公积金账户提取	李女士退休金账户提取	陈先生退休金账户提取	支出（万元）水电煤	子女教育费用	医疗保健费用	机动开支	购房首付支出	购房支出	赡养	保险费	购车	家庭旅游开支	期初结余（万元）当年结余（万元）	累计余额（万元）90
增长率及备注			2.20%			2.20%	3%	3.78%	—	—	—	—	—	—	—	2.20%	—	3%	5%	—	—		工资收入15%	—	2.20%	—	—
第一阶段（13年）7.58%	0	2018	31	32	27.60	10.80	3.00	3.40	0.00	—	—	—	—	—	—	2.40	0.96	0.24	7.20			0.00	1.43	—	0.00	32.57	122.57
	1	2019	32	33	28.43	11.12	3.09	9.29	3.60	—	—	—	—	—	—	2.45	0.62	0.25	7.56			4.80	5.93	—	1.50	32.42	154.99
	2	2020	33	34	29.28	11.46	3.18	11.75	3.93	—	—	—	—	—	—	2.51	0.63	0.25	7.94			4.91	6.11	—	1.53	35.72	190.71
	3	2021	34	35	30.16	11.80	3.28	14.46	4.30	—	—	—	—	—	—	2.56	0.65	0.26	8.33			5.01	6.29	—	1.57	39.31	230.02
	4	2022	35	36	31.06	12.16	3.38	17.44	4.69	—	—	—	—	—	—	2.62	0.66	0.27	8.75			5.12	6.48	—	1.60	43.21	273.24
	5	2023	36	37	32.00	12.52	3.48	20.71	5.12	—	—	—	—	—	—	2.68	0.68	0.28	9.19			5.24	6.68	15.99	1.64	31.47	304.70
	6	2024	37	38	32.70	12.80	3.58	23.10	5.60	—	—	—	—	—	—	2.73	0.69	0.29	9.65			5.35	6.82	—	1.67	50.56	355.27
	7	2025	38	39	33.42	13.08	3.69	26.93	6.11	—	—	—	—	—	—	2.79	1.01	0.30	10.13			5.47	6.97	—	1.71	54.84	410.11
	8	2026	39	40	34.15	13.36	3.80	31.09	6.68	—	—	—	—	—	—	2.86	1.03	0.30	10.64			5.59	7.13	—	1.75	59.79	469.90
	9	2027	40	41	34.91	13.66	3.91	35.62	7.30	—	—	—	—	—	—	2.92	1.06	0.31	11.17			5.71	7.28	—	1.79	65.15	535.05
	10	2028	41	42	35.67	13.96	4.03	40.56	7.97	—	—	—	—	—	—	2.98	1.31	0.32	11.73			5.84	7.44	—	1.82	70.74	605.79
	11	2029	42	43	36.46	14.27	4.15	45.92	8.70	—	—	—	—	—	—	3.05	1.34	0.33	12.31			5.97	7.61	—	1.86	77.02	682.81
	12	2030	43	44	37.26	14.58	4.28	51.76	9.51	—	—	—	—	—	—	3.12	1.37	0.34	12.93			6.10	7.78	—	1.91	83.84	766.66

2. 第二阶段——子女教育及置业阶段（2031—2046年）

此阶段为李女士子女教育及置业阶段，李女士需要供儿子完成美国本科及研究生学业，同时也将完成家庭置业目标：购买一套宽敞的复式或联体别墅，这两项支出均在此阶段完成。随着李女士及陈先生的年龄增长，在投资方面风险承受能力将变为"中能力—中低态度"，投资收益率降为5.98%（见表19）。

在子女教育方面，当前留学费用每年为50万元，根据学费增长率测算，李女士儿子出国留学时每年学费及生活费开支将为80.24万元，学费增长率为4.02%。

家庭置业方面，李女士购买目标房产须将名下两处房产进行处置加上家庭金融资产作为首付并通过贷款的方式购买，出售两套房产所得金额为654.35万元，其余首付592.02万元用李女士家庭金融资产补充。可贷款金额为总房价的20%，贷款金额为311.59万元，25年每年支付22.98万元偿还按揭贷款。

收入方面，闲置的房屋出售无法提供租金收入。但李女士购买房屋之后可以将夫妻名下公积金账户中的余额转入个人储蓄账户，公积金账户存款利息按照1.5%进行计算。

除子女教育及家庭置业支出外，随着李女士及陈先生年龄增长，家庭医疗保健费用开支增长率也由原来的3%增长至5%。同时，用于改善生活水平的机动开支增长率由原来5%下调至4%，而父母赡养费用随着父母的过世将最终停止支出。

3. 第三阶段——退休养老阶段（2047—2067年）

随着李女士及陈先生年龄的增加，将迎来退休养老阶段，这会影响李女士的风险承受能力，预计在2047—2067年，李女士家庭将进入退休养老阶段，此时会按照"中低能力—低态度"进行资产配置，投资收益率降低至4.26%（见表20）。

此阶段李女士家庭收入的主要来源是退休金及投资收益，退休金计算公式如下：

退休时月基本养老金=月基础养老金+月个人账户养老金

其中，月基础养老金=（本市上年度所有职工的月平均工资+本人指数化月平均缴费工资）÷2×缴费年限×1%；个人账户养老金=个人账户的余额÷计发月数（60岁为139、65岁为101）；指数化月平均缴费工资=上年度社会平均工资×本人平均缴费指数。

表19 第二阶段收入、支出情况

期初结余（万元）766.66

阶段	第N年	年份	李女士年龄	陈先生年龄	李女士收入	陈先生收入	年终奖	投资收入	其他收入	李女士公积金账户提取年增加额	陈先生公积金账户提取年增加额	李女士公积金账户提取	陈先生公积金账户提取	李女士退休金账户提取	陈先生退休金账户提取	水、电、煤、通信、日常开支	子女教育费用	医疗保健费用	机动开支	购房按揭还款	买房首付支出	赡养	保险费	购车	家庭旅游开支	当年结余（万元）	累计余额（万元）
	增长率及备注				2.20%	2.20%	3%	5.98%	9.23%	—	—	—	—	—	—	2.20%	4.02%	5%	4%	—	—	2.20%	工资收入15%	—	2.20%	—	—
	13	2031	44	45	38.08	14.90	4.41	45.85	10.38							3.18	80.24	0.36	13.45			6.23	7.95	17.72	1.95	−17.46	749.20
	14	2032	45	46	38.92	15.23	4.54	44.80				137.78	64.57			3.25	83.46	0.38	13.99	22.98	592.02	6.37	8.12		1.99	−426.72	322.48
	15	2033	46	47	39.77	15.56	4.67	19.28		6.79	3.82					3.33	86.82	0.40	14.54	22.98		6.51	8.30		2.03	−55.01	267.47
	16	2034	47	48	40.65	15.91	4.81	15.99		6.79	3.90					3.40	90.31	0.42	15.13	22.98		6.65	8.48		2.08	−61.39	206.08
	17	2035	48	49	41.54	16.26	4.96	12.32		6.79	3.99					3.47	93.94	0.44	15.73	22.98		6.80	8.67		2.12	−68.30	137.78
	18	2036	49	50	42.46	16.61	5.11	8.24		6.79	4.08					3.55	97.71	0.46	16.36	22.98		6.95	8.86		2.17	−75.76	62.02
	19	2037	50	51	43.39	16.98	5.26	3.71		6.79	4.16					3.63		0.48	17.02	22.98			9.06		2.22	24.91	86.93
	20	2038	51	52	44.35	17.35	5.42	5.20		6.79	4.26					3.71		0.51	17.70	22.98			9.25		2.27	26.95	113.88
	21	2039	52	53	45.32	17.73	5.58	6.81		6.79	4.35					3.79		0.53	18.40	22.98			9.46	19.63	2.32	9.47	123.35
	22	2040	53	54	46.32	18.12	5.75	7.38		6.79	4.45					3.87		0.56	19.14	22.98			9.67		2.37	30.21	153.56
	23	2041	54	55	47.34	18.52	5.92	9.18		6.79	4.54					3.96		0.59	19.91	22.98			9.88		2.42	32.57	186.13
	24	2042	55	56	48.38	18.93	6.10	11.13		6.79	4.64					4.05		0.61	20.70	22.98			10.10		2.47	35.06	221.18
第二阶段（16年）5.98%	25	2043	56	57	49.44	19.35	6.28	13.23		6.79	4.75					4.14		0.65	21.53	22.98			10.32		2.53	37.69	258.88
	26	2044	57	58	50.53	19.77	6.47	15.48		6.79	4.85					4.23		0.68	22.39	22.98			10.55		2.58	40.49	299.36
	27	2045	58	59	51.64	20.21	6.66	17.90		6.79	4.96					4.32		0.71	23.29	22.98			10.78		2.64	43.45	342.81
	28	2046	59	60	52.78	20.65	6.86	20.50		6.79	5.07					4.41		0.75	24.22	22.98			11.01		2.70	46.58	389.38

表20　第三阶段收入、支出情况

期初结余（万元）389.38

阶段	第N年	年份	李女士年龄	陈先生年龄	李女士收入	陈先生收入	年终奖	投资收入	其他收入	李女士公积金账户提取增加额	陈先生公积金账户增加额	陈先生公积金账户提取	李女士公积金账户提取	陈先生退休金账户提取	李女士退休金账户提取	水、电、煤、通信、日常开支	子女教育费用	医疗保健费用	机动开支	购房按揭还款	买房首付支出	赡养	保险费	购车	家庭旅游开支	当年结余（万元）	累计余额（万元）
增长率及备注					2.20%		3%	4.26%								2.20%		10%	3%				工资收入15%	—	2.20%	—	—
第三阶段（20年）4.26%	29	2047	60	61	53.94	21.11	7.07	16.59		6.79	5.18					4.51		0.82	24.94	22.98			11.26	21.75	2.76	21.64	411.03
	30	2048	61	62	41.46	21.57		17.51			5.29					4.61		0.90	25.69	22.98					2.82	28.83	439.85
	31	2049	62	63	41.46	22.05		18.74			5.41					4.71		0.99	26.46	22.98					2.88	29.62	469.47
	32	2050	63	64	41.46	22.53		20.00			5.53					4.82		1.09	27.26	22.98					2.94	30.43	499.90
	33	2051	64	65	41.46	23.03		21.30			5.65					4.92		1.20	28.08	22.98					3.01	31.24	531.14
	34	2052	65	66	41.46	23.53		22.63								5.03		1.32	28.92	22.98					3.08	26.29	557.43
	35	2053	66	67	41.46	23.53		23.75								5.14		1.46	29.79	22.98					3.14	37.73	595.17
	36	2054	67	68	41.46	35.03		25.35								5.25		1.60	30.68	22.98					3.21	38.12	633.29
	37	2055	68	69	41.46	35.03		26.98								5.37		1.76	31.60	22.98					3.28	38.48	671.76
	38	2056	69	70	41.46	35.03		28.62								5.49		1.94	32.55	22.98					3.36	38.80	710.56
	39	2057	70	71	41.46	35.03		30.27								5.61		2.13	33.52						3.43	62.07	772.63
	40	2058	71	72	41.46	35.03		32.91								5.73		2.34	34.53							66.80	839.43
	41	2059	72	73	41.46	35.03		35.76								5.86		2.58	35.56							68.25	907.68
	42	2060	73	74	41.46	35.03		38.67								5.99		2.84	36.63							69.70	977.38
	43	2061	74	75	41.46	35.03		41.64								6.12		3.12	37.73							71.16	1048.54
	44	2062	75	76	41.46	35.03		44.67								6.25		3.43	38.86							72.61	1121.15
	45	2063	76	77	41.46	35.03		47.76								6.39		3.78	40.03							74.06	1195.20
	46	2064	77	78	41.46	35.03		50.92								6.53		4.15	41.23							75.49	1270.70
	47	2065	78	79	41.46	35.03		54.13								6.67		4.57	42.47							76.91	1347.61
	48	2066	79	80	41.46	35.03		57.41								6.82		5.03	43.74							78.31	1425.92
	49	2067	80		41.46			60.74								6.97		5.53	45.05							44.65	1470.57

李女士及陈先生2012年参加工作，无过渡性养老金，据测算李女士每月退休工资为34547.09元，陈先生月退休工资为29189.25元。所以夫妻二人退休金每年分别为41.46万元及35.03万元。

在支出方面，随着年龄的增加，医疗保健开支金额将大幅提高，此阶段增长率将增至10%。与此同时，李女士家庭的消费购买力增长将放缓，用于改善生活质量的机动开支增长率将降低，此阶段机动开支增长率降至3%。而购房所需的按揭在此阶段为主要支出项目，仍须每年支出22.98万元，时间持续10年。

（三）家庭资产配置对比

通过计算可知，李女士为满足家庭理财目标，须按照推荐的大类资产配置进行投资。如果按照原投资方式进行，在其他条件不变的情况下，2034年家庭累计余额将为负，不能够支撑家庭的理财目标，具体对比如表21所示。

表21　家庭资产配置对比

阶段	年份	收益率（％）	投资收入（万元）	原投资方案当年结余（万元）	原投资方案累计余额（万元）	收益率（％）	投资收入（万元）	新投资方案当年结余（万元）	新投资方案累计余额（万元）
第一阶段	2018		3.40	32.57	122.57		3.40	32.57	122.57
	2019		4.63	27.76	150.34		9.29	32.42	154.99
	2020		5.68	29.65	179.99		11.75	35.72	190.71
	2021		6.80	31.66	211.65		14.46	39.31	230.02
	2022		8.00	33.78	245.43		17.44	43.21	273.24
	2023		9.28	20.03	265.46		20.71	31.47	304.70
	2024		10.03	37.50	302.96	7.58	23.10	50.56	355.27
	2025		11.45	39.37	342.32		26.93	54.84	410.11
	2026	3.78	12.94	41.64	383.97		31.09	59.79	469.90
	2027		14.51	44.05	428.01		35.62	65.15	535.05
	2028		16.18	46.36	474.37		40.56	70.74	605.79
	2029		17.93	49.04	523.41		45.92	77.02	682.81
	2030		19.78	51.87	575.28		51.76	83.84	766.66
第二阶段	2031		21.75	−41.56	533.72		45.85	−17.46	749.20
	2032		20.17	−451.34	82.38	5.98	44.80	−426.72	322.48
	2033		3.11	−71.18	11.20		19.28	−55.01	267.47
	2034		0.42	−76.96	−65.76		15.99	−61.39	206.08

（四）产品推荐

为了实现李女士设定的理财目标，结合风险承受能力及风险承受态度，在选择产品时应遵从如下原则：首先，股权、债权类投资均不应超过50%；其次，投资组合整体的标准差应低于15.48%；最后，在此基础上为李女士配置的投资组合收益率大于7.58%。

在财富积累阶段，每年的总收入减去总支出均为正值，除2023年计划购车外，无其他大额资金支出。此阶段为李女士进行资产配置以中长期为主。具体产品推荐如表22所示。

表22　产品推荐

产品类型	产品名称	基金代码	金额（元）	占比（%）	近一年收益率（%）	标准差（%）	投资风格
货币基金	股票A	003473	233010	25.89	3.01	0.12	主动管理型（非量化）传统货币基金，在安全性和流动性较强的情况下，获取高于银行活期存款利息的收益
债券型基金	股票B	000345	228060	25.34	19.44	2.09	主动管理型（非量化）偏债基金，基金在定期开放日之外，无法申购赎回。适合能够承受较大流动性风险的投资者
	股票C	160128	151290	16.81	10.95	1.77	主动管理型（非量化）债券基金，资产稳健增值以及优化权益投资组合、平衡整体风险
股票型基金	股票D	486002	76410	8.49	16.24	14.65	主动管理型（非量化）股票基金，用少量境外资产互补境内资产，进行全球配置，以期增进收益或降低风险
	股票E	000294	34740	3.86	34.11	22.92	主动管理型（非量化）股票基金，波动性较大，追求资产快速增长，通过基金经理主动管理能给基金带来超额收益
	股票F	519915	34740	3.86	37.28	25.70	主动管理型（非量化）股票基金，波动性较大，追求资产快速增长，通过基金经理的主动管理给基金带来超额收益
	股票G	202801	31410	3.49	10.04	15.03	主动管理型（非量化）股票基金，用少量境外资产互补境内资产，进行全球配置，以期增进收益或降低风险
	股票H	001278	38160	4.24	40.01	20.70	为主动管理型（非量化）偏股基金，波动性较大，追求资产快速增长，通过基金经理的主动管理给基金带来超额收益

续表

产品类型	产品名称	基金代码	金额（元）	占比（%）	近一年收益率（%）	标准差（%）	投资风格
另类及其他	股票I	004161	45000	5.00	13.15	4.27	为主动管理型（非量化）债券基金，用少量境外资产互补境内资产，进行全球配置，以期增进收益或降低风险
	股票J	002610	27180	3.02	15.40	7.23	主动管理型（非量化）贵金属基金，把资产作为对抗通货膨胀的保值手段，同时分散债券、股票等投资风险
合计			900000	100	14.85	5.97	—

1. 货币基金

货币基金具有流动性强的特点，可以满足李女士家庭的应急支出，用于日常开支的资金可通过货币基金进行投资，在满足安全性及流动性的前提下，为李女士获取高于银行存款利息的收益。

2. 债权类投资

债券类资产的配置主要通过主动管理基金来实现，为李女士推荐两只债券型基金，分别为定期开放型基金及上市型开放式基金（LOF），定期开放型基金可以帮助基金经理在封闭期内不受申购赎回行为的干扰，可以最大限度地执行主动管理策略；而上市开放型基金则可以提供流动性。债券型基金投资可以使资产稳健增值以及优化权益投资组合、平衡整体风险。

3. 股权类投资

通过配置股票市场基金达到股权类投资的目的，在基金选择方面，首先，配置QDII基金，通过不同市场分散投资，达到降低风险的作用；其次，关注具有潜力的行业，如选择消费主题行业，该行业属于非周期行业且与人们日常生活密切相关，作为拉动经济增长的"三驾马车"之一应重点关注；最后，通过历史数据寻找表现突出的基金作为投资配置。

4. 另类及其他投资

另类及其他投资包括债券型QDII基金以及跟踪黄金价格基金，配置债券型QDII基金的目的在于用少量境外资产互补境内资产，进行全球配置，以期增进收益或降低风险。而配置黄金类基金，目的在于对抗通货膨胀，同时分散债券、股票等投资风险。

5. 银行理财产品

如果李女士对货币基金的收益不满意，在不影响流动性的前提下，可以将部分货币基金转为银行理财产品，这样既符合李女士资产配置的要求，又可以获得高于货币基金的投资收益。

6. 信用卡产品配置

目前大多数投资不支持T+0实时赎回，为防范突发事件发生，应预留部分资金作为活期存款，按照每月开支的6倍来计算，但考虑到应急资金具有流动性强、收益率低的特点，用家庭自有资金配置会降低整体金融资产的收益率，故建议李女士应配置信用卡产品，在增加流动性的同时，适当使用财务杠杆。

7. 保险产品建议

根据上文测算的李女士家庭所需基本保额，通过筛选，为李女士家庭现阶段推荐如下保险险种（见表23），随着李女士及陈先生的年龄及工资收入增长，可适当提高保险基本保额，并在经济条件允许情况下为儿子配置年金型保险。

表23　当前李女士家庭保险产品规划

	保险品种	被保险人	缴费期限	保险时间	基本保额（万元）	产品功能	保费支出（元）
现有保险	车险	—	每年	1年	—	—	4000
	分红型寿险	李女士	至60岁	—	15	—	7100
	分红型寿险	儿子	—	—	0.760	—	760
	团体意外险	李女士	—	—	9.2	—	—
应补充保险	综合意外险	李女士	每年	1年	543	因突发性、非疾病原因导致人身伤害造成身故或全残时，为保障家庭成员的生活，应购买综合意外险	3899
		陈先生	每年	1年	216		1551
	重疾险	李女士	30年	终身	138	覆盖多种轻症、中症、重症，如出现重大疾病丧失工作能力，为减少就医过程中经济压力，可通过重疾险规避风险	18151
		陈先生	30年	终身	54		9216
		儿子	10年	终身	20		2088
	医疗保险	李女士	每年	1年	100	因发生疾病，医药费用的支出	598
		陈先生	每年	1年	100		598
	定期寿险	李女士	30年	至70岁	276	如发生身故或全残，按照基本保额提供赔偿，用于家人的生活费支出	6762
		陈先生	30年	至70岁	108		4547
保费合计							59270

（五）风险提示

在投资各类金融资产的过程中，会面临各种风险，为了让客户能够清晰地认识到投资产品中的风险，对相关风险作出如下告知。

市场风险：由于基础资产市场价格的不利变动或者急剧波动而导致价格变动的风险。基础资产的市场价格包括市场利率、汇率、股票、债券行情的变动。

利率风险：市场利率变动的不确定性给投资者造成损失的可能性。利率变化使实际收益与预期收益或实际成本与预期成本发生背离，使其实际收益低于预期收益，或实际成本高于预期成本，原本投资于固定利率的金融工具，当市场利率上升时，可能导致其价格下跌的风险。

信用风险：又称违约风险，指债券发行者不愿或无力履行合同条件而构成违约，致交易遭受损失的可能性。主要常见于债券类品种的投资。

流动性风险：李女士所投资的部分产品，因在产品的存续期内，客户不可以将投资赎回，由此产生的风险为流动性风险。

信贷风险：李女士在购买房屋过程中，会向银行贷款融资，而李女士及陈先生的工资收入会直接影响贷款资金的偿还，如果因贷款不能即时偿还，可能会面临征信不良的影响，严重者还可能会出现银行强制收回抵押物的情况。

五、及时监控客户理财计划

为了能给客户提供全方位的金融服务，让客户切实感受到我行的优质服务，我将定期与李女士进行沟通，了解李女士的需求，满足其多元化的投资需求。

（一）日常维护机制

在为客户配置权益类投资时，我行将事先与客户沟通止盈、止损点，并定期关注客户所投资产品的表现，当触发止盈、止损点后，及时与客户取得联系。

每日关注客户所在行业动向及资本市场最新动态，掌握一手信息，当出现重大信息时，应立即与客户取得联系，说明对客户的影响，并征求客户的意见，及时通报相关风险。

在与客户的日常沟通交往过程中，主动了解客户的家庭结构变化，如发生重大影响，应将该影响进行分析，评估已建立资产配置的适用性。

（二）定期检讨及方案优化

定期与客户进行沟通，了解客户的最新情况，并及时写入计划书中，如须将已建立的资产配置进行调整，应立即与客户进行沟通。

建立年报制度，当年结束后，应于下一年3月31日前将客户前一年的投资结果形成报告，并为客户进行分析，以此来指导新一年的投资。

当客户家庭或工作发生重大改变时，建议客户立即与我行工作人员取得联系，并重新调整、优化理财规划方案，以提高整体方案的可行性。

方案点评　杨　刚
　　　　　　/ 中国建设银行财富管理与私人银行部 /

　　该方案综合考虑客户个人教育、职业、家庭整体情况等因素，为客户出具了多角度、全生命周期的财务规划。

　　一是在综合规划方案呈现的过程中，考虑了客户在财富积累、子女教育和置业、退休等不同阶段理财目标的变化以及收入、支出情况变化等，并通过详细的量化分析展示了不同阶段家庭资产配置的策略调整，也对具体产品推荐给出了有理有据的建议。

　　二是在合规和向客户充分揭示风险的前提下，财富管理师根据当前的市场背景、国际形势以及与客户密切相关的教育、房地产市场等情况，明确客户的理财目标，分析客户现状，给出具体的财务诊断建议并持续跟进不断优化。

第十一届杰出财富管理师技能竞赛
优秀方案与点评

第十一届杰出财富管理师技能竞赛自 2020 年 1 月启动，共收到 48 家银行机构 967 名银行从业人员的参赛申请，由监管部门、银行机构及专家学者共同组成评审组，经过初赛、复赛和决赛三轮激烈比拼，最终共有 58 名选手脱颖而出，斩获荣誉。

第十一届杰出财富管理师技能竞赛优秀方案一

参赛者：　　　宋京秋　　　　送选单位：　　　　广发银行

参赛组别：高端客户财富管理组别（客户流动资产值一百万美元或以上）

目　录

一、建立与客户的信赖关系

（一）客户背景

经由一位对公业务部门同事的转介，我早前曾在分行的VIP室会见了巢先生和他的太太李女士。在跟巢氏夫妇第一次面谈中，我发现他们是另一家商业银行的尊贵客户，因该行理财经理提供的服务和产品并未切合他们的需要而找到我行。我随后收集了巢氏夫妇的家庭背景、财务信息、风险承受能力及财务目标等资料，并于上周邀请他们再次莅临分行进行第二次会面。

巢氏夫妇正考虑将他们的私人财富管理事宜转移至我行。由于受新冠肺炎疫情的影响，众多企业曾处于停工停产状况，经济前景存在不明朗因素，所以巢先生也开始思索家庭理财规划的重要性，为此，请我们团队为他们准备一份详细的综合理财规划书，就其家庭现在与未来的财务状况、个人风险管理、投资机遇、财富传承以及长期、中期、短期的理财目标，提供详细的评估与分析。

客户状况：

巢先生是XYZ有限公司（浙江当地某传统产业的龙头公司）的实际控股人（目前持有30%的股权）。XYZ公司5年前在中国创业板上市，3年前，我行对公业务团队曾拜访过巢先生，当时了解到公司市值为10000000000元，他持有38%的股份，巢先生同时告诉我们，他的个人财富几乎全是他持有的XYZ公司股份，加上他在上海的8套房子（贷款均已还清）；其中常用住宅两套，一套在市区自住，价值

4000万元，一套是郊区的别墅，市值6000万元；为女儿在同一别墅区购置别墅一套，市值4000万元；另外5套住房，4套交由房屋租赁公司打理，总价值达4200万元，还有一套市值为1500万元的公寓，偶尔会用于公司接待。

巢先生目前年龄55岁，长期在东南亚、非洲等新兴市场开拓地热发电等新业务。家里的财富事宜基本交由太太全权管理，两人没有完善的保险保障计划，只是各自购买了一份保额为1000000元人民币的定期寿险，家里现持有现金资产10000000元，只购买了短期的银行理财产品。他们有一个女儿正在美国名牌大学商科学习，2021年毕业，正在找工作希望将来留在美国，太太常在美国陪伴女儿。

对公业务团队3年前给他做的方案包括减持部分股票，减持部分房产，增持美元资产，设立海外信托，整合他在东南亚、非洲的资产海外上市等一揽子财富规划建议，但3年来他都不置可否，没有实施。

现在，巢先生希望再探讨一下该如何做好财富规划。我从公开的信息获知，他在过往3年先后减持了部分上市公司的股份，因此目前的持股比例降低为30%，而当前这家国内上市公司的市值是3000000000元。在最近一次与我见面的时候，他特别提到他关心的三个主要问题：

一是针对巢氏夫妇目前的财务状况，应从哪些角度选择合适的个人保障及投资理财产品？

二是巢先生希望继续加大海外新业务拓展力度，但过往都是通过个人减持国内上市公司股份并以股东借款的方式来解决海外业务拓展的资金需求，他很想了解是否有其他更好的办法来解决海外业务融资难的问题。

三是巢先生与女儿沟通过，她明确表示希望将来在华尔街发展，对继承企业并不感兴趣，巢先生因此对企业的传承问题深感头疼。

（二）面谈准备

1. 列出客户信息搜索需要了解的内容（见表1）

基于之前与巢先生的接触，我计划后续的交流重点是了解财务目标（长期/中期）、股东结构、股权结构、经营管理策略与模式、公司业务主要关注的内容、公司成长计划（新产品、新业务项目、扩张计划、新事业发展）、股权结构变动与安排、接班计划、家庭变动状况（迁居、移民）、保障是否充分等几方面信息，以此为客户定制一套满足需求且行之有效的财富管理方案。

表1 客户信息搜索九大维度

项目	过去	现在	未来
个人	往来银行 投资经验 投资风格（自行操作/委托他人）	目前状况（生命周期阶段） 收入来源和数额 风险偏好与风险承受度 资产与负债（资产配置、长期负债、短期负债）	财务目标（长期/中期） 优先顺序 投资计划 期望收益 流动性需求
专业/ 事业	专业形成 公司治理 资本形成 对业务的参与程度	股东结构、股权结构 经营管理策略与模式 地域分布 股利与分红策略 财务绩效 银行与之的关系（角色与功能）	公司业务上主要关切的地方 公司成长计划（新产品、新业务项目、扩张计划、新事业发展） 财务成长计划 股权结构变动与安排 首次公开募股（IPO）或接班计划
家庭	财富转移计划 保险保障范围	家庭状况（配偶、子女、国家、居住地） 特殊安全保障需求 每位家庭成员的兴趣与理想	家庭变动状况（迁居、移民） 健全的接班计划 担心的事情（健康、事业） 保障是否充分 兴趣与嗜好（慈善事业、人文艺术、收藏品）

2. 收集客户面谈可能用到的重要经济数据

（1）未来无风险利率下行的数据依据

通过数据向客户展示过去20年我国及世界主要经济体一直处于降息通道（见图1）。结合党的十九大报告中指出的我国经济发展已从高速发展转向高质量发展的定调，向客户阐述未来比较长一段时间内理财市场利率还将延续下行的趋势。

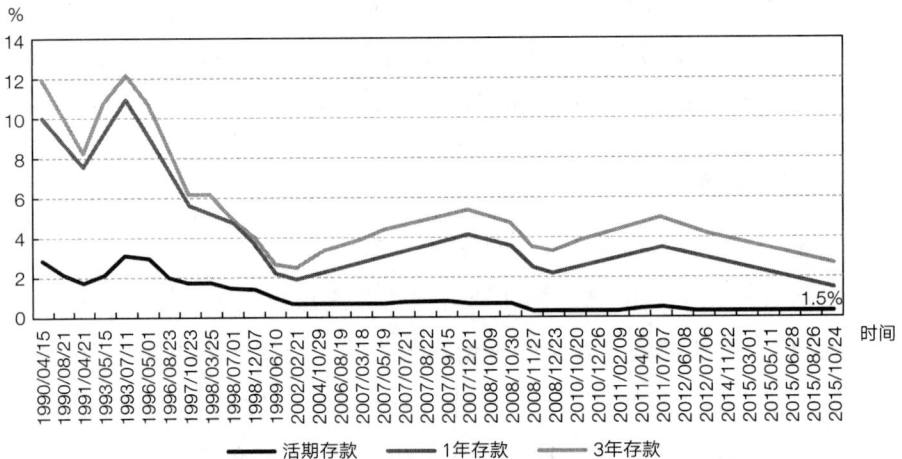

图1 历年央行存款利率变动

（2）风险类资产过去10年的投资回报率

向客户展示过去10年债券基金总指数及股票基金总指数年化收益率变化情况，给客户做资产配置阐述时提供数据依据。

（3）中国企业在国际市场上融资的主要方式及现状

我调阅并打印了《时代金融旬刊》2015年10月刊载的《我国企业海外融资模式的现状与分析》一文，为与巢先生共同摸索适合其企业的海外融资模式做准备。

（4）中国企业对外投资合资型企业政策红利

2017年，《关于发挥民间投资作用 推进实施制造强国战略的指导意见》发布，将采取五大举措鼓励民营企业国际化发展。

（5）中美两国现行的遗产税征收方式

中国暂未征收遗产税。

美国：遗产税制属于总遗产税制，遗产税和赠与税合并采用统一的累进税率，最低税率为18%，最高税率为50%，后者适用于遗产额达到2500万美元以上的纳税人，当中包括其个人在世界各地的所有资产。另外，遗产额在60万美元以下者免征遗产税，而对于非居民，只须为在美国本土内的资产支付遗产税，最低税率为6%，最高税率为30%。

（三）正式约见

本次我邀请了分行私人银行部产品经理、国际业务部市场经理、投行部海外渠道经理、私人银行部家族办公室法务团队一起，在私人银行中心会客室共同约见巢先生夫妇，以彰显对巢先生夫妇的重视。为了取得巢先生夫妇的进一步信任，我提前准备了我行针对传统行业家族企业做过的相关财富管理方案。

计划运用TOPS准则，通过专业能力为客户制定切实可行的资产配置建议方案

T（信任，Trust）：首先要以自己专业的能力及充分的准备去征服客户，并取得信任，从客户的角度出发，让客户相信，我们的财富管理服务，是以客户为中心的。

我先赞扬了巢先生这一代企业家在改革开放以后对中国经济发展、转型作出的卓越贡献，抛出家族企业在发展到一定规模后，在新经济形式下，企业发展面临的转型、开拓海外市场、家庭财产与企业财产隔离、家族企业传承等方面的问题。向巢先生夫妇展示了我行私人银行中心已经成功提供的几份家族企业财富管

理方案（隐去客户关键信息）。通过展示讲解，进一步加深巢先生对我行私人银行财富管理能力的信任。

O（机会，Opportunity）：以财富管理的角度去思考问题。

在此前的交流中，巢先生提出了三个主要问题：

一是针对巢氏夫妇目前的财务状况，应从哪些角度选择合适的个人保障及投资理财产品？

二是巢先生希望继续加大海外新业务拓展的力度，但过往都是通过个人减持国内上市公司股份并以股东借款的方式来解决海外业务拓展的资金需求，他很想了解是否有其他更好的办法来解决海外业务融资难的问题。

三是巢先生的女儿明确表示希望将来在华尔街发展，对经营家族企业并不感兴趣，巢先生对企业的传承问题深感头疼。

经过我们团队的探讨，以上三个问题实际可分为两类：一类是家庭财产未来规划，另一类是企业发展未来规划。解决这两个问题的前提是确认资产结构中是否存在家企不分的情况。特别是在中国金融监管趋严的背景下，对投资资金来源的合法、合规性要求越来越高。作为一名优秀的财富顾问，我觉得要做的第一步是帮助巢先生梳理现有的资产状况，设计出合理的家企隔离方案，同时做好家庭财产未来规划与企业发展未来规划。巢先生夫妇对此非常赞同。

P（痛苦，Pain）：为了充分解决客户的问题，我们充分收集了客户在财富管理方面与生活中面临的困扰。

我们通过对巢先生的家庭资产分析，发现如下几个问题：家庭资产组成相对单一，上市公司股权占比过高，随之带来的问题是当股票价格出现大幅下跌时，巢先生的整体资产缩水将比较明显。这既影响家庭生活品质，又影响资产的增值性。虽然过去几年巢先生的公司股票市值缩水没有影响家庭成员的生活，但这一点在做未来理财规划时需要重点注意。

除了整体资产结构需要优化外，随着中国经济的不断发展、税法政策的不断完善，作为身价10亿元以上的客户，巢先生有必要考虑未来不断增加的法律税收风险。参考美国、日本、英国等全球主流经济体通过税收政策平衡社会财富分配问题的做法，未来中国遗产税、赠与税等一系列税法都存在逐步出台的可能性。根据向巢先生展示的发达国家遗产税征收的相关资料，发现巢先生一家现有的资产基本全部为应税资产，因此通过金融产品配置，合理规划未来的资产传承问题需要提上日程。

巢先生过去几年也表示了相同的担忧，特别是近年来股价的缩水让他对企业未来的发展产生了些许的动摇。新冠肺炎疫情造成了国内外制造业不同程度的停工停产，进而引发订单下降、交通运输受阻、资金流断裂等问题，为企业敲响了警钟。虽然国内疫情已经逐步控制住，但是海外抗疫形势仍然严重。以上事件的发生加重了巢先生一家对未来生活的担忧，这也是他们希望更换私人财富管理团队的原因。巢先生希望能找到方法平衡企业跟家庭的财务规划，完善现有的个人投资、保障结构。

除了以上问题外，作为只有一个女儿的家庭，还需要考虑未来女儿的婚姻问题、未来女婿是否会参与企业经营，以及如何规避婚变风险以确保巢先生女儿的权益。

总结了以上问题后，我们团队向巢先生夫妇展示了未来无风险利率下行的数据依据、风险类资产过去10年的投资回报率，建议巢先生夫妻在未来家庭资产规划中多维度配置产品种类，增加家庭投资的收益率。

S（解决方案，Solution）：我们告知巢先生会在充分了解并知晓当今国家政策的基础上，通过金融机构的资源，综合性地帮助巢先生解决各项问题。

中国经济发展从高速发展切换到高质量发展，给巢先生这样的传统行业的企业家带来新的机遇与挑战。巢先生近些年一直致力于在东南亚、非洲等新兴市场开拓地热发电等新业务，也是为企业寻求更多的发展机会。

通过与巢先生的交流，我们团队国际业务部市场经理、投行部海外渠道经理、私人银行部家族办公室法务团队分别就自己擅长的领域向巢先生夫妇提出了专业意见。一是巢先生企业的股权结构除巢先生本人持股30%以外，其他股东持股相对分散，第二大股东持股比例低于10%。这样未来巢先生即使减持部分股份，仍然可以确保自己保有企业经营的最高决策权。二是在国内，巢先生可通过配置家族信托的方式来完善自己的理财投资及个人保障，解决家庭财富规划问题；在海外，巢先生可以联合国有企业及境外投资人，三方出资在境外建厂。三是根据我们团队国际业务部市场经理的调研，国家2017年就出台了《发挥民间投资作用　推进实施制造强国战略的指导意见》，我国将采取五大举措鼓励民营企业国际化发展。而巢先生的企业在东南亚、非洲等新兴市场开拓地热发电等新业务就属于国家鼓励发展的新能源技术。通过咨询有关部门，我们发现国有能源企业很有兴趣参与此类海外投资行为，可以通过海外注册公司、引入职业经理人、构建海外融资的财务制度、引入海外投资者，成立以国有资本、巢先生、巢先生女儿、职业经理人、海外投资者代表组成的决策办公室。四是为了保障巢先生在未来企业中拥有经营决策权，我们建议巢先生将未来在境外取得的收入成立海外信托，有效分割家庭资产与企业资产，为巢先生百年以后的后代家庭资产继承及遗产税规避提供优秀的服务框架。

二、明确客户理财目标

（一）家庭成员情况（见表2）

表2　家庭成员情况

姓名	年龄	性别	职业	预计退休年龄	备注
巢先生	55	男	传统上市公司董事长	70岁	—
巢先生爱人	53	女	全职家庭主妇	—	—
巢先生女儿	26	女	在读商科研究生	—	2021年毕业，有意愿留在美国发展

（二）家庭资产负债及收支情况（见表3）

表3　家庭资产负债及收支情况

项目	具体情况	分析
家庭收入情况	2019年客户个人收入及企业分红为2000万元；租金收入78万元；理财收入45万元	巢先生的企业分红是目前家庭收入的主要来源
家庭支出情况	客户日常家庭性支出300万元、150万美元；学费支出6万美元；旅游支出200万元	客户追求高品质的生活质量
家庭房产情况	客户名下住宅8套，2套自用、1套为女儿准备、1套公寓公司接待使用、另有4套住宅出租，房屋总价值1.97亿元	客户名下房产相对丰富，租售比不高，考虑到未来可能征收的相关税费，房产有整合的必要
家庭负债情况	无	—
持有产品情况	1000万元银行理财，未来三个月将陆续到期；夫妻二人名下各有一份100万元保额的定期寿险	巢先生夫妇现持有的投资类资产主要以低风险的固定期限产品为主，产品过于单一
家庭保障情况	夫妻二人名下各有一份100万元保额的定期寿险	保险存在明显缺口

巢先生在上海有8套房产，贷款均已还清。详情如下：常用住宅两套，一套在市区自住，价值4000万元，一套别墅在郊区，市值6000万元，女儿及爱人回国后经常会去郊区的别墅居住；为女儿在同一别墅区购置别墅一套，市值4000万元；5套住房，其中4套交由房屋租赁公司打理，总价值达4200万元，每年租金收入78万元，租售比为1.85%，另有一套市值1500万元的公寓，偶尔会用于公司接待。巢先生在国内的大部分开销均由公司支付，个人支付的年日常开销在150万元以内；女儿在美国读书，学费每年为6万美元左右；爱人及女儿在美国一年的生活支出为50万美元；每年家庭固定旅游两次，一年旅游支出200万元左右。

（三）巢先生对未来生活的规划（见表4）

表4 理财目标

序号	目标名称	需求层次	目标具体描述	预期实现的年限
1	购置房产的需求	中	巢先生未来有为女儿在美国购置房产的计划，金额在300万~400万美元	3~4年内
2	完善现有保障	短期	巢先生夫妇现有保障缺口过大，考虑到两人的年龄，尽早为二人设计行之有效的保险保障方案	1~2年内
3	维持现有生活标准	长期	维持现在家庭高品质的生活	到80岁
4	旅游需求	长期	每年保证高品质旅游两次	到80岁
5	企业长期发展需求	长期	巢先生致力于开拓海外市场，未来将开拓海外市场作为长期企业转型的目标，需要提供长期、有效的海外融资渠道	1~2年内构建完成
6	家庭财务规划需求	长期	隔离企业财产与家庭资产，确保巢先生一家未来有幸福的生活	—
7	企业传承的需求	长期	保证未来巢先生的企业可以长久发展	—
8	遗产合理避税的需求	长期	保证未来我国开征遗产税、赠与税后，巢先生的资产可以用最优的方式一代代传递下去	—
9	女儿婚姻保全	长期	通过家族信托规避未来婚变风险	—
10	慈善信托	长期	通过成立慈善信托，实现巢先生回馈社会的心愿	—

考虑到女儿未来将留在美国工作，巢先生夫妇有在美国为女儿购置房产的计划，房产金额预算为300万~400万美元。巢先生本人短期内没有退休计划，在身体允许的情况下，巢先生希望自己能在70岁以后退出企业经营，以股东的身份享

受公司未来的成长。巢先生未来没有去美国陪女儿居住的计划，爱人也想在女儿未来工作独立后回国生活。巢先生还有一个心愿，自己这代人享受了国家改革的红利，成为先富起来的一代人，他一直希望自己可以有机会回馈社会。因此我们建议巢先生成立慈善信托，通过慈善机构的专业管理帮助巢先生实现心愿。

三、了解客户财务状况

（一）现金流量表（见表5）

表5　现金流量表（2019.1.1—2019.12.31）

收入类			
家庭所得项目	本人所得（元）	家庭合计（元）	占收入的比重（%）
工资薪金所得	2000000	2000000	13.13
个体工商户经营所得	0	0	0
劳务报酬所得	0	0	0
稿酬所得	0	0	0
当期企业分红	12000000	12000000	78.79
房租收入	780000	780000	5.12
理财收入合计	450000	450000	2.96
税后当期所得合计	15230000	15230000	100
支出类			
家庭所得项目	金额（元）		占收入的比重（%）
生活消费支出	5000000		32.83
旅游支出	2000000		13.13
教育支出	426000		2.80
合计	7426000		48.76
净结余（元）	7804000	结余比率（%）	51.24

巢先生家庭收入以工资薪金所得、当期企业分红为主，其他收入占比合计低于10%，收入结构不够均衡。家庭支出相对合理，结余比例高于50%，储蓄能力非常强。

（二）个人资产负债表（见表6）

表6　个人资产负债表

制表人：	制表日期：2020.6		币种：人民币	单位：万元	
项目		**现值金额**	**比例**	**项目**	**现值金额**	**比例**

项目		现值金额	比例	项目		现值金额	比例
现金资产	现金	20	0.02%	长期负债	银行贷款	0	0
	活期储蓄	200	0.18%		保险贷款	0	0
	定期储蓄	0	0				
	货币基金	0	0				
	其他	0	0		其他债务	0	0
	合计	220	0.20%				
金融资产	保险	200	0.18%		合计	0	0
	银行理财	1000	0.90%				
	债券	0	0	流动负债	信用卡	0	0
	信托	0	0				
	资产管理计划	0	0		小额借款	0	0
	基金	0	0		保险费	0	0
	股权	90000	80.56%				
	合计	91200	81.63%		其他税费	0	0
实物资产	自住房产	14000	12.40%				
	投资房产	5700	5.00%		其他	0	0
	汽车	600	0.53%				
	珠宝	500	0.44%				
	收藏品	700	0.62%				
	其他	0	0		合计	0	0
	合计	21500	19.04%				
总资产		112920		**总负债**		0	
个人净资产		112920		**负债率**		0	

（三）客户财务状况分析（见表7）

表7　客户现有资产的财务比率

指标类别	家庭财务比率	定义	数据	合理范围	分析
偿债能力	资产负债率	总负债/总资产	0	<60%	在合理范围之内
	流动比率	流动资产/流动负债	0	>200%	在合理范围之内
	融资比率	投资负债/投资资产	0	<50%	在合理范围之内
	财务负担率	年本息支出/年税后当期收入	0	<40%	在合理范围之内
	平均负债利率	利息支出/总负债	0	基准利率×1.2倍以下	在合理范围之内
应急能力	紧急预备金月数	（流动资产/年总支出）×12	3.55	>3	在合理范围之内
储蓄能力	工作储蓄率	（税后工作收入−消费支出）/税后工作收入	46.96%	>20%	巢先生一家工作储蓄率偏高
	结余比率	净储蓄/年税后总收入	51.24%	>25%	结余比率很高
	自由储蓄率	自由储蓄/年税后总收入	14.45%	>10%	在合理范围之内
财务自由度	财务自由度	年理财收入/年总支出	6.06%	30%~50%	年理财收入需要重点调整
财富增值能力	生息资产比率	（流动资产+投资资产）/总资产	81.83%	>50%	在合理范围之内
	平均投资报酬率	年理财收入/（流动资产+投资资产）	0.05%	通胀率+2%以上	偏低，主要由于客户年理财收入过低
保障能力	保费收入比	保障型保费/年税后当期工作收入	0	5%~15%	偏低，应提高保费预算来增加保障
	保险覆盖率	寿险保额/年税后当期工作收入	0.1%	大于10年	保障明显不足，应检视已投保额是否足够

巢先生一家的家庭财务状况分析如下：

（1）虽然资产负债率和贷款负担率为零，但考虑到巢先生及爱人的年龄不建议通过举债方式增加资产规模。

（2）巢先生一家的工作储蓄能力强、结余比率高，有利于未来家庭财富积累。

（3）保费负担率及保险能力过低，说明巢先生一家的保险保障缺口非常大，需要加大保险配置。

（4）客户财务自由度水平过低，家庭收入与企业经营情况依赖度过高，建议客户增加理财收入，丰富家庭收入来源。

（四）了解客户过往的投资情况

通过与巢先生一家的交流，巢先生夫妇并没有过多的理财经验。在企业上市之前，巢先生把主要的资金都投入了企业。随着企业规模的逐步壮大，巢先生夫妻为了改善生活、提高生活品质在上海购入了多套房产。企业上市以后又为女儿购置了别墅。在常规理财方面，巢先生的爱人在其他银行一直有私行专属理财团队，对基金、保险、信托、银行理财有一定的了解。但巢先生的爱人一般只购买一些3个月以内的短期理财，以保证理财资金的流动性。

根据巢先生夫妻填写的一份风险调查问卷，巢先生夫妻的风险承受能力测评为52分，风险承受能力中等，风险容忍态度评分为50分，风险容忍态度为中等。综合评定巢先生夫妻是平衡性投资者，可以承担适量的投资风险，在追求资产的稳健增值的同时可以承担一定的投资风险（见图2、表8、表9）。

| 谨慎型 | 稳健型 | 平衡型 | 进取型 | 激进型 |

图2　投资者类型

表8　风险承受能力评分表

分数	10分	8分	6分	4分	2分	客户得分
年龄	25岁以下者50分，每多一岁少1分，75岁以上者0分					20
就业状况	公教人员	上班族	佣金收入者	自营事业者	失业	4
家庭负担	未婚	双薪无子女	双薪有子女	单薪有子女	单薪养三代	6
置产状况	投资不动产	自宅无房贷	房贷<50%	房贷>50%	无自宅	10
投资经验	10年以上	6～10年	2～5年	1年以内	无	8
投资知识	有专业证照	财金科系毕	自修有心得	懂一些	一片空白	4
总分						52

表9　风险承受态度评分表

项目	10分	8分	6分	4分	2分	客户得分
忍受亏损	不能容忍损失0分，每增加1%加2分，可容忍>25%得50分					20
首要考虑	赚短现差价	长期利得	年现金收益	抗通膨保值	保本保息	8
认赔动作	默认停损点	事后停损	部分认赔	持有待回升	加码摊平	4
赔钱心理	学习经验	照常过日子	影响情绪小	影响情绪大	难以成眠	8
重要特性	获利性	收益兼成长	收益性	流动性	安全性	8
避免工具	无	期货	股票	外汇	不动产	10
总分						50

（五）家庭财务缺口测算

目前巢先生夫妻处于生命周期的衰老期（见图3），这一时期的生命特征是体力及精力逐步下降，健康风险、疾病风险逐步增加。考虑到巢先生是企业经营者，结合如表10所示数据，根据相关假设，我们汇总计算了各项需求，计算过程说明如下。

图3 生命周期

表10 理财规划的相关数据假设

项目	数据信息	数据来源
一年定期存款利率	1.50%	人民银行官网
活期存款利率	0.35%	人民银行官网
人民币理财产品收益率	3.80%	Wind数据库
人均寿命	79岁	《"健康中国2030"规划纲要》
普通股票性基金总指数过去十年投资回报率	8.04%	Wind数据库
债券基金总指数过去十年投资回报率	5.37%	Wind数据库
美元对人民币的汇率	7.08	2020年6月28日牌价
通货膨胀率	3.04%	2000—2019年通货膨胀率平均值
未来投资组合回报率假设	7.00%	—
退休生活期	30年	中国人身保险业经验生命表（2010—2013）

1. 购置房产的需求

假定3年后为女儿在美国购置400万美元的房产，折合人民币2832万元，在投资回报率为7%，通货膨胀率为3.04%，实际投资报酬率为1.64%的背景下，现在须准备购房资金 PV=（i/y=3.96%，N=3，pmt=0，FV=−2832，0）=2520.54万元。

2. 完善现有保障

根据保险覆盖率应大于年税后当期工作收入（2000万元）10倍计算，巢先生一家存在20000万元的保险缺口。以某公司某终身寿险产品计算，55岁的巢先生，缴费20年，每年须缴纳保费1496万元，假设贴现率等于未来投资组合回报率7%，N=20，PV=15462.05万元，按照合同条款20年缴费期满后，巢先生终身寿保额将增值至36000万元。

3. 维持现有生活标准

巢先生一家维持现有生活标准到80岁还有25年，每年生活消费支出742.6万元，在投资回报率为7%，通货膨胀率为3.04%，实际投资报酬率为3.96%的背景下，采取期初年金的计算方式，需要提前准备资金PV=（i/y=3.96%，N=25，pmt=-742.6，FV=0，0）=11650.16万元。

4. 旅游需求

巢先生一家每年计划高品质出游两次，到80岁还有25年，按照每年消费200万元，投资回报率7.0%，通货膨胀率3.04%，实际投资报酬率1.64%，需要提前准备资金PV=（i/y=3.96%，N=25，pmt=-200，FV=0，0）=3137.67万元。

客户企业海外融资需求、家庭财务规划需求、企业传承需求、遗产合理避税需求不涉及未来生活的现金支出，暂不计算资金缺口。

结合以上计算，巢先生一家在现有资金32770.42万元的情况下即可完成对未来生活的规划。考虑到巢先生计划70岁退出企业经营，如企业正常发展，结合现有资产情况，在满足巢先生一家物质生活的基础上，巢先生出现资金缺口的可能性比较小。

通过梳理巢先生的财务状况，计算得出巢先生未来生活的资金需求不存在缺口。身价超过10亿元的巢先生一家，现有资产已经可以满足未来生活的资金需求。因此，我们团队将理财规划方案的重点放在了三个问题上。

一是巢先生一家现在的家庭支出、旅游支出及未来的保险支出，需要超过2142.6万元的现金流支撑。按照巢先生现在每年1523万元的收入来算，即使在未来收入增长的前提下，现在也存在现金流缺口。

二是如何帮助巢先生的企业引入职业经理人团队，帮助巢先生解决企业接班问题。

三是如何帮助巢先生解决海外融资的需求，开拓海外市场。

四、为客户构建理财方案

（一）与巢先生夫妇的再次沟通，确认客户是否认可我们的建议

通过收集到的数据，根据巢先生夫妇的未来需求，我们团队做了相关的数据

演算。巢先生夫妇认可我们的数据演算结果。我们团队此次跟巢先生夫妇交流，主要为了解决上文提到的三个问题。首先我们先将解决企业海外融资的需求、开拓海外市场的方案介绍给了巢先生夫妇。我行国际业务部、投行部海外部的同事，通过公司部提供的巢先生企业的信息，已经找到了3～4家有兴趣投资巢先生企业的境外投资公司。同时，我们也联系到了国有资源企业，它们也有一定的兴趣，可以通过政府和社会资本合作（PPP）模式①与国有企业合作同时引入境外投资人，成立海外公司在境外投资办厂，股权结构定为国有企业占51%，巢先生占29%，境外投资人占21%。

我们向巢先生介绍了国家发展改革委公布的PPP项目典型案例中的北京地铁4号线项目，虽然该项目属于轨道交通领域，但其整体架构与巢先生公司目前情况非常相似。

可以在合作协议中规定巢先生对企业的经营管理有最高决策权。这样不仅帮助巢先生解决了海外融资的问题，还能结合国有企业与境外投资人的资源优势，帮助巢先生开拓海外市场业务。成功建厂后，我们会帮助巢先生成立海外信托，引入职业经理人团队，构建股权激励政策，帮助巢先生在70岁退休时完成企业转型，由家族企业转型为现代化企业，解决企业接班问题。在确保巢先生对企业的经营管理拥有最高决策权的基础上，我们建议巢先生将10%的股权转让给公司核心管理层及企业重要岗位人员。这样可以确保企业员工享受企业成长带来的利益，在自己的工作岗位上更加尽职尽责。同时，帮助巢先生变现一部分资产用于成立家庭信托。完成股权激励方案后，巢先生持有公司20%的股份，依然是企业的第一大股东。

这样做的好处有以下几点：

第一，引入国有资产及海外资金、增加公司估值、建立规范的公司治理结构，巢先生团队依然保有企业的经营权与最高决策权。

第二，境内外联动，方便投融资、隐私保护、税负安排、管理层激励，帮助巢先生完成资产全球化配置。

第三，通过投保终身寿险、成立保险金信托，逐步完成企业资产与家庭资产的分离。

---

① PPP模式直译为"公私合伙制"，简而言之是指公共部门通过与私人部门建立伙伴关系提供公共产品或服务的一种方式。

（二）理财规划方案

1. 宏观数据基础

表11　宏观数据

项目	数据信息	数据来源
一年定期存款利率	1.50%	人民银行官网
活期存款利率	0.35%	人民银行官网
人民币理财产品收益率	3.80%	Wind数据库
人均寿命	79岁	《"健康中国2030"规划纲要》
普通股票性基金总指数过去十年投资回报率	8.04%	Wind数据库
债券基金总指数过去十年投资回报率	5.37%	Wind数据库
通货膨胀率	3.04%	2000—2019年通货膨胀率平均值
法定退休年龄	女：55岁 男：60岁	《国务院关于工人退休、退职的暂行办法》

2. 家庭基金信托架构（见图4）

通过设立家族基金信托完成家族企业向现代化企业的转型，巢先生每年依旧可以享受到金额可观的企业分红，该笔资金可以充分补充巢先生的现金流，用于满足购置房产、维持现有生活标准、旅游的需求。同时，企业信托化可以在不失去对企业绝对控制权的前提下，吸引优秀经营管理人才，以股权的形式奖励企业高管，协助家族成员进行企业经营，当巢先生退休时，可以按其意志长期维持企业良性发展，以实现企业长期发展和企业传承。

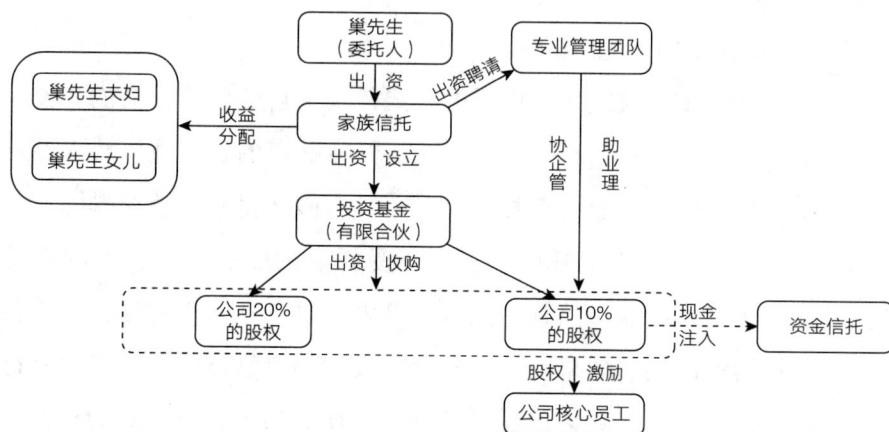

图4　家庭基金信托架构

3. 家族资金信托架构（见图5）

巢先生出售投资性住宅，将资金与银行理财资金、艺术收藏品共同放入设立的家族资金信托，后期企业股权激励置换出的资金也一并注入家族资金信托。通过家族资金信托分散投资，实现家庭资金的合理配置与保值增值。资金信托的设立可帮助巢先生完善现有保障、规划家族财务、遗产合理避税、女儿的婚姻保全。

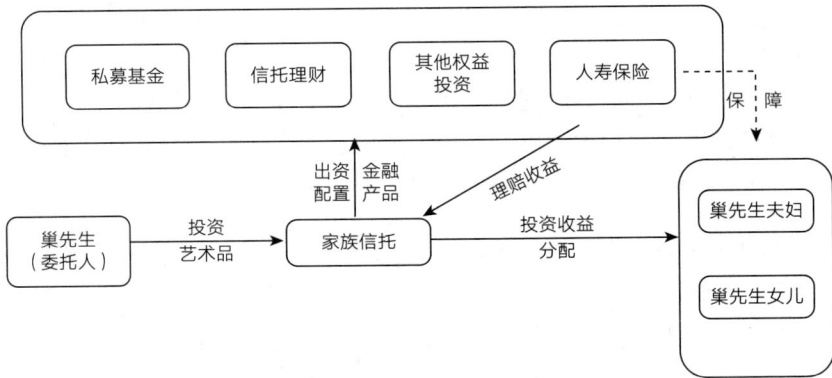

图5　家族资金信托架构

建议客户配置信托理财、私募基金、终身寿保险。由于巢先生的企业本身属于传统行业，建议巢先生配置医疗与科技方面的主题基金。随着我国年均财富的不断提高，国内对医疗服务及生命健康方面越来越重视。医疗主题基金值得长期投资。新形势下，中国制造向中国创造转型，科技仍是第一生产力。我国科技企业将迎来黄金时期。

4. 家族慈善信托架构（见图6）

巢先生可以通过成立家族慈善信托的方式，实现自己回馈社会的心愿，我们建议巢先生前期出资1000万元成立慈善信托，保障财产的独立性。放入慈善信托的财产区别于委托人未设立慈善信托的财产，具有破产排除、遗产排除、债务排除、混同排除的效果；慈善信托财产独立于受托人的固有财产，不因受托人破产、被强制执行而受到影响；慈善信托财产可以通过合意的方式独立于受益人的债务。慈善信托的资产隔离效果能够保障家族投入慈善领域财富的安全和稳定。另外，运营财产过程透明。慈善信托可以确定信托监察人，由其对受托人的行为进行监督，维护委托人和受益人的合法权益，赋予监察人以自己名义提起诉讼的权利。无论慈善信托的委托人是否在世，慈善信托监察人可以一直由家族成员担任，运用慈善信托管理家族财富，保障了财产运营全过程具有透明性。

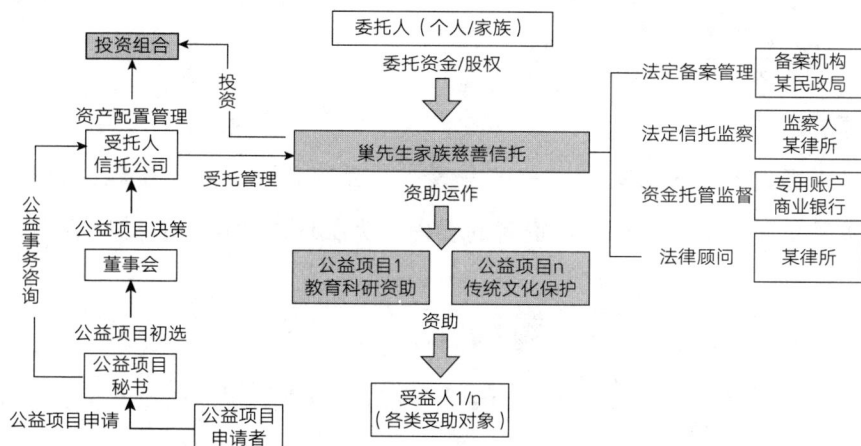

图6　家族慈善信托架构

通过3个家族信托的设立，可以帮助巢先生实现未来生活规划的10项需求。

5. 风险告知

市场风险：投资者对股票看法的变化所引起的大多数普通股票收益的易变性，称为市场风险。投资者配置的股票型基金产品会有部分比例投资于股票，可能会遭遇市场风险。

投资风险：未来投资收益的不确定性，在投资中可能会遭受收益损失甚至本金损失的风险。投资者需要根据自己的投资目标与风险偏好选择金融工具。而非保本理财等产品的收益情况存在一定的不确定性。

操作风险：因不完善或有问题的内部操作过程、人员、系统或外部事件而导致的直接或间接损失的风险。当不可抗力发生的时候，投资者的收益会受到一定的损失。我行的工作人员，全部具有相应的专业能力和资质，已将操作风险降到最低。

汇率风险：一个企业的成本、利润、现金流或市场价值因外汇汇率波动而引起的潜在上涨或下跌的风险。由于在海外有投资，收回的大部分资金为外币，一旦出现汇率波动，或会出现实际收入降低的风险。

五、及时管理客户之理财计划

（一）检查机制的建立原则和注意事项

1.建立原则

通过市场研究、投资策略、资产配置、产品组合配置四大步骤，建立完整的理财师服务循环体系，要顺应投资者的心理，克服理财师自己的畏难情绪。

2.注意事项

（1）不能随意改变客户既定的投资目标。

（2）亏损要提前做好痛苦的缓释。告知客户的资产组合绩效，缓释亏损的心理冲击。

（3）及时纠正错误。不断分析市场、跟踪绩效、适时调整，才能及时纠正错误。

（4）注重售后服务，提高客户满意度。

（5）做好客户关系管理。与客户保持良好的关系，多沟通，及时发现客户的新想法、新异动，为持续销售积累基础。

（二）检查机制阐述

1.启动检查机制的影响因素

在客户自身和市场出现变化的情况下，根据理财师的专业能力进行判断，决定是否需要调整客户的理财规划方案。

（1）主动方面：客户的人生阶段发生改变，例如婚姻、子女、工作等发生变化。

（2）被动方面：

宏观变化：经济环境发生改变，例如股票市场、利率、汇率等方面的政策变化。

中观变化：客户原有的资产组合没有达到预期的效果。

微观变化：单一产品出现严重损失，或因特殊的监管原因终止。

2.检查机制原则

（1）定期原则：定期检查客户资产状况，理财师应对已出具书面建议或已在我行配置产品组合的客户，从出具书面建议、进行产品组合配置日起的一定时间内，按客户在我行资产管理规模的大小进行定期对客户资产进行跟踪检查。

（2）"谁规划、谁负责"的原则：由理财师负责对客户的资产状况进行检查。若理财师离职，要进行相应的交接程序，避免客户感受到服务断层。

3. 检查应了解的基本要素

为客户进行资产检查，应至少深入了解客户及其资产组合的以下基本要素：

（1）客户新的基本情况，主要参照客户信息搜索九大维度，着重注意收入来源和金额、财务目标以及优先顺序等方面的变化。

（2）理财需求和风险属性变化（包含客户及其家庭、企业）。

（3）比较客户现有配置和我行建议配置的偏差及其原因。

（4）重点产品的绩效。

（5）客户资产整体绩效和单一产品绩效的波动是否超过客户预期。

4. 检查的应对措施或方案

了解检查的基本要素后，应简单提出应对措施或解决方案，例如：约访客户、口头建议调整单一产品或大类资产配置；进入下一循环的建议步骤，为客户再次出具书面建议等。在不随意改变客户既定投资目标的情况下，比较客户现有配置和我行建议配置的偏差，效果偏离度达到30%时，须进行重新评估。

5. 将检查情况与客户沟通

得出检查结论（如合理、维持、改变），要在检查基础上进一步了解客户。理财师应将上述检查情况，以电话或面谈等方式告知客户，让客户了解其资产组合状况，并视情况向客户简单提出应对措施或方案。

6. 检查记录要求

理财师须将检查应了解的基本要素、检查的应对措施或方案、与客户沟通情况等简要记录在客户资产检查工作表（见表12）中，并上传该文档至客户关系管理（CRM）系统的"跟踪"步骤。不得上传过于简单、敷衍或无效的"跟踪"步骤信息。

表12 客户资产检查工作表

时间	客户姓名	检查内容	检查方式	沟通过程	检查结果	检查人

检查后视情况进入下一循环的建议步骤：检查后，理财师应根据客户需求等实际情况，进入下一循环的资产配置，必要时出具书面建议（包括但不限于财富报告等）。

（三）提供优质服务

1.提升客户服务的方法

（1）将理财师队伍打造成私人医生，价值在开药方，而不是卖药。

（2）构建长期合作的理念，实现和客户的共赢、共生，为客户创造价值。

（3）客户需求圈和银行利益圈联动，通过专业能力，把两个圈同时做大，找到更多交集。

（4）运用科学专业的方法体系，不仅是服务方法，更是内部工作方法，约束团队所有人。

2.以资产配置作为核心竞争力

（1）开展全视角的市场研究，充分把握市场脉搏。

（2）识别投资机会，把握投资风险，在挑战中赢得机遇。

（3）制定投资策略，在捕捉机会的同时，尽量规避非系统性风险。

（4）按照客户风险属性，进行个性化资产配置，满足客户理财规划的需求。

（5）根据客户的理财目标，为客户配备相应的产品。

（6）跟踪检查客户的理财规划方案，实现全流程服务。

3.长效的跟踪服务机制

（1）持续追踪家族信托。每个季度回顾运作情况，每年召开家族会议，根据客户情况适时调整信托结构。

（2）推行职业经理人制度。规范和完善竞聘机制，任用和选拔有能力和专长的人才，不完全拘泥于个人资历。各级管理人员实行岗位职级序列工资，依据工作性质、所承担的责任和风险以及价值创造结果确定分配方式。

（3）打造专业的服务团队，树立财富增值的理念，倡导科学专业的方法体系，配合螺旋四步工作法（倾听、建议、实施、跟踪）。

方案点评

赖志骏
/ 中国工商银行私人银行部 /

该参赛方案通过独特视角深度洞察案例客户状况，能够在深度了解客户的基础上，做好资产配置和需求对接，结构完整、条理清晰、内容充实。

一是依托合理的客户需求分析框架，对客户进行了多维度、多层次的分析。对象维度上，贯穿个人、事业、家庭；时间维度上，连线过去、现在、未来，对客户完成了动态化、立体化的深度了解。

二是在新冠肺炎疫情蔓延和宏观经济下行的背景下，客户实际控制企业经营受到重大冲击，客户的个人财富缩水明显，其单一的家庭资产构成存在重新优化调整配置的必要性和急迫性。该方案在确保客户保有企业经营最高决策权的前提下，通过梳理客户企业的持股结构，解决客户所持资产单一化的问题，成为给客户制定全资产配置方案的前提。

三是运用TOPS法则，在解决客户所关心的问题前，先一步确认客户资产家企分离情况，并设计出合理的家企资产隔离方案，在此基础上平衡家庭财产与企业发展的未来规划，协力完成客户的综合化资产配置方案。在家庭财富规划上，除解决单一配置问题、优化客户个人财富整体结构外，通过配置家族信托的方式，进一步完善理财投资及个人保障。在企业经营上，对于客户加大海外新业务拓展力度的意愿，方案提出联合国有企业及境外投资人，三方出资在境外建厂的方案，解决了客户海外业务的融资难题。

建议该参赛方案能够进一步完善客户跟踪服务流程，打通各个环节，引入反馈机制，做好方案落地跟进和动态调整，确保资产配置和综合服务的长远有效。

第十一届杰出财富管理师技能竞赛优秀方案二

参赛者：_____蔡 融_____   送选单位：_____中国建设银行_____

参赛组别：一般财富管理组别（具备两年或以上之财富管理工作经验）

目 录

第一章　建立与客户的信赖关系

一、客户背景简介

罗先生今年35岁，在一家外企任人力资源总监，在我行接受了5年的理财业务服务，也是我行的优质客户。罗先生的太太王女士是一位公务员，平常经常参与家庭财务的管理，与理财师关系密切。夫妻二人育有一个8岁的女儿，目前就读小学二年级，夫妻俩对孩子的教育非常重视，希望孩子以后出国接受教育。

罗先生的家庭财务状况一直处于良好平稳的状态，但是受新冠肺炎疫情影响，罗先生受雇的企业处于停工停产的状态，职业前景不明朗，罗先生希望能够重新检视家庭财务状况，于是客户经理开始对罗先生家庭的整体理财情况进行重新整理、规划。

二、精心准备会面

（一）罗列需要了解的内容

为了更好地服务客户，做好客户画像以及关键信息收集，客户经理列出信息收集提纲，如表1所示。

表1　信息收集提纲

项目	过去	现在	未来
个人	往来银行 投资经验 投资风格 （以往操作）	目前所处生命周期阶段 收入来源和数额 风险偏好及风险承受度 资产与负债（资产配置、长期负债、短期负债）	短期及长期财务目标及优先顺序 投资计划 期望收益 流动性需求
事业	专业形成	受雇公司运行现状	受雇公司发展前景
家庭	财富积累 保险保障的范围	家庭基本状况 每位家庭成员的兴趣与理想 女儿的教育投入	家庭变动计划（迁居、移民） 主要担忧（事业及健康等） 子女的教育储备

（二）准备资产检视、市场信息及财务数据

理财经理根据罗先生在银行的资产情况，做了资产检视报告，报告分析了产品持有情况、资产配置的结构（见图1）、近年来的收益情况，并比较了市场同期产品。

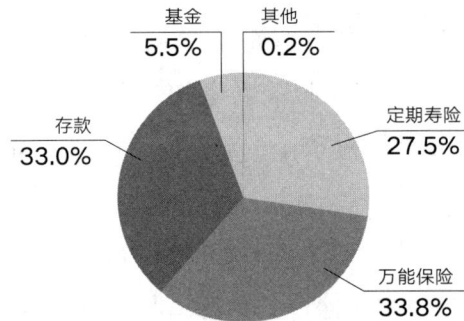

图1　罗先生的家庭资产配置

除了以上内部资料，理财经理考虑到罗先生女儿未来海外留学的计划，特地准备了最新的外汇管理政策及一些美元汇率走势的信息。同时还准备了相关海外学校的背景介绍、留学信息以及相关费用（学费、生活费等）。同时，了解客户受雇企业所处行业的运行情况、国家政策以及上下游情况；收集客户家庭成员的兴趣爱好和期望实现的目标等相关信息，增加谈话切入点。此外，汇集了可能用到财务数据，如表2所示。

表2　相关财务数据

数据名称	数值	说明
国家经济增长率	6%	国家对经济增长的目标
通货膨胀率	3%	参考近年来CPI数据
房产税	年税率1.2%	参考试点城市税率
住房公积金贷款利率（5年）	3%	目前情况
大学教育费用成长率	2%	新浪网
旅游费用增长率	3%	新浪网
房屋折旧率	2%	中华人民共和国财政部资格评价中心
收入增长率	3%～5%	参考客户职业未来的展望
支出增长率	5%	—
定期存款利率	详见说明	一年期1.75%，二年期2.25%，五年期2.75%；中长期贷款利率：一至三年期（含）为4.35%，三至五年期（含）为4.75%，五年期以上为4.65%
人民币理财产品收益	2.30%	保本理财产品
实物金金价	412元/克	浮动
社会平均工资增长率	6.07%	国家统计局相关数据
美元兑换汇率	1美元=7.0822元人民币	银行外汇牌价（卖出价）

罗先生与王太太的单位都是以最高比例缴纳四金，所以理财经理也收集了2019—2020年上海市公司及有雇工的个体工商户社保缴费标准，如表3所示。

表3　2019—2020年上海市公司及有雇工的个体工商户社保缴费标准

缴纳项目	缴费工资基数（元）		缴费比例（%）		最低缴费金额（元）		最高缴费金额（元）	
	上限	下限	个人	单位	个人	单位	个人	单位
五险–养老	4699	23496	8%	20%	376	940	1880	4700
五险–医疗			2%	10%	94	447	470	2233
五险–失业			0.5%	0.5%	24	24	118	118
五险–工伤			—	—	—	5	—	24
五险–生育			—	—	—	47	—	235
补充–残保金			—	—	—	71	—	353
总计					494	1534	2468	7663

理财经理还考虑了客户可能提出的问题及应对方式，与同事进行了角色扮演，并精心设计了个性化的PPT。

（三）强化信任挖掘深层需求

利用TOPS准则引导客户需求，可使面谈更具针对性、全面性和有效性，从而更好地引导客户，完成客户数据和需求的基础准备工作。

T（信任，Trust）：一周后，罗先生如约来到理财中心，理财经理穿着整洁、职业，戴好口罩出门迎接。

在精心布置的会客室，理财经理将之前收集的市场信息以及资产检视的数据展示给罗先生，尤其是精心制作了基金诊断报告，诊断报告对罗先生持有的混合型基金以及市场上10只同类型基金的过往业绩、基金公司和基金经理情况、基金投资组合、基金规模、基金风险等情况进行分析。理财经理针对这几只基金分别提出了继续持有、赎回、转换、持续关注等建议。同时，还对大类资产的情况做了简单的分析与投资建议。

O（机会，Opportunity）：理财经理观察到罗先生放松下来，开始聊起了新冠肺炎疫情对经济、企业等造成的影响，罗先生所雇的企业也面临同样的问题，一下子打开了话匣子。

闲聊几句家常后，理财经理谈到："我行理财规划的原则就是通过对家庭收支情况、家庭资产财务状况进行分析，根据家庭理财目标和家庭成员的实际情况，灵活使用财富规划和资产配置等方式改善未来财务状况，即使出现风险，也能确保家庭正常运行。"罗先生对此也是非常认可。

P（痛苦，Pain）：罗先生聊到："近期受新冠肺炎疫情影响，我工作的企业刚准备复工复产，我比较担心企业的经营情况会直接影响我未来的职业生涯和家庭收入。目前我女儿正处于基础教育的重要时段，教育投入也不能断供，所以还是非常的焦虑。"

S（解决方案，Solution）：理财经理立即接话："罗先生，专业的事交给专业的人。我们就是擅长用专业的财务管理知识和资产配置方法，通过一系列综合金融服务，对您的资产负债、收入开支等进行全面的管理和筹划，为您找到财富保值增值的途径，当然为了理财规划的准确性，还需要您提供相对全面和准确的信息，以便我们量身订制您的理财规划方案。"罗先生与理财经理开启了较为深入的谈话。

第二章　明确客户理财目标

一、深入交流，梳理客户基础信息

为了明确客户现在及未来的理财目标，理财经理利用SPIN法则，以关联式或引导式的问句，挖掘客户需求、探询其就业情况和家庭财务状况，对客户不愿回答的敏感问题快速跳过。

S（情境，Situation）：一些对现状的提问，如目前家庭有没有负债？企业当前复工复产的情况如何？家庭有没有配置商业保险？有没有考虑过孩子留学？等。

P（问题，Problem）：询问客户的困惑、不满，如您对现在的投资组合收益情况是否满意？您对于自身的健康有哪些担忧？等。

I（影响，Implication）：发掘问题不解决可能带来的后果，如您的就业会不会影响家庭资产和家庭生活品质？重大疾病的发生概率在70%～80%，如果没有保障会不会对家庭产生影响等。

N（需求，Need）：挖掘需求，如您希望自己的投资组合达到多少的收益区间？您是否希望在理财规划中增加房产投资等。

通过与客户的有效沟通，客户及其家庭成员的基本信息如表4所示。

表4　客户及其家庭主要成员情况

姓名	罗先生	家庭成员	年龄	职业情况	身体状况	备注
国籍	中国	罗先生	35	人力资源总监	健康	社保、寿险等
年龄	35岁	王太太	35	公务员	健康	社保、万能险
婚姻状况	已婚，有一女	女儿	8	小学二年级	健康	社保
货币	人民币	张父	65	退休	患有高血压	社保
风险特征	稳健型	张母	63	退休	关节炎	社保
预期回报率	6%～10%	岳父	66	退休	尚可	社保
爱好	健身、旅游、	岳母	62	退休	尚可	社保
房地产投资	自住					
其他投资	基金、保险等					

基于对理财经理的信赖、SPIN法则下问题的设置、引导以及顺利的沟通，罗先生详细描述了家庭财务状况，所有问题设置以及现状描述如表5所示。

表5　家庭现状

项目	问题设置	家庭情况描述
受雇企业情况	罗先生您好，您所在的企业现在复工复产了吗？恢复到之前的生产水平了吗？对您职业的影响大吗？企业发展前景如何？	罗先生描述说："我受雇的企业是专业从事化学农药生产的企业，主要产品包括异氯酸酯、嘧啶、二氯等，目前具备年产36000吨农药的生产能力。2019年度外销占比近20%，主要销往美国、巴西等国家。目前受新冠肺炎疫情影响，外销目前只有之前的40%。另外疫情之下很多员工还未能返工，对员工的安排也需要牵涉很多精力。受主营业务影响，我的收入可能也会打折扣。"
收入情况	为了使我们为您设计的理财方案更符合实际，还需要请您详细告诉我，您和您太太的收入情况？有没有公司分红、房屋出租等额外收入呢？	罗先生夫妇婚姻幸福，育有一女。女儿8岁，兴趣广泛。目前罗先生夫妇二人税后月工资性收入为6.2万元，罗先生年终奖有10万元，王太太偶尔去大学讲课，收入为3万元
支出情况	您一般用于日常消费的开销有多少？主要涉及哪些方面？刚性需求有哪些？孩子上学和课外兴趣班都需要哪些开销呢？	一家三口每月的总开销大约为30000元，主要支出项目：房贷每月还20000元，水、电、煤、通信、家庭生活用品的开销2000元左右，2000元左右用于女儿的教育，还有6000元的机动开支（用于改善生活质量、人身保险费用及社交等使用）。每年的年度大开支主要为10000元的左右的汽车维修及保险费用，以及50000元的出国旅游费用
资产情况	除了您现在住的地方，在其他地方是否还有房产？是用于自住还是投资呢？您身边的流动资金有多少呢？您希望用多少资金来理财呢？	罗先生家庭现有金融资产为存款100万元，基金20万元，另外罗先生购买了保额为100万元的定期寿险，分5年缴纳，目前现金价值为与保额相当。罗先生目前自己居住的住房价值500万元，但是房贷余额有300万元，罗先生和王女士各自有一辆20万元的家用车
保障情况	您未来还需要购置房产吗？您有换车的打算吗？	罗先生夫妇二人目前还未给女儿投保。罗先生和王女士均参与了社会统筹养老、医疗、公积金等。夫妇俩希望存够女儿大学到国外留学的费用。还希望买一套更宽敞的复式或联体别墅，现有的房子如果可以不卖就准备出租

二、整理信息，初步确认客户需求

在本次会面后，我对得到的信息进行了详细整理，并通过电话沟通，运用SMART原则，对目标需求内容进行了明确，并对其实现顺序、内容描述、需求金额等进行了调整，最终得到罗先生家庭初步的理财目标清单（见表6）。

表6　罗先生家庭理财目标

目标名称	目标需求	实现期限
子女抚养以及教育计划	女儿成长以及教育费用，为女儿留学准备充足的资金	今后持续14～16年
家庭保障计划	通过购买合适的商业保险，保障家庭生活	计划后执行
孝亲计划	每年给双方老人各1万元	预计持续20年
投资规划	选择合适风险收益相匹配的产品进行投资，抵抗通胀，保值增值，财富积累	计划后执行
旅游规划	每年全家国内及国外旅游，约5万元	计划后执行
购车、房目标	希望在未来购置一套房产，价值约1000万元，现有住房可出租或出售	15年后
社交需求	每年与老友相聚等费用，约1万元	计划后执行
退休养老目标	满足退休后的生活标准（退休前消费水平的80%）	30年后执行

第三章　分析客户财务状况

一、家庭收支情况表（见表7）

表7　2019年家庭现金流量支出表

编制日期：2020年7月　　单位：元

收入类				
家庭所得项目	本人	配偶	共同	家庭合计	占收入的比重（%）
工资薪金所得	700000	144000		844000	71.25
劳务报酬所得		30000		30000	2.53
当期工作收入合计	700000	174000	0	874000	73.79
个人养老金提拨额	78946.0	40320.000		119266	10.07
社保医疗险入账额	32436.0	16560		48996	4.14
住房公积金入账额	67680	34560		102240	8.63
延期工作收入合计	179062	91440	0	270502	22.84
工作收入总计	879062	265440	0	1144502	96.62
金融投资收益	40000			40000	3.38
理财收入合计	40000	0	0	40000	3.38
税后当期所得合计	740000	174000	0	914000	77.16
含延期收入总收入	919062	265440	0	1184502	100

支出类					
家庭支出项目	本人	配偶	共同	家庭合计	占支出的比重（%）
夫妻生活费支出			24000	24000	13.33
旅游支出			50000	50000	27.78
汽车维修支出			4000	4000	2.22
子女教育费支出			24000	24000	13.33
社交、改善型支出			36000	36000	20.00
消费支出合计	0	0	138000	138000	76.67
汽车保费			6000	6000	3.33
保障型保费			36000	36000	20.00
理财支出合计	0	0	42000	42000	23.33
支出合计	0	0	180000	180000	100
储蓄情况					
家庭工作储蓄	879062	265440	（138000）	1006502	84.97
家庭理财储蓄	40000	0	（42000）	（2000）	−0.17
家庭总储蓄	919062	265440	（180000）	1004502	84.80
还自用房贷本金			240000	240000	20.26
固定用途储蓄合计	179062	91440	240000	510502	43.10
上年度自由运用储蓄	740000	174000	（420000）	494000	41.71
上年度非经常净收入	0	0	0	0	0.00
下年度自由储蓄预算	740000	174000	（420000）	494000	41.71
总收入贡献率	77.59	22.41	0	用来分配共同负债	

家庭收支情况分析：

罗先生家庭收入虽然渠道并不丰富，主要为工资薪金所得，家庭税后年收入达91.4万元，年支出42万元，净储蓄率为56.4%，净储蓄额为49.4万元，规划空间较大。

罗先生家庭收入中，工作收入占95.73%，家庭理财收入占4.27%，工作收入占比过高，尤其是罗先生的工作收入会对家庭收支情况产生直接影响。相对而言，理财收入占比过低，可通过合适的理财规划抵御罗先生职业变化给整个家庭带来的收入和生活上的变动。

家庭支出整体合理，日常旅游消费支出的金额较多，需要注意的是，随着女儿年龄的增长，教育支出会逐渐增加，需要强有力的现金流来支撑。

二、家庭资产负债表（见表8）

表8　2019年家庭资产负债表

编制表：2020年7月　　单位：元

资产情况					
资产	本人名下	配偶名下	夫妻共同	合计	比重（%）
现金及活存			36000	36000	0.40
流动性资产	0	0	36000	36000	0.40
定期存款			1000000	1000000	11.08
股票型基金			200000	200000	2.22
个人养老金账户	78946	40320		119266	1.32
医疗保险金账户	20000	10000		30000	0.33
寿险现金价值	1010000	0		1010000	11.19
其他投资性资产	0	1228396		1228396	13.61
投资性资产	1108946	1278716	1200000	3587662	39.76
自用汽车当前价值	200000	200000	0	400000	4.43
自用房产当前价值	0	0	5000000	5000000	55.41
自用性资产	200000	200000	5000000	5400000	59.84
总资产	1308946	1478716	6236000	9023662	100
负债情况					
负债与权益	本人名下	配偶名下	夫妻共同	合计	比重（%）
消费负债	0	0	0	0	0
投资负债	0	0	0	0	0
住房公积金贷款			600000	600000	20
自用房产贷款			2400000	2400000	80
自用负债	0	0	3000000	3000000	100
总负债	0	0	3000000	3000000	100
流动净值	0	0	36000	36000	0.60
投资用净值	1108946	1278716	1200000	3587662	59.56
自用净值	200000	200000	2000000	2400000	39.84
总净值	1308946	1478716	3236000	6023662	100
紧急预备金月数	3	家庭总支出	180000		
紧急预备金	45000	家庭总支出/12×紧急预备金月数			
既得权益	1159266	住房公积金账户+养老金账户+医疗保险金账户+寿险现金价值			
期初理财准备	2419396	可以用来做较长期投资并可分割变现的资产			
期初理财准备=流动性资产+投资性资产−房产投资−实业投资−既得权益−紧急预备金					

家庭资产负债表分析：

罗先生家庭总资产达902.36万元，总负债为300万元，属于债务压力比较合理的家庭。但是固收类投资（定期存款）占比过高，权益类资产配置不足，尤其是近期资本市场的走势强劲，在货币超发、通胀压力增大、无风险收益率走低因素的影响下，权益类资产配置不可或缺。前期投资的混合型基金可以做换仓处理。另外，罗先生家庭可投资的资产净值为358万元，也有一定的规划空间。

家庭流动资产结构不合理，合理的流动资产=月支出×紧急预备金月数（3~6个月），家庭合理流动资产为4.5万~9万元，一般为现金、活期存款、货币市场基金，具备变现性和保本性。目前，罗先生家庭每个月有6000元的机动开支，除去保费和社交费用，大约只有3000元结余，流动资产略少，建议将定期存款100万元部分换成银行开放式理财和货币基金，以应对突发情况。

期初理财投资为241.93万元，可以用来做较长期金融投资并可变现资产，也是理财规划后期做资产配置的投资。

三、家庭财务比率分析（见表9）

表9 家庭财务比例情况

编制日期：2020年7月

指标类别	家庭财务比率	定义	数据	合理范围	分析
偿债能力	资产负债率	总负债/总资产	33.25%	<60%	在合理范围之内
	流动比率	流动资产/流动负债	—	>200%	无流动负债
	融资比率	投资负债/投资资产	0	<50%	在合理范围之内
	财务负担率	年本息支出/年税后当期收入	26.91%	<40%	在合理范围之内
	平均负债利率	利息支出/总负债	0.20%	基准利率×1.2倍以下	在合理范围之内
应急能力	紧急预备金月数	（流动资产/年总支出）×12	2.40	>3	偏低，可提高流动资产
储蓄能力	工作储蓄率	（税后工作收入−消费支出）/税后工作收入	87.94%	>20%	在合理范围之内
	净储蓄率	净储蓄/年税后总收入	84.80%	>25%	在合理范围之内
	自由储蓄率	自由储蓄/年税后总收入	41.71%	>10%	在合理范围之内
财务自由度	财务自由度	年理财收入/年总支出	22.22%	15%~30%	在合理范围之内

指标类别	家庭财务比率	定义	数据	合理范围	分析
财富增值能力	生息资产比率	（流动资产+投资资产）/总资产	40.16%	>50%	在合理范围之内
	平均投资报酬率	年理财收入/（流动资产+投资资产）	1.10%	通胀率+2%以上	在合理范围之内
保障能力	保费负担率	保障型保费/年税后当期工作收入	4.12%	5%~15%	偏低，应提高保费预算来增加保障
	保险覆盖率	寿险保额/年税后当期工作收入	1.14	大于10年	保障可能不足，应检视已投保额是否足够

家庭财务比率分析：

罗先生家庭的各项财务比例总体处于合理范围之内。但是从偿债能力来看，融资比率过低，无投资负债，没有充分利用财务杠杆，可适度运用财务杠杆。

罗先生家的应急能力有待提高，流动资产偏低，资产结构有待调整。紧急准备金可调整为货币市场基金或银行每日开放型理财产品。

罗先生家庭的储蓄率比较高，财务状况比较好。但是生息资产比率和投资收益率较低，应适当提高理财投资比例，并通过资产重组提高收益水平。

罗先生目前的财务自由度在合理区间内，但是在新冠肺炎疫情的影响下，罗先生的职业规划还须从长计议。从这一点来说，罗先生的理财规划有一个重点即是开源，增加投资收益，保证罗先生家庭的资产保值、增值，维持现有的生活水平。

家庭的保障能力主要体现在保险的覆盖率和负担率，罗先生家庭这两个指标都偏低，表明家庭保障不足，需要进一步利用生命价值法或者遗属需求法算出合理的寿险保额。

四、家庭财务缺口分析

（一）教育金准备

罗先生希望女儿能接受不同文化背景的教育，对女儿的教育规划比较明确。罗先生计划10年后将女儿送去美国留学，美国目前学费以及生活费每年约为40万元人民币。按照4年本科，2年硕士来规划。如果罗先生期望的投资报酬率为6%，通胀率为3%，教育费用增长率为3%。

10年后年度学费=FV（r=2%, n=10, PMT=0, PV=40）=48.76万元；

10年后需要的学费=PV［r=（1+i）（1+g）−1=9%, n=6, PMT=48.76, FV=0, g=3%, Begin］=249.42万元；

当前需要的学费现值=PV（r=9%, n=10, PMT=0, FV=249.42）=105.36万元；

10年中每年需准备的费用=PMT（r=9%, n=10, PV=105.36, FV=0）=16.42万元。

那么女儿每年的教育金储备为16.42万元，准备这样一笔教育基金需要整体规划。

（二）家庭保障需求

目前，罗先生家庭大多进行了社会医疗和养老保障金的交纳，但是罗先生家庭财富与罗先生的个人能力、收入水平以及健康程度关联度极高，对罗先生工作收入的依赖度极大，因此必须完善家庭保险，建立家庭保障规划，有效应对意外事件对家庭财务流动性和安全边际带来的影响。另外，罗太太现在的保险以投资为主，而且投资收益与存款产品类似，资产投资类型重复，可以终止保单，配置其他保障型保险，并将这两个万能型保险的现金价值投向其他产品。现以遗属需求法考虑保险配置需求（见表10）。

表10　保险规划测算表　　　　　　单位：元

项目	罗先生	罗太太	保险状况		
保费预算占收入比率（%）	10	10	姓名	罗先生	罗太太
保费预算金额	87906	26544	当前年龄	35	35
当前家庭年消费支出	134000	134000	预计退休年龄	60	55
出险后支出调整率	70.00%	70.00%	预计终老年龄	80	85
遗属年税后工作收入	265440	879062	已保终身寿险保额	0	0
遗属生活费缺口现值	（3141880）	（17561833）	已保定期寿险保额	1000000	1000000
遗属退休金缺口现值	191289	741821	已投保两全险保额	0	0
紧急预备金	45000	45000	已投保意外险保额	200000	0
当前负债额	3000000	3000000	已投保医疗险保额	0	0
子女教育金现值	1053600	1053600	已投保大病险保额	0	0
丧葬费最终支出现值	30000	30000	已投保年金险保额	0	0
现金需求	3075000	575000	两全险几年后领回	0	0
拟留遗产现值	0	0	年金险几年后开始领	0	0
可变现生息资产	4385266	4385266	遗属生活费用成长率	5.00%	5.00%
资产变现折扣率（%）	77.77	77.77	保险金的投资报酬率	6.00%	6.00%
家庭保额总需求	3075000	1575000	缴至退休定期险费率	0.70%	0.30%
应加保定期寿险保额	2075000	1575000	意外伤害险费率	0.15%	0.15%

项目	罗先生	罗太太	保险状况		
应投保意外险保额	6150000	3150000	重大疾病险费率	2.93%	1.37%
应加保意外险保额	5950000	3150000	住院医疗险费率	4.00%	3.20%
拟投保住院医疗险额	300000	200000	终身寿险保险费率	6.37%	5.32%
应加保住院医疗险额	300000	200000	当前年缴保费	30000	6000
应投保重大疾病险保额	500000	300000	可增保费预算	57906	20544
应加保重大疾病险保额	300000	300000	目前寿险的现金价值	1000000	0
可投保终身寿险保额	214540	67368			

根据遗属需求法，罗先生虽然收入可观，但是家庭日常消费需求也很旺盛，一旦发生风险事件，还会影响生活质量。根据双十法（家庭保障型资产比例为10%），结合罗先生的家庭现状、理财目标和未来预期，目前每年还有7万元的保费缺口，那么罗先生家庭保障现值=PV（i=9%，n=25，PMT=7，g=3%）=121.89万元。

（三）孝亲费用需求

罗先生夫妇的双亲都还健在，虽然双方父母都有一定的社保，但是罗先生夫妇还是每年给每个老人准备了0.5万元的生活费，以补贴老人用度，如果目前投资报酬率为6%，通胀率为3%，支付20年，那么孝亲费用现值=PV（n=20，r=9%，g=3%，PMT=2）=29.12万元，也是一笔不小的开支。

（四）保值增值需求

罗先生家庭现有的金融资产投资组合加权平均收益率大约为4%，投资组合离年化收益率6%以上的预期缺口较大，这会影响子女教育、退休养老等需求的折现率，从而使之前的需求可能无法达到。

（五）旅游支出需求

罗先生一家非常喜欢出游，每年都要安排全家出行，以沟通彼此的感情，放松身心，这也是家庭文化的重要部分。目前，每年需要5万元，如果投资报酬率为6%，通胀率为3%，旅游支出增长率为3%，20年，那么旅游支出费用现值=PV（n=20，i=6%，g=3%，PMT=5）=72.81万元。

（六）购房需求

罗先生希望能买一套更宽敞的复式或者联体别墅，现在市场价值约为1000万元，现有房产可不卖就出租。但是目前罗先生现有房产的贷款还有300万元未还清，新购房产的计划可能要延后。以罗先生每月需要还款的现金（2万元）、罗先生夫妻每个月可用于还款的住房公积金余额（10.22万元）及贷款余额来测算，罗先生该套房的还款期限大约为15年。那么10年后大概要准备1557.97万元（n=15，i=6%，g=3%，PV=1000），考虑到二套房首付比例为50%（上海市政策规定），则10年后需要准备779万元的现金，然后再运用公积金和商业贷款进行房产购置。现有房产可以通过出租的方式来获得租金，支付部分商业贷款。

（七）社交和提高生活质量需求

罗先生要想获得更长远的发展，需要经营社会人脉，这些都需要花费时间和精力去维护，自然社交的花费也是重要的需求。除此之外，罗太太也需要和闺蜜喝茶、交流等。每年大约需要花费近3万元，如果目前投资报酬率为6%，通胀率为3%，支出增长率为3%，20年，那么社交需求现值=PV（n=20，i=6%，g=3%，PMT=3）=43.6万元。

（八）养老金准备

罗先生今年35岁，希望25年后退休，享受生活。罗先生希望退休后生活标准不低于现在消费水平的80%，现有的消费支出为13.8万元，则25年后退休时每年支出=22.64（n=20，i=2%，pv=13.8）×0.8=18.11万元，退休后按照一般寿命85岁计算，需要有25年的开销，那么25年后需要准备249.11万元（n=25，r=9%，PMT=18.11），则现在养老金现值为28.89万元（FV=228.54，n=25，r=6%，g=3%）。

总结：罗先生一家目前的需求缺口大概是401.67万元，罗先生家庭的期初理财投资为241.93万元，与需求缺口有接近160万元的差距。根据生命周期理论，罗先生的家庭目前属于成长期（见图2），在这一阶段，家庭成员不再增加，家庭成员的年龄都在增长，家庭的最大开支是生活费用、医疗保健费、教育费用，财务上的负担通常比较繁重。但随着子女自理能力的增强，父母精力充沛，自己又积累了一定的工作经验和投资经验，投资能力大大增强。通过合理的资产配置增加投资组合收益以及夫妻二人更好的职业规划给家庭"开源"可以很好地补足需求缺口。

当然，这部分缺口并不包含购房需求，以目前需求总缺口来看，罗先生后期想进行改善型换房可考虑将现有房产出售，资金压力会小一些。

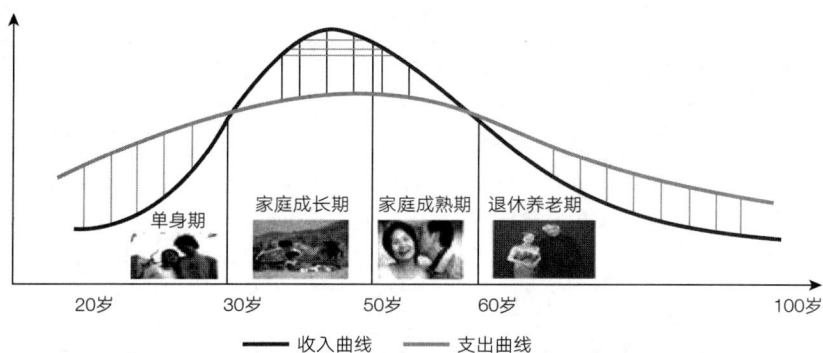

图2　家庭生命周期

五、投资经验分析

（一）投资背景简介

罗先生目前在公司做到了中高层的位置，拥有积累财富的能力。但是，罗先生投资经验不足，股票、债券、基金等投资方面的专业知识了解不多，仅购买了少量基金（20万元），但是3年来净值波动不大，并未获益。加之平时工作繁忙，罗先生无暇对资本市场情况进行深入研究分析。

（二）风险测评

在为客户构建理财方案前，要通过专业风险能力评分表为客户进行风险属性分析。在投资心理学中，每个人都或多或少存在自我归因偏差，即人们的信念会随着成功与否而改变，导致评估结果出现偏差。因此理财经理应逐条诠释，尽量获得最贴近真实的测试结果。罗先生风险能力评分表如表11、表12所示。

表11　风险承受能力评分表

项目	10分	8分	6分	4分	2分	客户得分
年龄：35	总分50分，25岁以下者25分，每多1岁少1分，75岁以上者0分					40
家庭年收入状况	50万元以上	20万~50万元	10万~20万元	5万~10万元	5万元以下	10
家庭负担	未婚	双薪无子女	双薪有子女	单薪有子女	单薪养三代	6
置产状况	投资不动产	自宅无房贷	房贷<50%	房贷>50%	无自宅	4
投资经验	10年以上	6~10年	2~5年	1年以内	无	6
投资知识	非常了解	熟悉了解	比较了解	略有了解	不了解	4
总分						70

表12　风险承受态度评分表

项目	10分	8分	6分	4分	2分	客户得分
忍受亏损：10%	不能容忍任何损失0分，每增加1%加2分，可容忍>25%得50分					20
预期报酬率	25%以上	10%～25%	5%～10%	3%～5%	3%以下	6
认赔动作	预设停损点	事后全停损	卖掉一部分	补仓等反弹	持有待回升	2
可忍受亏损时间	5年以上	2～5年	1～2年	1个月～1年	1个月以下	6
考虑因素	短线价差	长期利得	分红收益	对抗通胀	保本保息	8
避免工具	无	衍生品	股票	债券	银行理财产品	8
总分						50

评估结果：根据我行财富管理中心所提供的客户投资风险评估问卷，并通过专业化的分析，罗先生属于稳健型的投资者。该类型客户通常愿意使本金面临一定的风险，但在做投资决定时，会对将要面临的风险进行认真的分析；对风险总是客观存在的道理有清楚的认识。总体来看，客户是愿意承受市场平均风险水平的。

第四章　为客户构建理财方案

一、基本经济假设

由于罗先生的理财目标需要考虑未来的生活状况和财务状况，本报告时间跨度长，未来的经济环境对报告影响较大，为了便于理财经理作出最详尽、最合理的理财方案，在与罗先生共同协商并经客户认同的前提下，本报告在分析和评估客户的理财目标、提供策略建议时以理财经理收集的相关可能用到的财务数据作为假设和预测的基础。

二、理财规划建议

通过对罗先生家庭需求及缺口分析，结合罗先生的财务状况、风险承受能力以及家庭所处的周期特点，为其建立如下理财规划。

（一）日常生活类及紧急准备金理财规划

罗先生目前家庭收入稳定，但是日常生活准备金不足。日常支出需要保持一定的流动性，同时要准备一定量的紧急准备金。这部分资产可以主要配置货币类产品。货币基金现阶段与银行按日开放型产品及基金公司创新型滚动产品的共同特点是安全性较高且流动性较好，当然配置商业银行开放式理财产品也是可行的，表13所示为近阶段发行的货币型基金，供参考。

表13　货币型基金

基金名称	单位净值	复权单位净值增长	近1年回报	基金经理（现任）
基金A	1	0.07	2.47	石大怿，刘朝阳
基金B	1	0.08	2.72	石大怿，刘朝阳
基金C	1	0.06	2.3	王登峰
基金D	1	0.06	2.13	王莉，严婧璧
基金E	1	0.06	2.15	魏丽
基金F	1	0.07	2.44	张铮烁，陈洁

数据来源：Wind。

（二）子女教育金及孝亲费用理财规划

罗先生希望女儿能接受高质量的教育，父母能安享晚年，所以对子女教育抚养支出以及父母的赡养费用依照足额支付的方式进行，确保子女得到良好的教育，老人生活品质提升。由于教育金和孝亲费用是每年固定支出，这部分资产可以通过配置收益相对固定，风险较小的债券类产品、私募基金或者银行信托，确保支出。银行理财产品、企业债和公司债由于发行品种较多，且都有认购期，而且利率随资本市场变动而经常发生改变，所以无法推荐具体产品，具体投资时以当时发行的产品为准。

此外，可以配置一部分集合信托，其预期收益率是相对固定的。值得关注的是集合信托的选择必须要谨慎、专业，理财师需要了解信托产品的盈利前景，如信托项目所处的行业、运作过程中现金流是否稳定可靠、项目投产后是否有广阔的市场前景和销路；此外，需要考察信托项目的担保情况，如担保方的资产规模，担保方的资产负债比例、利润率、现金流和企业的可持续发展等因素。集合信托的选择对专业要求颇高，但胜在收益较债券类基金可观。从安全角度考虑，我们会更偏向推荐本行代销的信托产品。表14所示是市场上发售的信托计划，供参考。

表14　信托计划

信托成立日	产品名称	受托人	存续期（月）	预期收益率（%）	运用方式
2020-06-30	信托A	中融信托	36	7.20	贷款类信托
2020-06-24	信托B	中融信托	12	6.30	贷款类信托

续表

信托成立日	产品名称	受托人	存续期（月）	预期收益率（%）	运用方式
2020-06-24	信托C	国元信托	12	5.00	其他投资信托
2020-06-24	信托D	中粮信托	24	7.70	其他投资信托
2020-06-19	信托E	国元信托	24	7.20	债权投资信托
2020-06-17	信托F	中融信托	12	5.00	贷款类信托
2020-06-16	信托G	中融信托	36	6.70	权益投资信托

数据来源：Wind。

（三）家庭保障规划

在进行整个家庭理财规划时，最先要做的就是家庭保障计划的规划。通过遗属需要法计算应有的寿险保额与依据罗先生家庭理财目标所需资金折现减去现有可变现资产及已有保险相比，还有一定缺口。特别是罗先生作为家庭主要经济来源，对整个家庭以后的生活开支、子女教育和退休生活起着举足轻重的作用，可以考虑为自己和家人增加寿险、健康医疗险和意外险等。尤其是罗先生应该配置寿险、意外险和医疗险，以很好地抵御意外发生时对家庭财富的影响。根据罗先生和王女士保险缺口做表15所示配置建议。

表15　家庭保险规划建议书

被保险人	应加保险种	应加保保额（元）	需缴费期（元）	预估保费（元）	受益人	推荐产品
罗先生	定期寿险	2075000	25	14525	王女士	A产品
罗先生	意外险	5950000	1	8925	王女士	B产品
罗先生	住院医疗险	300000	1	12000	罗先生	C产品
罗先生	重大疾病险	300000	1	8790	罗先生	D产品
罗先生	终身寿险	214540.0314	25	13666.2	王女士	E产品
王女士	定期寿险	1575000	25	4725	罗先生	A产品
王女士	意外险	3150000	1	4725	罗先生	B产品
王女士	住院医疗险	200000	1	6400	王女士	C产品
王女士	重大疾病险	300000	25	4110	王女士	D产品
王女士	终身寿险	10977.44361	25	584	罗先生	E产品
年保费合计（元）				78450.2		

产品推荐理由：

××终身寿险可根据罗先生体检报告中身体健康状况确定相对应的保险费

率，更精准。目前，罗先生处于年富力强的阶段，定制的费率更适合罗先生。而且罗先生工作的企业受到了新冠肺炎疫情影响，万一企业运营出现问题，而家庭急需临时周转资金时，该产品可申请保单借款。

××医疗险可涵盖所有合理且必要的医疗费用。该公司可利用自身全球化的优势帮助客户寻找最好的医疗资源，全球范围落实医疗资源及医院选择可以让罗先生夫妇在美国陪伴女儿时安心无忧。但是该产品属于消费险，每年的保费较高。

（四）投资规划

目前罗先生的家庭资产配置单一，获利能力较差，可通过增加权益类投资的方式提高产品组合收益。但是考虑到罗先生家庭收入存在不稳定因素，投资风险的分散也是需要考虑的部分。根据需求缺口计算，当前金融资产的投资组合收益率约为4%，低于客户预期组合回报率6%，根据客户的风险偏好显示为稳健型投资者，建议比例调整如表16所示。

表16　投资组合调整建议

投资类型	投资工具	当前配置		建议配置			收益及波动情况	
		目前金额（元）	资产占比（%）	建议金额（元）	建议资产占比（%）	调整金额（元）	预期收益率（年化%）	市场波动率（%）
货币投资	活期存款、货币基金	36000	1.61	46000	2.06	10000	2.0	0.48
固定投资	定期存款、理财	2000000	89.45	800000	35.78	1200000	4.1	1.78
类固收投资	信托	0	0	1000000	44.72	1000000	7.0	5.00
权益投资	基金、股票	200000	8.94	300000	13.42	100000	12.0	23.73
商品投资	黄金	0	0	90000	4.03	90000	7.7	7.55

调整后的资产组合收益率为6.6%，预期波动率为10.5%，假设无风险利率为10年期国债到期收益率，约为3.1%，则夏普比率为0.5。调整后的投资组合与原先投资组合相比，夏普比例多了0.1，但投资组合收益率达到客户预期，提高了整体投资的有效性。配置黄金类产品主要是为了抵御通胀，做好资产的保值。而且黄金也可以作为今后女儿出嫁时的嫁妆。值得注意的是，随着资管新规的出台，未来固定收益类的产品将转型为净值型，需要逐步降低固定收益类产品，后期要根据市场的产品实际供应情况以及罗先生风险态度的变化来增加权益类资产的比例。配置策略如表17所示。

表17 配置策略

投资类型	建议金额（元）	配置策略
货币投资	46000	货币基金/日日滚动型理财产品
固定投资	800000	后期仍需逐步减持
类固收投资	1000000	
权益投资	300000	前期购买的基金进行调仓转换，另外可以每日定投沪深300指数/中证500指数/上证50指数
商品投资	90000	购买投资金条，逢低买入纸黄金

权益类资金配置建议：

第一，近期市场已呈现牛市格局的前奏状态，后市有望震荡向上。从当前市场来看，政策面友好，资金面宽松，总体估值合理（结构上有泡沫），情绪面尚未出现极度疯狂。当下应以积极的心态介入市场，如有回调应坚定加仓。

行业板块推荐：下半年看好科技、大金融及农业，兼顾消费。

短期应关注前期涨幅不大的价值风格基金，现在看仍有上涨空间。成长风格基金前期涨幅较大，可能有回撤，但拉长时间看没有问题。

中长期继续看好成长风格基金，短期回调是买入良机。

港股方面，中概股有望走出一波行情，看好绩优沪港深基金。

第二，私募投资通过基金的基金（FOF）、资产全委托等形式形成中期投资，除了大盘蓝筹作为核心价值投资配置外，可以重点关注全球通信大会召开、5G手机和折叠手机发布等事件下，将通信、电子、传媒等热点科创板块行业主题作为卫星配置。通过交易型策略、市场中性策略、价值型策略和多策略等，在牛熊或震荡市采取不同的应对策略，获得超过市场水平的收益。可以选择风险控制较好、历史实盘业绩较好、基金经理实力较强的私募基金。

第三，商品类资产配置长短期结合，从历史回测来看，实际利率对金价有着最强的解释能力。自1970年以来，两次黄金大的牛市周期都长达10年，穿越了经济衰退到过热的初期。2019年1月，美联储结束加息周期，重回宽松。新冠肺炎疫情的暴发加速了降息和扩表节奏。未来美联储或尝试负利率，美元地位受到更大的考验。逆全球化苗头出现，局部割裂与对抗将带来更多避险需求。当黄金价格处于震荡期时，短期可以通过纸黄金、黄金T+D等形式逢高获利了结，长期可以通过实物投资的方式逢低买入作为抗通胀的长期投资。

（五）购房规划

在需求缺口的分析中得知，罗先生一家的改善型购房需求大概需要15年后才会实施，资金的流动性需求不强，可以考虑做一些长期投资，比如大额存单和私募基金。

值得注意的是，自2019年8月17日，人民银行发布公告完善贷款市场报价利率（LPR）形成机制，并按照"先增量、后存量"的顺序推动LPR应用，深化贷款利率市场化改革。目前，货币政策向贷款利率传导路径更为通畅，贷款利率明显下行。中国人民银行授权全国银行间同业拆借中心公布的2020年5月20日贷款市场报价利率（LPR）：1年期LPR为3.85%，5年期以上LPR为4.65%，均与上月持平。

罗先生夫妇可以根据目前自住房的贷款利率情况来选择是否要转换成LPR。长期来看，利率下行是大势所趋，所以可以考虑转换。

（六）养老（含社交、出游等需求）规划

罗先生喜欢与家人相处，也喜欢出游、社交，资金需求一定的流动性。可以采用基金定投的方式进行资产配置，由于此项开销较大，可以选择偏股型基金。以偏股混合型基金（相对收益目标，高仓位对标指数）作为跟踪权益投资回报率情况的指标，与一线城市的房价（房地产中的核心资产）进行对比，2016年之后中原地产统计的一线城市房价上涨幅度总体比较有限，部分城市微观感受甚至是下跌的，而尽管经历了2018年的市场波动，权益投资的相对回报依然超过地产，2019年以来，收益率情况远超地产投资（见图3）。所以权益资产的配置是非常有必要的，市场上部分股指型基金供参考（见表18）。

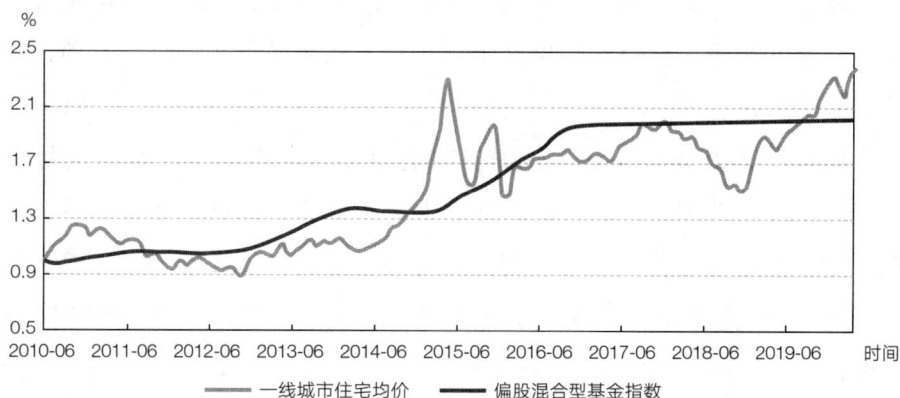

图3 地产投资与权益投资收益率对比

表18　股指型基金信息

证券简称	单位净值	复权单位净值增长	近1年回报	基金经理（现任）	区间回报	近1月回报
股票A	2.09	7.18	148.85	黄兴亮	225.14	28.5
股票B	7.13	4.6	179.42	郑巍山	181.84	30.66
股票C	3.42	9	144.51	刘格菘	167.62	24.74
股票D	2.26	2	97.47	郭斐	163.29	27.27
股票E	2.04	2.7	110.73	董伟炜	160.75	24.36
股票F	3.25	2.45	100.99	王斌	158.23	23.42

采用基金定投的方式可分摊购买成本，降低基金剧烈波动带来的风险。既可优化组合投资收益又可以分散风险，还能保持资金一定的流动性。

三、理财规划有关风险提示

本理财规划报告书所涉及的投资工具存在下述相关风险，客户应充分理解理财规划所涉及的投资工具可能存在的相关风险，谨慎投资。

政策风险：理财产品是依照当前的法律法规、相关监管规定和政策设计的，如国家宏观政策以及市场法律法规、相关监管规定发生变化，可能影响理财产品的受理、投资运作、偿还等的正常进行，甚至导致理财产品收益降低甚至本金损失。

流动性风险：部分理财产品投资者无提前终止权，可能导致投资者需要资金时不能按需变现，并可能使投资者丧失其他投资机会。

市场风险：如果在理财期限内，市场利率发生变化，理财产品的预期收益率及实际收益率均不随市场利率上升而提高。受国内外经济、政治及相关公司基本面状况等因素的影响，理财产品可能出现波动，从而导致客户收益波动、收益为零甚至本金损失的情况。

投资风险：理财方案是基于根据目前的市场情况作出的一些假设制定出来的，这些假设会随着国家经济形势的变化而发生变化，比如，物价水平，证券市场波动，经济增长率变化，汇率、利率、房价走向等，这些都会对理财方案产生一定的影响。或因物价指数上升导致收益率低于通货膨胀率，从而使实际收益率为负的风险。

操作风险：银行职员受经验、技能等因素的限制，可能会影响理财规划方案的执行。

不可抗力及意外事件风险：自然灾害、金融市场危机、战争或国家政策变化等不能预见、不能避免、不能克服的不可抗力事件造成的相关投资风险。因技术因素而产生的风险，如电脑系统故障等可能会造成本金及收益兑付延迟、收益降低甚至本金损失。

第五章　及时监控客户理财规划

财富管理规划需要随经济的不断变化而调整，为确保理财规划方案的顺利执行和及时修正，理财经理就以下事项与罗先生进行了沟通。

一、建立定期联络机制，定期追踪及回顾理财规划实施情况

理财经理与罗先生达成定期联络意向，及时沟通交流信息。理财经理负责协助罗先生对理财方案进行具体操作，追踪并管理财务策划进度，协助处理突发的理财问题。

理财规划方案每6个月进行一次优化，对假设条件、投资产品的预期效果、实际执行中的问题等进行优化，及时追踪及检讨理财计划实施情况，适时调节，以配合罗先生的财务目标。为使罗先生及时了解自己资产状况，理财经理每半年为罗先生出具一份投资分析报告。对一些系统风险的事项，理财经理会主动和罗先生沟通，并进行资产的优化配置调整。

二、定期向罗先生提供信息服务

客户执行理财规划后，理财经理定期向罗先生提供如下信息：每周以短信形式告知投资产品的净值；每月提供投资组合的综合对账单；每季度对投资组合的表现进行评估并提出建议；财富中心每月组织的非金融主题活动。

强烈建议罗先生勿随意变更理财目标，理财经理会密切追踪规划效果，在以下情况出现时，及时与罗先生进行联系：投资产品到期；投资产品到达目标价位；投资组合的年化收益率达到年化预期收益的两倍，或投资组合浮动亏损达到预计最差收益；投资组合中的风险资产比例已经远远偏离客户的风险承受能力区间。

三、重要情况相互通报机制

理财经理与罗先生达成重要情况相互通报的意向,罗先生的家庭及财务状况出现以下变化时,将及时与理财经理进行联系,以便理财经理能够及时调整理财规划:家庭成员发生变化;收入支出结构发生重大变化;健康状况发生重大变化;客户或者理财经理认为需要及时沟通的事项。理财经理根据中国金融环境的变化,以及理财产品的运作情况,向罗先生进行反馈、通报,促进理财规划及时进行调整。

四、定期进行客户满意度调查并及时调整方案

理财经理主管将每季度对客户进行一次客户满意度调查,听取客户对相关理财经理及团队的意见和建议,以及时改正不足。

方案点评　赖志骏
/ 中国工商银行私人银行部 /

　　该方案从接触客户入手，精心设计，展现出了以客户为中心，充分围绕客户需求和痛点的特征。方案内容翔实、逻辑清晰、供需匹配，展现了参赛者丰富的从业经验和一流的职业素养。

　　一方面，通过精心的事前准备、深入的交流确认客户需求，强化信任深挖客户需求，利用SPIN法则高效梳理出客户的核心诉求。通过精准定位客户需求痛点，更好地帮助客户筹划家庭财富，量身定制理财规划方案，为长期的客户服务关系打下良好的基础。

　　另一方面，该方案以分析客户的财务状况为切入点，分别对家庭收支、资产负债情况进行了分析，并计算了财务比率，清晰地展示出客户在流动性、储蓄率、自由度、保障能力等方面的问题。在财务缺口分析部分，运用年金计算法将客户的需求转化为在未来某一时点所需的现金数额，非常直观地表明了客户的需求情况，也为接下来规划解决方案提供了充足的信息，以构建完善的理财方案并设立相应的监控反馈机制。

　　但该理财规划的落地方案相对单薄，着力点仍是基金、理财和保险产品的推荐销售。财富管理是市场、产品、研究、风控等多个领域相互渗透而诞生的产业，为客户进行资产配置绝非财富管理师一人独自承担的工作，需要同多个领域的专业人员沟通协作、相互配合，建议方案能更多地体现各领域联动方面的内容。

第十一届杰出财富管理师技能竞赛优秀方案三

参赛者：　　　高　芸　　　　送选单位：　　　　杭州银行　　　
参赛组别：一般财富管理组别（具备两年以下之财富管理工作经验）

目　录

行 政 摘 要

本理财方案为理财规划师为我行VIP客户罗先生所做，此方案的客户罗先生一家基本情况如下：

家庭基本情况

成员	先生：罗先生	太太：王女士	女儿：娜娜
年龄	35周岁	35周岁	8周岁
职业	人力资源总监	基层公务员	小学生
健康情况	健康	健康	健康

罗先生的家庭财务情况如下：

家庭财务情况

项目	简介	分析
家庭收入情况	罗先生税后年薪60万元，奖金10万元；王女士税后收入14.4万元，讲课收入3万元；利息收入4万元	工资薪金收入为主要家庭收入

续表

项目	简介	分析
家庭支出情况	每年房贷24万元，日常支出12万元，养车1万元，旅游5万元	房贷是主要支出，其余支出不高
家庭自用型资产	自有住房市值500万元；汽车2辆，各20万元	自有住房是主要资产
家庭投资型资产	存款100万元，基金20万元，万能险100万元	投资收益率总体偏低
家庭负债	房贷200万元，月供2万元，剩余15年	家庭负债仅为住房按揭
保障情况	两人五险一金齐全，罗先生意外险20万元，定寿100万元	家庭保障严重不足

罗先生的家庭理财目标如下：

家庭理财目标

序号	目标名称	需求描述	预计配置年限
1	全家基础保障配置	全家意外、疾病风险转移	未来20年
2	夫妻二人养老金规划	相当于目前每年60万元的养老金	未来20年
3	女儿留学的教育金规划	大学阶段出国深造，6年的总费用	计划后开始
4	女儿的婚嫁金	婚嫁金100万元	计划后开始
5	联排别墅换房计划	杭州市范围内，总价在800万元内	未来5年
6	装修需求	联排别墅总价20%的装修款	未来5年
7	社保资金合理运用	养老金、公积金的高效使用	计划后开始
8	换车需求	10年内会有换车需求，价位保持不变	未来10年
9	资产增值需求	提高被动收入的比例，提升资产收益率	未来25年
10	现金管理	兼顾方便和收益	计划后开始

经过理财目标的分析，所需理财资金为797.98万元，现有可投资资金约为250万元，现在的财务总缺口为535.18万元。

家庭理财目标所需资金分析

序号	目标名称	需求描述	配置金额（万元）
1	夫妻二人养老金规划	相当于目前每年60万元的养老金	0
2	女儿的教育金规划	6年欧洲留学总费用	203.92
3	女儿的婚嫁金	女儿25岁婚嫁金100万元	56.66
4	联排别墅换房规划	计划5年内购买800万元左右房产	378
5	换车规划	计划10年内换购两辆车共40万元	22.69
7	全家基础保障规划	每年11.65万元	136.71
	合计（现值）		797.98

根据现有情况，我们认为罗先生家庭的养老规划可以用养老金全额解决。此外，我给罗先生做了三个主要规划。

规划一：家庭基础保障配置。目前首要的财务需求是做好全家的保险规划，以保障孩子未来生活开支之所需。计算全家所需保额，并根据家庭情况配置合适的产品。

规划二：改善型住房规划。经测算，罗先生的联排别墅购置计划可在第5年实现，当前所住的房屋须出售以提高资金利用率。同时，要充分利用公积金账户，减轻还贷压力。

规划三：投资规划。根据罗先生的风险承受能力和市场情况，建议配置70%的权益类资产及30%的债券类资产。经测算，预期收益率可达6.5%。

第一部分　建立与客户的信赖关系

2020年初，新冠肺炎疫情暴发，它改变了几乎所有人的生活。很多行业一蹶不振，很多公司破产倒闭。作为一名财富顾问，我近距离地看到客户们的生活轨迹在发生改变，我也随时准备用我的专业和经验，从财富管理的角度去帮助客户更好地适应变化。

罗先生是我行一位VIP客户，我已为他提供理财服务5年，从他的宝贝女儿娜娜还未进入幼儿园，到如今已经是一位少先队员，他也一路从某外资企业人力资源副总升为总监。疫情期间，不少企业停工停产，罗先生的企业也受到了重创，公司内不断有大幅裁员的流言，罗先生也在例行理财续作的同时表示要好好做一下理财规划，于是我们便约好了面谈。

一、客户资料收集

由于已经服务5年，罗先生的基本情况我比较了解，但仍须了解疫情发生后的变化情况，我主要通过以下途径收集客户资料。

（1）企查查、天眼查：在职公司注册资本、股东高管情况、关联公司；由于是美国上市公司，定期报告及公告也是了解途径之一；

（2）罗先生的微信朋友圈、为孩子开设的抖音号，了解其生活动向；

（3）过去5年的投资情况整理、风险评估问卷记录、行内资产整理；

（4）女儿娜娜就读学校情况；

（5）迈博汇金、万得咨讯等研报平台：深入了解通信产业的机遇和挑战。

二、会客前的资料准备

近期罗先生提及正在看杭州的排屋，希望能买一个更为宽敞的房子；由于女儿已经进入某知名公办小学，平时学费支出较少，女儿艺术天赋极高，罗先生打算存钱送她出国留学。针对这些情况，我准备了以下数据和资料：

（1）杭州市房地产行业整体销量和房价走势相关报告；

（2）杭州房地产首套、二套房限购限贷政策，公积金及商贷房贷利率走势；

（3）杭州市现存、预售联排及别墅楼盘情况；

（4）艺术类学生留学目的地及相关费用情况；

（5）杭州市公积金、养老金缴纳及领取政策；

（6）通信行业报告，所在公司股价分析。

三、会谈过程

在做完客户背景资料收集、相关市场信息整理及会谈文件制作等准备工作之后，我与罗先生进行了电话沟通，邀请他来行里坐坐，约见客户我一般按照5W1H原则来做，本次约见计划如表1所示。

表1　与罗先生的面谈计划

5W1H原则	内容（what）	原因（why）
地点（Where）	行内小会客厅	行里已经做好了消杀等准备工作，约到行里一来可以让罗先生更加了解我们的顾问团队和场所，二来安静的氛围更适合交谈
人物（Who）	单独会见	有利于罗先生说出自己对家庭的一些规划或者担忧
时间（When）	下午3点	一般在家上网课的孩子已经下课
过程（How）	分四步	破冰寒暄、自我介绍、专业展现、需求挖掘，旨在建立信任、拉近距离

寒暄部分我准备了三个内容：疫情中孩子如何坚持学习？钢琴考级进展？近期看房情况如何？面谈过程中，我拿出了准备好的杭州市现存、预售联排及别墅楼盘情况，讨论起了准备好的关于杭州房地产价格走势的话题，让罗先生打开了

话匣子，详细讲述了他最近看房遇到的问题，他对我所了解的数据及研判非常认可。

因过去与罗先生的见面总是匆匆忙忙，面谈内容也常常局限于介绍某一个资产或产品，此次我抓住机会展示了自己的经验和专业，也阐述了一名真正的财富顾问可以提供咨询的领域（见图1）。股指分析师的经历让我熟知国内外宏观经济分析框架，可独立分析股指、大宗商品、国债等走势；大额保单顾问的经历让我可以熟练使用保险和信托这两项资产保全的神器；外资银行理财经理的经历让我练就了财富管理领域的基本功；而目前财富顾问的工作对我而言就是集过去经历于大成，让我发挥出自身潜藏的能力，跨品种（保险基金股票信托等）、跨领域（法律税务财务）、跨国界去为客户管理财富。

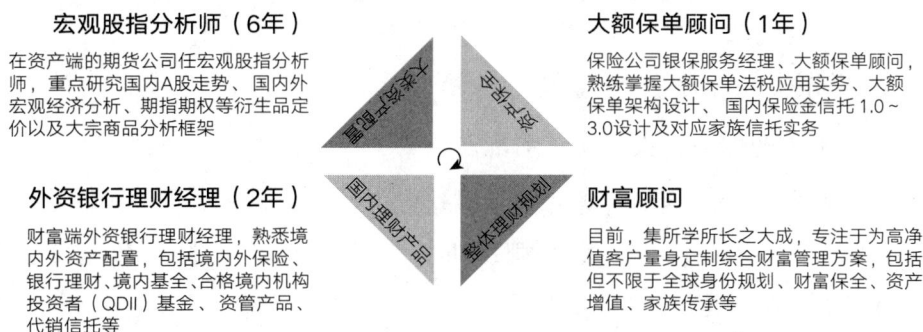

宏观股指分析师（6年）

在资产端的期货公司任宏观股指分析师，重点研究国内A股走势、国内外宏观经济分析、期指期权等衍生品定价以及大宗商品分析框架

大额保单顾问（1年）

保险公司银行服务经理、大额保单顾问，熟练掌握大额保单法税应用实务、大额保单架构设计、国内保险金信托1.0～3.0设计及对应家族信托实务

外资银行理财经理（2年）

财富端外资银行理财经理，熟悉境内外资产配置，包括境内外保险、银行理财、境内基金、合格境内机构投资者（QDII）基金、资管产品、代销信托等

财富顾问

目前，集所学所长之大成，专注于为高净值客户量身定制综合财富管理方案，包括但不限于全球身份规划、财富保全、资产增值、家族传承等

图1　财富顾问过往从业经历

自我介绍完毕以后，我拿出纸和笔给罗先生讲解财富蓄水池理论，一边挖掘客户需求，一边引导客户深入思考。

如图2所示，财富蓄水池第一部分描绘了普通客户的理财过程：通过工作、创业等主动收入注入财富，通过资产配置的方式来获得被动收入，尽量减少不必要支出，同时用保险等工具来防范疾病及意外风险，理财师在这里主要做好理财和风险管理两部分工作。而对于一个高净值客户来说，财富保全和财富传承是特别的两个重点，应将债、税、婚姻、移民等问题导致资产打折的风险考虑进去。听完我的介绍，罗先生希望尽快制作方案，于是我顺利开始收集更多的客户资料。

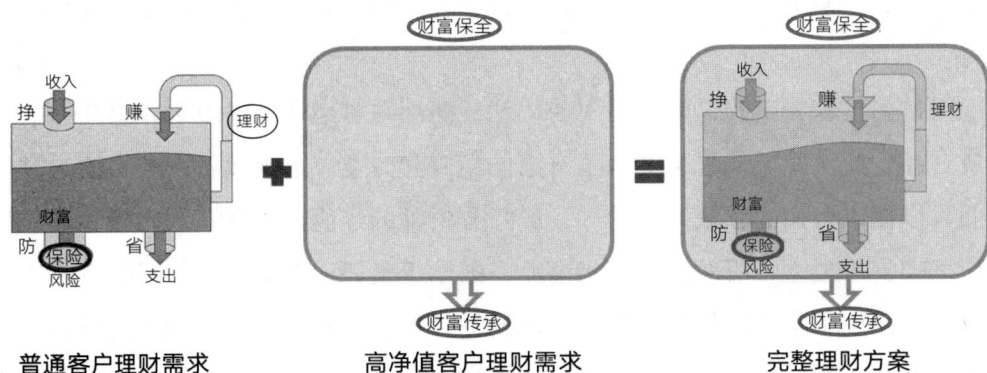

图2　财富蓄水池理论

第二部分　明确客户的理财目标

一、罗先生的家庭基本情况

经过一下午的面淡，我将客户情况总结如下：罗先生今年35岁，在一家外企任人力资源总监，职位较高，企业受疫情较严重；太太王女士是基层公务员，工作稳定。唯一的女儿就读于知名9年制公办小学。双方的父母都是知识分子，退休工资较高，暂无赡养担忧（见表2）。

表2　罗先生一家基本情况

成员	先生：罗先生	太太：王女士	女儿
年龄	35周岁	35周岁	8周岁
国籍	中国	中国	中国
职业	人力资源总监	基层公务员	小学生
健康情况	健康	健康	健康

二、SPIN法则探讨理财目标

了解了罗先生的家庭基本情况后，我们进一步探讨理财目标。目前，一家人的收入大部分依靠工资等主动收入，小部分为理财收入；支出方面主要为日常支出、孩子的教育支出、每年养车以及旅游费用；目前家里的负债主要是房贷，资产主要是房产以及存款、寿险（见表3）。我抓住基本情况里的几个特点，利用SPIN法则，针对性地提出了几个问题：目前是否有相应的解决方案，解决方案是否满意，引导罗先生明确自己要解决的问题。

（1）保险规划：目前罗先生是家庭收入的主力，税后年收入接近70万元，简单估算退休前总收入将近2000万元，但这一切都是建立在其身体健康的基础上；如果罗先生的收入无法如期持续下去，全家人的开支怎么办？虽然王女士收入不如罗先生高，但肩负着照顾家庭、教育女儿等多重责任，假如王女士有风险，家庭收入和支出会发生什么变化呢？是否有规避这类风险的配置呢？

（2）夫妻两人的总体支出相对于收入来说并不高，目前还处于高储蓄时期，退休后生活水平是否能保持下去呢？

（3）罗先生希望购置一套改善型的联排或者别墅，对于地段、价格有何打算？

（4）将来的理财目标：利用人生周期图，目前家庭正处于成长期，要为将来的开支做准备，目前的被动收入（投资收益）是否满意？认为多少合适？

表3　罗先生一家财务状况

项目	简介	分析
家庭收入情况	罗先生税后年薪60万元，奖金10万元；王女士税后收入14.4万元，讲课收入3万元；利息收入4万元	工资薪金收入为家庭主要收入
家庭支出情况	每年房贷24万元，日常支出12万元，养车1万元，旅游5万元	房贷是主要支出，其余支出不高
家庭自用型资产	自有住房市值500万元；汽车2辆，各20万元	自有住房是主要资产
家庭投资型资产	存款100万元，基金20万元，万能险100万元	投资收益率总体偏低
家庭负债	房贷200万元，月供2万元，剩余15年	家庭负债仅为住房按揭
保障情况	两人五险一金齐全，罗先生意外险20万元，定寿100万元	家庭保障严重不足

三、罗先生的家庭理财目标

经过引导和讨论，我们总结出罗先生的理财目标如表4所示。

表4　罗先生的家庭理财目标

序号	目标名称	需求描述	预计配置年限
1	全家基础保障配置	全家意外、疾病风险转移	未来20年
2	夫妻二人养老金规划	相当于目前每年60万元的养老金	未来20年
3	女儿留学的教育金规划	大学阶段出国深造，6年的总费用	计划后开始
4	女儿的婚嫁金	婚嫁金100万元	计划后开始
5	联排别墅换房计划	杭州市范围内，总价800万元内	未来5年
6	装修需求	联排别墅总价20%的装修款	未来5年

序号	目标名称	需求描述	预计配置年限
7	社保资金合理运用	养老金、公积金的高效使用	计划后开始
8	换车需求	10年内会有换车需求，价位保持不变	未来10年
9	资产增值需求	提高被动收入的比例，提升资产收益率	未来25年
10	现金管理	兼顾方便和收益	计划后开始

第三部分　了解客户的财务状况

一、家庭资产负债表

罗先生的家庭收入以工资薪金为主，根据税后数据以及杭州的实际情况，推算出罗先生税前工资70000元，王女士税前工资17000元左右，他的公积金、养老金等数据如表5所示。

表5　罗先生一家各项社保及个税缴纳情况

项目	罗先生各项社保及个税缴纳情况				王女士各项社保及个税缴纳情况			
	税前工资	70000			税前工资	17000		
五险一金	个人应缴部分金额（元）	缴纳比例（%）	单位应缴部分金额（元）	缴纳比例（%）	个人应缴部分金额（元）	缴纳比例（%）	单位应缴部分金额（元）	缴纳比例（%）
养老保险金[1]	1328.64	8	2325.1	14	1127.7	8	1973.47	14
医疗保险金	332.16	2	1992.9	12	281.92	2	1691.55	12
失业保险金	83.04	0.50	83.04	0.50	70.48	0.50	70.48	0.50
基本住房公积金[2]	3114	12	3114	12	2040	12	2040	12
补充住房公积金	0	0	0	0	0	0	0	0
工伤保险金			49.82	0.30			42.28	0.30
生育保险金			166.0	1			140.96	1
共计支出	4857.84		7731.0		3520.1		5958.74	
扣除四金后月薪	65142.1				13479.9			
个人所得税	15544.7				个人所得税		1140.9	
税后月薪	49597.4				税后月薪		12338.9	

注：1. 杭州市目前社保基数封顶为16608元；

2. 杭州市目前住房公积金基数封顶为25950元。

罗先生的家庭资产负债表如表6所示（万能险按照累积现金价值计算）。

表6 罗先生的家庭资产负债表

资产类					
资产（元）	本人名下	配偶名下	夫妻共同	合计	比重（%）
现金及活存	0	0	200000[1]	200000	2.16
流动性资产	0	0	200000	200000	2.16
定期存款	0	0	1000000	1000000	10.82
股票型基金	0	0	200000	200000	2.16
住房公积金账户	350000	200000	0	550000	5.95
个人养老金账户	220000	186000	0	406000	4.39
医疗保险金账户	140000	120000	0	260000	7.68
寿险现金价值	0	1228000[2]	0	1228000	13.28
投资性资产	710000	1734000	1200000	3644000	39.42
自用汽车当前价值	200000	200000	0	400000	4.33
自用房产当前价值	0	0	5000000	5000000	54.09
其他自用资产价值	0	0	0	0	0
自用性资产	200000	200000	5000000	5400000	58.42
总资产	910000	1934000	6400000	9244000	100
负债类					
负债与权益（元）	本人名下	配偶名下	夫妻共同	合计	比重（%）
消费负债	0	0	0	0	0
投资负债	0	0	0	0	0
自用房产贷款	0	0	3000000	3000000	100
自用负债	0	0	3000000	3000000	100
总负债	0	0	3000000	3000000	100
流动净值	0	0	200000	200000	3.2
投资用净值	710000	1734000	1200000	3644000	58.36
自用净值	200000	200000	2000000	2400000	38.44
总净值	910000	1934000	3400000	6244000	100
紧急预备金月数	3个月	家庭总支出	324873		
紧急预备金（元）	81218	家庭总支出/12×紧急预备金月数			
既得权益（元）	2444000	住房公积金账户+养老金账户+医疗保险金账户+寿险现金价值			
期初理财准备（元）	1318782	可以用来做较长期投资并可分割变现的资产			

注：1. 夫妻俩一般年底一次性把活存配置理财；

2. 寿险现金价值按照4.2%的递增保额计算得来。

二、家庭收支情况

针对资产持有情况，我们进一步收集了罗先生家庭的收支情况以及财务指标（见表7），分析中的比率仅计算了国内部分，国外部分资产我们单独规划。

表7　罗先生的家庭收支情况　　　　　　单位：元

收入类					
家庭所得项目	本人	配偶	共同	家庭合计	占收入比重（%）
工资薪金所得	700000	144000	0	844000	70.82
劳务报酬所得	0	30000	0	30000	2.52
当期工作收入合计	700000	174000	0	874000	73.33
个人养老金提拨额	55836	46726	0	102562	8.61
社保医疗险入账额	27888	23664	0	51552	4.33
住房公积金入账额	74736	48960	0	123696	10.38
延期工作收入合计	158460	119350	0	277810	23.31
工作收入总计	858460	293350	0	1151810	96.64
金融投资收益	0	0	40000	40000	3.36
理财收入合计	0	0	40000	40000	3.36
税后当期所得合计	700000	174000	40000	914000	76.69
含延期收入总收入	858460	293350	40000	1191810	100
家庭工作储蓄	714295	257515	0	971810	81.54
家庭理财储蓄	0	0	（104844）	（104844）	−8.80
家庭总储蓄	714295	257515	（104844）	866966	72.74
还自用房贷本金	0	0	95127	95127	7.98
固定用途储蓄合计	158460	119350	95127	372937	31.29
上年度自由运用储蓄	555835	138165	（199971）	494029	41.45
上年度非经常净收入	0	0	0	0	0
下年度自由储蓄预算	700000	174000	（55127）	874000	73.33
当期工作收入贡献率	80.09	19.91	0.00	用来分配共同支出	
总收入贡献率	72.03	24.61	3.36	用来分配共同负债	
支出类					
家庭支出项目	本人	配偶	共同	家庭合计	占支出比重（%）
夫妻生活费支出	0	0	96000	96000	29.55
车辆支出	0	0	10000	10000	3.08
子女教育费支出	0	0	24000	24000	7.39
旅游支出	0	0	50000	50000	15.39
消费支出合计	0	0	180000	180000	55.41
自用房贷利息	0	0	144844	144873	44.59
保障型保费	0	0	0	0	0
理财支出合计	0	0	144844	144873	44.59
支出合计	0	0	324844	324873	100

三、家庭财务指标分析（见表8）

表8 罗先生的家庭财务指标分析

指标类别	家庭财务比率	定义	数据	合理范围	分析
偿债能力	资产负债率	总负债/总资产	32.45%	<60%	合理
	流动比率	流动资产/流动负债	无	>200%	合理
	融资比率	投资负债/投资资产	0	<50%	合理
	财务负担率	年本息支出/年税后当期收入	26.26%	<40%	合理
	平均负债利率	利息支出/总负债	4.83%	>基准利率×1.2	合理
应急能力	紧急预备金月数	（流动资产/年总支出）×12	7.39	>3	↑偏高
储蓄能力	工作储蓄率	（税后工作收入–消费支出）/税后工作收入	84.37%	>20%	↑偏高
	净储蓄率	净储蓄/年税后总收入	72.74%	>25%	↑偏高
	自由储蓄率	自由储蓄/年税后总收入	41.45%	>10%	↑偏高
财务自由	财务自由度	年理财收入/年总支出	12.31%	15%~30%	↓偏低
财富增值能力	生息资产比率	（流动资产+投资资产）/总资产	41.58%	>50%	↓偏低
	平均投资报酬率	年理财收入/（流动资产+投资资产）	1.04%	通胀率+2%以上	↓偏低
保障能力	保费收入比	保障型保费/年税后当期工作收入	0	5%~15%	↓偏低
	保险覆盖率	寿险保额/年税后当期工作收入	1.03	大于10年	↓偏低

通过家庭财务指标计算，可以看出：

（1）罗先生家庭属于高储蓄、高偿债能力、高应急能力的家庭，财务自由度非常高，财务负担轻，可适当提高债务比例。

（2）投资经验：在财务数据收集的过程中，我们了解到罗先生过去的投资经验较少，存款、万能险为主要的投资，曾做过20万元基金投资，但获利不理想，没有进行动态调整，总体投资收益率较低。

（3）保障情况：保障能力低，罗先生仅有意外险保额28万元、定期寿险100万元，重疾险、医疗险、年金险、终身寿险均无配置，王女士仅有投资性万能险，保障严重不足。全家没有保障型保费支出，需要一套完整的保障方案。

四、家庭财务缺口分析

根据目前的财务情况，罗先生的自由储蓄每年约为49.4万元，理财目标中的夫妻二人养老金规划、女儿娜娜的教育金规划、换房计划、换车计划为未来规划，我们来测算这些规划需要的资金，首先是必要的财务假设，如表9所示。

表9　财务测算基本数据假设

数据名称	数据假设	数据来源
名义收入增长率	5%	根据国家统计局2019年数据预估
通货膨胀率	3%	国家统计局2019年数据
教育费用增长率	5%	根据近10年学费增长率预估
活期存款利率	0.35%	中国人民银行官网
住房贷款利率	4.90%	中国人民银行官网
退休前投资回报率	6.50%	近10年在职居民平均投资收益率
退休后投资报酬率	4%	社保养老金平均投资收益率
退休生活期	20/25年	国家卫生健康委员会2019年数据

1. 夫妻二人养老金规划

由于两人的主要收入都是工资薪金，预计罗先生退休生活将于25年后即60周岁开始，王女士则在20年后55周岁开始。两人预计生活支出较目前没有太大变化，生活支出8000元/月不变，女儿的教育费用将作为三代的教育补贴。每年1万元养车、5万元旅游金希望保持不变，夫妻两人各需现值为90000元/年的养老金。假定通货膨胀率为3%，社保养老金投资收益率为4%，那么退休第一年罗先生需要的退休金为FV（3%，25，0，−90000）=18.844万元，而王女士第一年需要FV（3%，20，0，−90000）=16.255万元。

退休时罗先生需要准备的资金为n=25，PMT=18.844，i=4%，g=3%，FV=0，PV=−344.36万元；计算成现值，退休前n=25，PMT=0，i=6.5%，FV=344.36，PV=−71.33万元，若不考虑社保养老金，罗先生退休规划目前需要准备71.33万元。同理，退休时王女士需要准备n=30，PMT=16.255，i=4%，g=3%，FV=0，PV=−425.38万元，计算成现值，n=20，PMT=0，i=6.5%，FV=425.38，PV=−120.72万元。两人累计需要192.05万元养老资金。

因两人一直在福利待遇好的机构上班，假定年收入增长率为5%，按照目前的五险一金缴纳水平，两人预计社保退休金账户情况如表10所示。

表10　罗先生家庭的社保退休金计算　　　　　　　　单位：元

项目	罗先生	王女士	参数设置	罗先生	王女士
当前月缴费工资基准	16608	14096	当前年龄	35	35
月缴入账养老保险保费	1328.64	1127.68	税前月工资	70000	17000
退休时指数化月平均工资	56240.583	37400.884	社会平均工资	6834	6834
退休时社会平均工资	23142.35	18132.637	最高提缴工资倍数	3	3
平均基础养老金基准	39691.466	27766.76	养老保险费提缴率	0.08	0.08
退休时缴费年资	35	30	个人工资成长率	0.05	0.05
领取缴费年资比率	0.35	0.3	社平工资成长率	0.05	0.05
每月可领取基础养老金额	13892.013	8330.0281	拟退休年龄	60	55
社保养老金实质报酬率	−0.009524	−0.009524	社保养老金投资报酬率	0.04	0.04
退休时养老金账户累计额	1803318.7	1067743.4	退休生活费用成长率	0.03	0.03
养老金账户可领取月金额	12973.516	6280.8437	当前缴费年资	10	10
可领取月养老金总额	26865.53	14610.87	每缴费年资领取率	0.01	0.01
可领取年社保养老金总额	322386.35	175330.46	当前养老金账户余额	220000	186000
可领取供养老用的年金总额	322386.35	175330.46	依退休年龄可领养老金月数	139	170
期望退休后的生活费现值	90000	90000	当前企业年金账户累积额	0	0
退休后首年生活费终值	188440.01	162550.01	预计终老年龄	80	85
养老与企业年金年缺口金额	−133946.3	−12780.45	退休前一年可支配收入	2370448.5	461673.8
养老与企业年金总缺口金额	−2447775	−334457.8	养老与企业年金收入替代率	0.1360023	0.3797713
退休后自行投资的报酬率	0.04	0.04	养老年金社平工资替代率	1.1608816	0.8057776

根据表10测算，罗先生退休首年月养老金为26865.53元，王女士为14610.87元，收入替代率虽然较低，但已完全满足养老生活费用，养老金总缺口金额为负值，因此养老部分基本没有财务缺口。

2. 女儿的大学教育金规划

女儿的艺术天赋极高，未来想去欧洲留学，计划读完硕士共6年。目前学费及生活费约40万元/年，学费增长率为5%，投资报酬率为6.5%，10年后入学，入学第一年费用为n=9，i=5%，PV=40，则FV=62.05万元；6年总费用为n=6，i=6.5%，g=5%，PMT=62.05，FV=0，则PV=−359.43万元，折算为现值PV（6.5%，9，0，359.43，1）=203.92万元。

两人没有二胎的打算，因此大学教育金共需准备203.92万元。

3. 女儿的婚嫁金规划

罗先生打算在女儿25岁前准备好婚嫁金100万元，还有17年时间，这笔资金随通胀调整，则FV（3%，17，0，100，1）=−165.28万元，则婚嫁金需要规划

PV（6.5%，17，0，165.28，1）=56.66万元。

4. 联排别墅换房规划

罗先生打算在5年内实现换房计划，在资金允许的情况下旧房用作出租。近期罗先生也看了一些联排别墅，此前我收集了一下杭州在售以及待售的别墅数据，用来讨论目标房产的价格定位。

罗先生表示自己换房主要考虑位置与开发商品牌，想买的联排别墅总价预估在800万元，预计5年内购买。

根据目前杭州的房产限购政策，罗先生的二套房首付为6成，需要首付480万元（现值），预计贷款20年，公积金贷款封顶为100万元，公积金贷款利率为3.25%，一般商贷利率为4.9%，房价增长率为5%。假设第5年购买，房价为FV（5%，4，0，800，0）=972.41万元，首付款为FV（5%，4，0，480，0）=583.443万元，购房契税29.1722万元。假设公积金账户收益率为2%，年公积金增长率为5%，夫妻二人没有领取过住房公积金，预计第5年时公积金账户余额为131.3万元，则第5年总共需支付612.6–131.3=481.3万元。

换算成现值为PV（6.5%，4，0，481.3，1）=−374.1万元。

预计贷款总额为FV（5%，320，0，4，0）=388.962万元。公积金房贷月供PMT（3.25%/12，20×12，100，0）=5671元，年供6.8063万元；商业贷款月供PMT（4.9%/12，20×12，288.962，0）=20183元，年供24.2205万元；总年供31.0268万元。

5. 联排别墅装修规划

罗先生预计别墅的装修费用为房价的20%，预计第5年的装修支出为972.41×20%=194.482万元，现值为PV（6.5%，4，0，194.482，1）=151.18万元。

6. 换车规划

罗先生预计家中的汽车10年左右需要置换，夫妻俩对车要求不高，预计保持目前的价位20万元/辆，共40万元，折算成现值PV（6.5%，9，0，40，1）=22.69万元。

7. 全家基础保障规划

罗先生家庭的保险支出几乎为零，家庭保障严重不足，虽然目前五险一金缴纳完善，但夫妻俩一旦自身健康遭遇风险，未来收入及整个家庭生活质量都将严重受影响。我们按照遗属需求法计算全家保额需求，假设丧葬费用为5万元，拟留遗产值为零（只留房产），出险后支出调整率为0.7，资产变现率为90%，根据此前资产负债表、教育金规划、养老金规划中涉及的情况，我们计算罗先生家庭保额总需求（见表11）。

表11　罗先生的家庭保额需求计算

保险状况			人身险规划	罗先生	王太太
姓名	罗先生	王女士	当前家庭年消费支出（元）	180000	180000
当前年龄（岁）	35	35	出险后支出调整率	0.7	0.7
预计退休年龄（岁）	60	55	遗属年税后工作收入（元）	293350.0	858460.0
预计终老年龄（岁）	80	85	遗属生活费缺口现值（元）	-3197756.1	-17288256.2
已保终身寿险保额（元）	0	0	遗属退休金缺口现值（元）	-168087.1	-1035768.8
已保定期寿险保额（元）	1000000	0	紧急预备金（元）	81218.3	81218.3
已投保意外险保额（元）	280000	0	当前负债额（元）	3000000	3000000
已投保万能险保额（元）	0	1280000	子女教育金现值（元）	-203.9	-203.9
遗属生活费用增长率（%）	0.03	0.03	丧葬费最终支出现值（元）	50000	50000
保险金的投资报酬率（%）	0.035	0.035	现金需求（元）	3131218.3	1631218.3
可增保费预算（元）	85846	29335	拟留遗产现值（元）	0	0
保费预算占收入比率（%）	10	10	可变现生息资产（元）	2616000	2616000
保费预算金额（元）	85846	29335	资产变现折扣率（%）	90	90
			家庭保额总需求（元）	3131218.3	1631218.3

经计算，罗先生的家庭保额总需求为313.12万元，王女士为163.12万元。目前仅有罗先生投保100万元定期寿险、28万元意外险（单位提供），王女士投保122.8万元万能险。根据家庭保额总需求及目前的收入情况，我们用标准普尔家庭资产配置方法，建议配置10%的年收入在基础保障上，预计罗先生、王女士、女儿的年保险费支出分别为8.5万元、2.9万元、0.25万元，共支出20年，CF0=11.65，CF1=11.65，N1=19，IRR=6.5%，保障规划现值NPV=136.71万元。

从表12可知，四项规划累计需要794.08万元。根据罗先生的资产负债表可知，目前家庭可变现资产（流动性资产20万元、银行理财100万元、基金20万元、万能险现值122.8万元，共262.8万元）暂无法覆盖未来这些理财规划的需求，现在的财务总缺口达535.18万元，未来需要持续依靠工资薪金等主动收入，公积金、养老金账户的合理利用，以及理财收益等被动收入来逐渐满足这些需求。

表12　七项理财目标所需配置资金现值

序号	目标名称	需求描述	配置金额（万元）
1	夫妻二人养老金规划	相当于目前每年18万元的养老金	0
2	女儿的教育金规划	共6年欧洲留学总费用	203.92
3	女儿的婚嫁金	女儿25岁婚嫁金100万元	56.66
4	联排别墅换房规划	计划5年内购买800万元左右房产	374.1
5	换车规划	计划10年内换购两辆车共40万元	22.69
7	全家基础保障规划	每年11.65万元	136.71
	合计（现值）		794.08

五、罗先生的风险承受能力

通过了解，罗先生此前风险评估为R4级。我们在重新配置理财时，需要更新风险评估问卷（见表13）。

表13　罗先生的风险评估问卷

风险承受能力评分表（50分）					
项目	5分	4分	3分	2分	1分	客户得分
年龄：35	25岁以下者25分，每多2岁少1分，75岁以上者0分					20
家庭年收入	50万元以上	20万～50万元	10万～20万元	5万～10万元	5万元以下	5
家庭负担	未婚	双薪无子女	双薪有子女	单薪有子女	单薪养三代	3
置产状况	投资不动产	自宅无房贷	房贷<50%	房贷>50%	无自宅	2
投资经验	10年以上	6～10年	2～5年	1年以内	无	4
投资知识	非常了解	熟悉了解	比较了解	略有了解	不了解	4
总分						38

风险承受态度评分表（50分）					
项目	5分	4分	3分	2分	1分	客户得分
忍受亏损：15%	不能容忍任何损失0分，每增加1%加1分，可容忍>25%得25分					15
预期报酬率	25%以上	10%～25%	5%～10%	3%～5%	3%以下	3
认赔动作	预设停损点	事后全停损	卖掉一部分	补仓等反弹	持有待回升	3
可忍受亏损时间	5年以上	2～5年	1～2年	1个月～1年	1个月以下	4
考虑因素	短线价差	长期利得	分红收益	对抗通胀	保本保息	4
避免工具	无	衍生品	股票	债券	银行理财	4
总分						33

风险属性分级						客户得分
风险能力	低能力	中低能力	中能力	中高能力	高能力	中高能力
分值	0～9分	10～19分	20～29分	30～39分	40～50分	38
风险态度	低态度	中低态度	中态度	中高态度	高态度	中高态度
分值	0～9分	10～19分	20～29分	30～39分	40～50分	33

罗先生评分结果为71分，属于中高风险承受能力及中高风险承受态度，保持R4风险承受能力级别，股票类投资不宜超过70%。

六、流动资金需求

我们需要知道客户对流动资金的需要，罗先生认为3个月的总支出81218元作为流动资金就可以了。

七、投资预算及预期回报

目前的投资预算约为250万元（可变现资产262.8万元−流动需求8.1万元）罗先生认为中长期来看6.5%的收益率是比较合适的。

第四部分　为客户构建理财方案

根据前三部分的资料收集和分析，根据家庭生命周期理论，罗先生家庭目前正处于家庭成长期。该阶段从小孩出生持续到大学毕业，家庭已经完成了置业、购车等目标，且家庭成员正处于事业上升期。该阶段家庭结构完整，可以尽早实现全生涯的理财目标，以退休后的生活水准不变为终极财务目标。

根据该阶段特征，以下潜在需求还未进行规划。

一是大学前的教育经费未规划。每年仅有现值2.4万元的教育支出被纳入规划中。但随着年级的增长，孩子的课外辅导费、各项兴趣特长培养费可能大幅增加。《2017年中国教育财政家庭调查：中国家庭教育支出现状》指出，城镇学前阶段生均家庭教育负担率（每生每年教育支出占家庭总消费支出的比例）为11.7%、小学阶段为11.9%、初中阶段为16%、高中阶段为25.6%，这部分增长尚未规划。假设初高中阶段教育支出提高至现值45000元，教育支出增长率为5%，第6年开始初中教育支出为FV（5%，5，45000，0，1）=57433元，6年总支出：PMT=57433，N=6，I=6.5%，g=5%，FV=0，得出PV=31.23万元，折算成现值为22.8万元。

二是传承规划未做。根据生涯仿真测算，夫妻俩的财富积累可能在10年后达到1000万元（不包括房产），因此需要尽早订立遗嘱。同时，当财富积累到一定阶段，可加大终身寿险的配置，实现定向传承。

根据前期分析，我将从以下三个方面进行理财规划（见表14）。

表14　理财规划

规划一	家庭基础保障配置	该时期首先的财务需求是做好全家的保险规划，以保障孩子未来生活开支之所需
规划二	改善型住房规划	这可能是未来最大一笔资本支出，须全面分析其财务影响
规划三	投资规划	根据风险承受能力以及市场环境合理配置资产，提高投资回报率

我们将理财方案所需要的资料再次归纳如表15所示。

表15　罗先生的可投资资产、理财预算及期望回报

当前可投资产	250万元
风险承受能力	中高承受能力及态度
流动资金需要	8.1万元
当前理财资金预算	250万元
年新增理财资金	49.4万元
投资组合期望回报	6.5%
未来理财需求现值	535万元

一、规划一：家庭基础保障配置

对于中等收入家庭而言，整个家庭财富依靠成员的未来收入，基础保障是重中之重。基于前期的分析测算，罗先生与王女士的家庭保额总需求分别为313万元和163万元，总预算为11.5万元。在配置具体产品之前，我仔细询问了罗先生的既往病史，并看了他与王女士最近一年的体检报告，全家都是标准体投保。

（一）全家基础保障配置

为了便于理解，我们引用家庭风险金字塔来解释基础保障的概念。由于客户层级的不同，客户所担忧的主要风险不同，可支配收入较高的高净值客户首要解决位于金字塔顶端的所有性风险，而针对罗先生家庭我们重点解决基础风险。简单来说，利用意外险、医疗险、重疾险、定期寿险和终身寿险五个基础险种来应对，这些工具属于高杠杆保障类产品（见图3）。

由于全家健康状态一直不错，我们先配置基本保额即可。全家保额配置如表16所示。

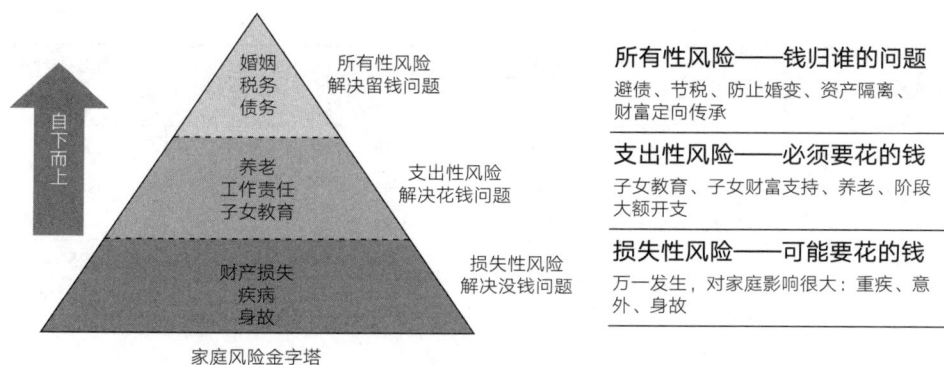

图3　家庭风险金字塔

表16　罗先生的保额分配规划表

风险分类/保额	保障类型	罗先生	王女士（妻子）	娜娜（女儿）	备注
基础风险	断流	200万元	200万元	—	1. 断流风险以主险额度为主，不含部分附加险；
	意外	300万元	250万元	50万元	2. 此处医疗保险金额度为一般医疗保险金额度（300万元）
	重疾	100万元	100万元	50万元	
	医疗	300万元	300万元	300万元	
高端风险	传承	340万元	—	—	该项为80周岁的身故保障额度

产品组合一（见表17）

表17　家庭保险配置产品详情

保障成员	险种名称	基本保额（万元）	保障期间	交费期间	首年保费（元）
罗先生	险种A	50	终身	20年	11905
	险种B	50	终身	20年	15675
	险种C	600	1年	1年	403
	险种D	100	1年	1年	460
	险种E	100	至70周岁	30年	3340
	险种F	73.52925	终身	20年	50000
	合计				81783
王女士（妻子）	险种A	50	终身	20年	10925
	险种B	50	终身	20年	13265
	险种C	600	1年	1年	403
	险种D	50	1年	1年	258
	险种E	100	至70周岁	30年	2000
	合计				26851

保障成员	险种名称	基本保额（万元）	保障期间	交费期间	首年保费（元）
娜娜（女儿）	险种F	50	终身	30年	2145
	险种C	600	1年	1年	269
	险种G	50	1年	1年	150
合计					2564
总计					111198

（二）产品选择思路

重疾险：夫妻二人重疾险选择信泰保险公司的完美人生守护以及华夏福（多倍版2.0），女儿的重疾险选择了时下热门产品妈咪保贝，三款产品都具有保障功能完善、高性价比的特点。缴费期都选择20年，在降低保费的同时能在退休前配置完毕，保障终身。

医疗险：医疗险的配置重点为续保条件以及保障范围，目前市场上医疗险大同小异，险种C家庭投保可共享1万元免赔额，适合像罗先生这样的家庭一起投保，大大降低了理赔门槛。

定期寿险：作为终身寿险的低配版本，定期寿险的巨大优势在于保费便宜，但缺点在于无法保障终身、没有传承功能。华贵大麦定期寿险2020版的一个优势就是拥有终寿转换权，可免健康告知转为相同或较低保额的华贵指定终寿，适合像罗先生这样后期收入较多的中产家庭优先配置。

终身寿险：选取时下火热的增额终身寿险，保费5万元20年交，初始保额为73.5万元，且每年以3.5%的速度增长，兼顾了保障性和收益性。信泰保险的如意尊同时拥有高额航空意外险，第8年现金价值与已交保费持平，兼顾了流动性。

意外险：亚太守护意外保100万元保额中含有50万元猝死责任，是较少含有猝死责任的险种，工作压力较大的成长期家庭成员尤其需要配置，同时含有5万元意外医疗责任，在未达医疗险免赔额度时降低了理赔门槛。

二、规划二：改善型住房规划

前期财务分析中，我们已经选定罗先生要购买的联排别墅总价预估现值为800万元，预计5年内完成。根据目前杭州的房产限购政策，预计需要首付480万元（现值），相关财务数据已在前期分析中列明，规划的焦点在于罗先生是否必须将目前所居住的房产卖掉？

首先我们来计算持有目前房产的净现金流。目前净资产（500-300）=200万元，租金现值10万元，放贷还款24万元/年，净现金流-14万元，19年后还完。假设房价每年上涨5%，那19年后房产终值为FV（5%，19，0，-500，0）=1263.5万元；用6.5%的投资收益率折现，则房产净现值为PV（6.5%，19，-14，1263.5，1）=-221万元，也就是说，持有现有住房的内部收益率不到6.5%，建议出售该房产。

如果偏爱房产，不想卖掉，现金流是否有问题？其他理财目标是否能达成？不卖，也就是无法将现有房屋的净值变现，未来每年多一笔房租收入，但仍然需要偿还这套房子的房贷。据调查，目前的房子租金为8万元/年。经测算，第5年的居住现金流为-786.8万元（见表18）。

表18　罗先生的改善型住房现金预算　　　　　　　　　　单位：元

项目	房租收入	本人公积金	配偶公积金	公积金余额	旧房贷年供	新房首付	新公积年供	新房贷年供	购房契税	购房装修
几年后开始	6	1	1	5	1	5	5	5	5	5
首期现金流现值	80000	74736	48960	550000	-240000	-4800000	-68063	-242204	-240000	-1600000
持续几年	20	25	20	1	19	1	20	20	1	1
现金流增长率	0.05	0.05	0.05	0.02	0	0.05	0	0	0.05	0.05

几年后开始	房租收入	本人公积金	配偶公积金	公积金余额	旧房贷年供	新房首付	新公积年供	新房贷年供	购房契税	购房装修	居住现金流
第五年	0	95384	62486	595337	-240000	-5834430	-68063	-242204	-291721	-1944810	-7868021
第六年	107207	100153	65611	0	-240000	0	-68063	-242204	0	0	-277295

我们测算的可投资额为250万元，每年的净收入约为49.4万元，粗略估计，不考虑前4年的其他支出目标，第5年可投资资金约为450万元，即使加上理财收益，总的现金缺口为72万元，我们做整个理财生涯仿真测试，如图5所示，第6年、第7年的家庭可投资资产为负，对整个家庭来说压力过大。因此，我们建议罗先生还是将旧房进行出售。

关于联排别墅的购买，由于此前一直是商业贷款，第5年购买时建议使用公积金贷款后，将公积金余额一次性取出，补充可投资金，获得更高收益。因夫妻两人每月公积金缴存较多，建议办理住房公积金还贷提取按月转账业务，每年可提取大约16万元用于还贷，可更高效地利用资金。

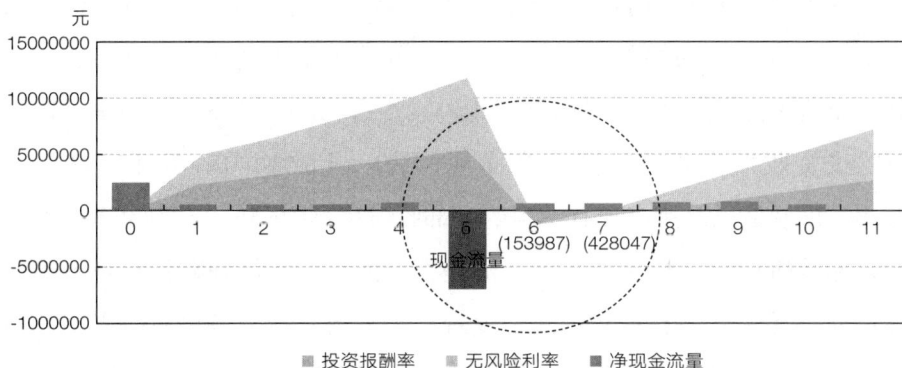

图4 现有住房不卖情况下的资金模拟

三、规划三：投资规划

根据前期分析，罗先生的风险评估结果为R4，属于中高风险承受能力及中高风险态度。建议股债配置的均值比例为7：3，最高权益类产品配置70%（见表19）。在具体的资产配置中，我们可以参考美林时钟理论，在不同的宏观经济时期，给与债券、股票、商品、现金不同的配置比例，以期提高资产收益率（见图5）。

表19 罗先生的风险矩阵

风险矩阵	风险能力	中高能力
风险态度	工具	60~79分
	货币	0
中高态度	债券	30%
60~79分	股票	70%
	预期报酬率	6.50%
	标准差	16%

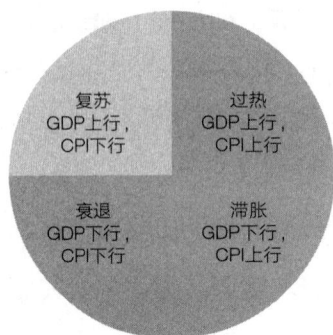

不同阶段	各类资产收益
复苏阶段	股票>债券>大宗商品>现金
过热阶段	大宗商品>股票>现金/债券
滞胀阶段	现金>大宗商品/债券>股票
衰退阶段	债券>现金>股票>大宗商品

图5 美林时钟理论及不同阶段的大类资产收益排名

（一）大类资产配置思路

因为疫情的影响，GDP增速可能下行，但目前我国已经显示出很强的经济内生动力，复苏节奏大概率将持续。对于资产收益来说，大概率会出现股票>大宗商品>债券>现金的情况。

A股市场近期的表现也验证了我们对大类资产的看法。上证指数自7月1日突破3000点以来，一路高歌猛进，7个交易日站上3450点，两市成交量一再创下历史新高，7月9日更是突破1.7万亿元。当前整体流动性环境较为宽松，经济动能持续恢复，预计A股的长牛行情正在形成。因此，我们在近期的方案中建议高配A股产，将可投资资产70%投入国内权益类资产。

（二）具体产品配置思路

因罗先生平时较为忙碌，且不是专业的投资人士，我们建议产品选择以公募基金为主。在具体的基金选择中，我们建议先重配全市场指数基金，省心省力；再精挑细选长牛基金，搭配行业风格选择。指数基金方面，我们在规模排名前20的被动指数型基金中先选取4只全市场基金，以抓住牛市中基本行情（见表20）。

表20　权益类资产被动指数型基金筛选

基金名称	标的指数简称	基金规模（亿元）	2020年涨幅（%）	3年累计收益率（%）	Sharpe（年化）	波动率（年化）
基金A	上证50	575.0	11.4	35.9	0.3	23.0
基金B	沪深300	466.3	17.4	34.4	0.7	23.3
基金C	中证500	449.2	28.5	12.0	1.2	22.7
基金D	创业板指	182.8	54.0	50.7	2.3	27.0

医药、消费、科技走出牛市行情。我们以3年为周期，选取市场30只高回报、低回撤、低波动的长牛基金作为配置池。结合行业，主要配置以下6只，每季度调整一次（见表21）。

这里配置的债券型资产也包含类固收产品，从短期来看债券市场上行空间较小，我们建议债券型基金与银行理财产品按1∶1配置。后期当可投资资产超过1000万元时，可考虑配置信托产品，目前未达起投金额，先用银行理财替代。债券型基金产品建议配置如表22所示。

表21 权益类资产主动管理型基金筛选

基金名称	基金规模（亿元）	基金成立日	本年收益率（%）	3年累计收益率（%）	Sharpe（年化）	波动率（年化）
基金E	49.5	2011-06-15	44.5	76.2	3.8	20.1
基金F	56.3	2010-12-29	48.0	146.8	1.9	39.9
基金G	26.2	2016-02-03	75.8	165.6	5.1	22.0
基金H	10.7000	2017-03-23	64.2	179.9	3.9	25.8
基金I	6.0	2016-07-22	47.7	149.0	3.9	22.1
基金J	76.8683	2013-05-03	27.6	116.2	2.6	25.1

表22 债权类资产基金筛选

基金名称	基金成立日	标的指数	本年收益率（%）	两年收益率（%）
基金K	2016-11-04	中证兴业中高信用债	2.17	10.64
基金L	2016-09-26	中债7-10年国开行债券财富（总值）指数	1.18	7.44
基金M	2019-03-06	中债-1-3年国开行债券全价（总值）指数	1.25	11.62

（三）投资资金安排

在此前的分析中，罗先生的投资预算约为250万元，因此，在资金方面：将万能险退保，获得122.8万元；流动资金保留8.1万元，配置宝宝类产品；按产品配置表分配资金；每月结余资金放入定投组合。结合资金安排，总的产品配置表如表23所示。

表23 固收及权益产品配置表

投资产品	建议产品	初期投资比例（%）	金额（万元）	每月定投（%）
权益类产品	基金A	10	25	20
	基金C	10	25	20
	基金D	10	25	—
	基金E	10	25	10
	基金G	10	25	10
	基金H	10	25	—
	基金J	10	25	10
债券类产品	基金K	5	12.5	10
	基金L	5	12.5	—
	基金M	5	12.5	—
	1年期银行理财	15	37.5	20

产品组合二：权益类产品+债券类产品（含银行理财）

根据历史业绩，权益类基金池10只基金平均收益率远超10%，拉长投资时间来看，保守估计年化收益率为10%。3只债券类基金收益率平均达4%以上。银行理财产品1年期收益率为4%左右，总体来说预期收益率达8.2%。长期来看，平均6.5%的投资报酬率有望达成。

四、家庭理财生涯仿真

根据配置思路，我为罗先生制作了家庭理财生涯仿真表，按照前期假设条件，同时公积金按月取出，退休前25年的仿真现金流演变如表24所示（选择关键年份展示，收益率按照6.5%来计算）。

表24　罗先生未来25年的资产配置演变模拟

几年后	工作收入（元）	生活支出（元）	子女教育金（元）	购换车流量（元）	居住净流量（元）	退休净流量（元）	保险净流量（元）	净现金流量（元）	理财准备金额（元）
0								2500000	2500000
1	917700	（160680）	0	0	（110119）	0	（111198）	535703	3198203
5	1115470	（180847）	0	0	（4624892）	0	（111198）	（3801467）	2466276
10	1423654	（209651）	（620531）	（400000）	（108780）	0	（111198）	（26507）	7198058
11	1494837	（215940）	（651558）	0	（98706）	0	（111198）	417434	8083366
15	1816983	（243043）	（791973）	0	（53113）	0	（111198）	617657	12758261
20	2318982	（281753）	0	（400000）	17934	0	（111198）	1543965	26791962
21	1950174	（145103）	0	0	（102056）	12780	（111198）	1604597	30138037
25	2370448	（163315）	0	0	253083	18244	（111198）	2367263	47328690

我们用柱状图表示每年的收入支出情况，用折线图表示净现金流情况，然后用面积图表示在收益率为6.5%的假设情况下，总理财资金的积累情况（即总可投资资金），作出罗先生家庭的生涯模拟情况图（见图6）。

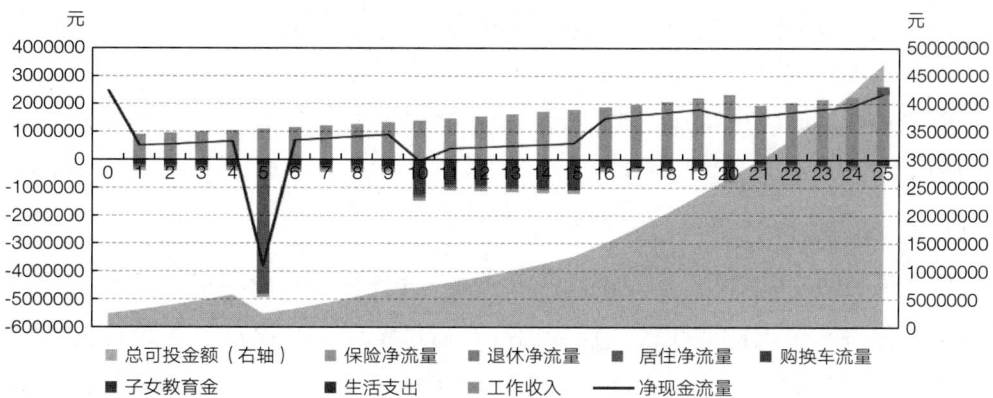

图6　罗先生家庭的理财生涯模拟情况

五、理财方案的风险揭示

（一）信用风险

信用风险主要指到期不能履约的风险，主要来自方案中涉及的固收类产品，包括代销信托产品、资管产品、债权基金所投标的、银行理财等能否按照约定进行兑付。

（二）流动性风险

流动性风险是指在极端情况下无法将资产及时变现的风险，目前家庭资产中房产、配置方案中的固收类产品都没有公开市场实时交易，容易遇到流动性风险，比如房产如果急于出售，往往价格就会打折。同时，权益类资产，如公募基金，在急于变现时如果市场处于低位，将面临较大的损失。

（三）操作风险

操作风险是指由于信息系统或内部控制缺陷导致意外损失的风险。引起操作风险的原因包括人为错误、电脑系统故障、工作程序和内部控制不当等。方案所涉及的产品种类、相关机构较多，面临一定的操作风险。

（四）利率、汇率风险

利率风险来自两方面，一是利率走势影响固收类产品的收益率、保险类产品抵抗通胀能力等；二是房贷利率将对住房现金流有较大影响，若未来房贷利率上升，需要支出更多还贷资金。

客户还面临较大的汇率风险。如果将来女儿留学要去的国家所使用的币种大幅升值，那么罗先生将面临汇率上的损失。

第五部分　及时管理客户的理财计划

由于未来家庭收支可能发生较大变化，同时可能面临其他不确定因素，本方案中的金融产品配置也需要根据市场情况调整，于是我跟罗先生约定了后续方案执行检查的机制。

检查机制的总原则是"两定两随"。"两定"是指定期检查和定量安排，"两随"是指随着经济和个人的变化改变规划内容。通过定期资产检查、方案调整判断、新一轮方案制作等三个环节，建立完整的"市场研究—投资策略—资产配置—产品组合配置"理财师服务循环。

（一）方案审阅频率

由于罗先生的可投金额逐年变化较大，创富期的财务状况变化也较大，再加上方案中的权益类资产占比较高，市场变化快，我们的定期审阅周期定为3个月。暂时预约2020年9月为下一个审阅时点。

除了定期审阅外，也需要不定期地进行沟通，其中自身的变化需要及时与我沟通（见表25）。

表25　理财方案不定期沟通事件

重大变化因素		召集人
外部因素变化	宏观政策、法规等重大变化，如相关法规的修订，税务政策变化等金融市场的重大变化，如经济形势突变、经济数据明显异于理财方案的估值等	理财师
客户自身因素	客户自身情况的突然变动，包括夫妻两人的收入情况变化、工作变化、自身健康情况变化、家庭成员变化、未来规划变动、居住地变化等	罗先生

（二）方案审阅内容

应至少深入了解客户及其资产组合的以下基本要素内容：客户新的基本情况，主要参照客户信息收索九大维度，其中着重注意收入来源和数额、财务目标以及优先顺序等方面的变化；理财需求和风险属性变化；比较客户现有配置和建议配置的偏差及其原因；重点产品的绩效状况；客户资产整体绩效和单一产品绩效的波动是否超过客户预期。

（三）检查的应对措施或方案

了解检查的基本要素后，我会简单提出应对措施或解决方案；在不随意改变客户既定投资目标的情况下，比较客户现有配置和建议配置的偏差，效果偏离度达到20%时，须进行重新评估及重新制作理财方案。

方案点评　赖志骏
　　　　　　/ 中国工商银行 /

　　该参赛方案结构完整、泛用性较强，在多渠道立体化了解客户的基础上，对接客户需求并个性化其配置方案。

　　一是能准确把握客户痛点，在新冠肺炎疫情蔓延的背景下，了解到客户的职业发展产生了重大不确定性，为客户考虑，把握时间窗口，通过与客户面谈并帮助其充分整理、诊断资产结构，提出切合实际的理财规划，无论是对客户关系的长期维护，还是提升客户管理资产规模，都有着极为正面的影响。

　　二是基于SPIN法则探讨了客户的理财目标，充分分析客户的家庭资产负债情况，合理地评估出了客户真实的风险承受能力，并以此为基础，构建符合客户风险承受能力的配置组合方案。

　　三是能通过合理假设，充分考虑客户各阶段所面临的重大支出，在此基础上作出客户家庭的生涯模拟情况图，在形式上更容易得到客户的认可和满意。

　　但该方案的风险揭示过于模板化，不够切合客户的实际投资情况；此外根据目前市场情况，6.5%的资产组合预期年化收益率和70%的权益类资产配置，对客户中高风险承受能力来说，仍有风险匹配上的差距，就银行所出具的资产配置建议而言可能欠妥。